KB221107

교회학교 조직신학

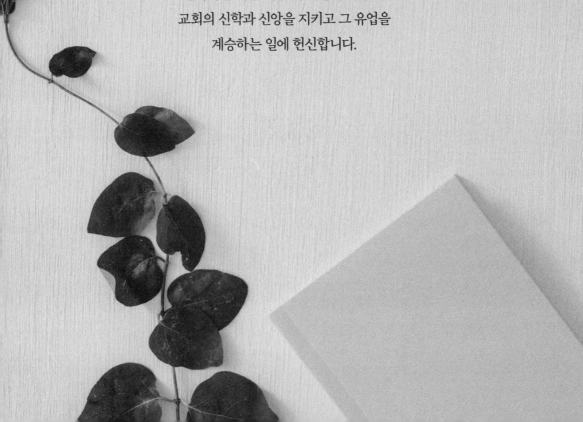

"오직 말씀, 더욱 사랑"

리폼드북스는 개신교 탄생 주역인 존 칼빈의 신학과
그 사상을 모태로 하는 개혁주의 신학을 연구하고
그 가르침을 전파하는 일을 사명으로 여기는
전문 출판사로서 이 땅의 모든 개혁파 신학자들과
목회자 및 각 사역자들의 연구와 사상, 활동들을 소개하는
한편 그릇된 신학과 교리를 주장하거나
전파하는 다른 복음에 대항하여 참된
교회의 신학과 신앙을 지키고 그 유업을
계승하는 일에 헌신합니다.

교회학교 조직신학

......◆......

저자 최더함

마스터스개혁파총회 출판부
리폼드북스

목차

첫 번째 창고
성경이란 무엇인가요? / 성경론

두 번째 창고
하나님은 누구신가요? / 신론

세 번째 창고
인간이란 무엇인가요? / 인간론

네 번째 창고
예수님은 누구신가요? / 기독론

6

일곱 번째 창고
최후의심판이 정말 오나요? / 종말론

개정판에 즈음하여

10년 만에 개정판을 내게 되었습니다. 그 이유는 첫째, 초판이 거의 소진되었고 둘째, 10년의 시간이 흐르면서 새로 추가해야 할 내용에 대한 요구가 줄기차게 있어 왔으며 셋째, 무엇보다 초판이 가지고 있는 여러 허점, 예를 들면 오, 탈자와 문장의 미흡한 연결, 잘못된 사례와 적용 등이 발견되었기 때문입니다. 또 하나 이유를 추가하자면 <청소년 조직신학 입문>이라고 지칭한 초판의 제목에 대해 지금은 그렇게 부르지 않고 있다는 이유로 고쳐야 한다는 문제 제기도 있었습니다. 그래서 고민 끝에 정한 개정판 제목은 <교회학교 조직신학>입니다.

개정판은 기존의 7개 틀(창고) 안에 다음 세대 젊은 교회의 인재들이 반드시 알아야 할 기초 교리와 신학의 내용을 추가하였습니다. 이것들을 기억하기 쉽도록 각 창고마다 다시 7개의 방들을 만들어 방마다 필요한 가구들을 채워 넣었습니다. 그래서 이번 책은 '7×7 교리책'이라는 별명을 얻었습니다.

개정판에 대해 한 가지 양해를 미리 구할 것이 있습니다. 읽다 보면 이게 교회학교 교재용으로 사용하기에 적합한 것인지 의문이 들 수도 있을 정도로 어떤 부분은 매우 신학적인 진술로 일관하고 있고, 신학생들에게도 쉽지 않은, 상당히 난해한 내용도 포함되어 있습니다. 우리의 의도는 다소 어려운 부분이라 하여 마냥 피할 것이 아니라 학생들에게 당당하게 소개함으로써 교리에 대한 이해도를 높여 갈 수 있다는 것입니다. 부디 인내와 함께 끝까지 학습하시면 좋은 열매가 맺어질 것이라 확신하면서 각 교회에서 교회학교 학생들에게 이 교재를 잘 가르치기를 원합니다. 감사합니다.

2024년 7월에 제주도에서 안식월을 맞아

책머리에

바다는 무한의 세계입니다. 우리가 아는 바다는 빙산의 일각처럼 바다의 일부에 불과합니다. 깊은 바닷속에는 우리가 알지 못하는 수많은 비밀과 보물과 이야기가 존재합니다. 이들을 만나고 싶다면 우리는 바닷속으로 들어가야 하고 이를 위해 여러 가지 과학적인 연구와 실험 및 행동들이 있어야 합니다. 즉 체계 있는 준비 작업들과 실행들이 있어야 합니다.

만약 여러분이 바다에 뛰어들기를 원한다면 먼저 준비운동을 잘해야 합니다. 갑자기 뛰어들면 수온의 차이로 인해 심장마비에 걸리거나 다리에 쥐가 나 큰 위험을 불러일으킬 수 있습니다. 다음으로 바닷속으로 들어가려 한다면 우리는 각종 장비를 챙기고 조직적이고 체계적인 작업순서에 따라 일을 해야 합니다. 어떤 경우에서든지 준비를 소홀히 하거나 무질서하게 일을 한다면 십중팔구 실패하고 말 것입니다.

성경은 마치 바다와 같습니다. 바다의 세계를 다 알지 못하는 것과 같이 성경의 세계를 인간의 능력으로 다 알 수 없습니다. 성경의 세계는 하나님의 세계입니다. 하나님의 세계는 무한하고 영원하며 완전한 세계입니다. 로버트 레이몬드 Robert L. Reymond라고 하는 신학자는 성경을 일러 '다른 세계로부터 온 말씀' A word from another world이라고 했습니다. 성경은 '다른 세계' 즉 하나님의 세계를 인간에게 소개한 안내서입니다. 그러므로 성경에 대한 사전 지식 없이 성경을 배우려 하는 것은 그다지 바람직한 학습방법이 아닙니다. 성경을 알기 위해 우리는 바다를 탐험하듯이 조심스럽게 접근해야 합니다. 성경에 기록된 여러 단어와 신학적 의미들을 미리 공부하는 등의 철저한 준비와 더불어 조직적이고 체계 있는 내용의 정리와 분류, 그리고 합당한 학습법을 통해 공부하는 것이 효과적입니다. 이런 준비작업 없이 무작정 뛰어드는 것은 준비없이 바다에 뛰어드는 것과 같아 익사할 확률이 높아집니다. 대부분의 이단이 이런 방식으로 성경에 접근했다가 실패하고 익사하였습니다.

성경을 바로 알고 체계적으로 배우기 위해 준비된 것이 있습니다. 우리는 이것을 조직신학이라고 말합니다. 조직신학은 성경이라는 바다에 있는 각종 보물을 7가지로 정리하여 각 창고에 저장해 둔 것이라고 말할 수 있습니다.

첫 번째 창고에는 성경을 배우기 위해 익혀야 할 각종 용어와 성경의 특성들을 수집, 분류하였고 이 이름을 '성경론' 혹은 '신학서론'으로 부릅니다. 계시와 영감이 무엇인지, 성경의 속성들이 무엇인지를 알고 싶다면 이 창고의 문을 열면 됩니다.

두 번째 창고에는 하나님에 관한 보물들이 가득 담겨 있습니다. 하나님은 어떤 분이시며 이름은 무엇인지, 하나님의 속성은 무엇인지, 하나님은 무엇 때문에 천지 만물과 인간을 창조하셨는지, 하나님의 작정과 섭리는 무엇인지 등의 내용이 저장되어 있습니다. 이 창고의 이름은 '신론'입니다.

세 번째 창고에는 인간에 관한 모든 이야기가 저장되어 있습니다. 이 창고의 이름은 '인간론' 혹은 '죄론'입니다. 인간은 하나님의 형상으로 만들어진 유일하고 특별한 생명체입니다. 하나님은 인간이 이 세상에서 행복하게 누리고 살 수 있도록 인간에게 필요한 모든 좋은 것을 다 제공하였습니다. 그런데 인간은 하나님과의 약속을 배신하고 범죄하고 말았습니다. 그 결과 인간은 하나님과의 관계를 잃어버리고 사망에 이르게 되었습니다. 이 인간을 성경은 죄인이라 말합니다.

네 번째 창고의 이름은 '기독론'입니다. 이곳에는 예수 그리스도에 관한 모든 것이 들어 있습니다. 예수님은 영원히 죽을 수밖에 없는 인간을 구원하기 위해 이 땅에 인간의 모습으로 오신 성자 하나님이십니다. 예수님은 인간의 죄값을 대신 치르기 위해 십자가에 달려 죽으셨습니다. 이것으로 인간에게 구원의 길이 열렸습니다. 이후로 누구든지 예수 그리스도를 믿기만 하면 구원을 받게 된 것입니다.

다섯 번째 창고는 인간의 구원과 구원받은 백성들의 성화를 위해 일하시는 성령 하나님에 관한 모든 것들을 넣어둔 곳입니다. 이름하여 '구원론' 혹은 '성령론'이라 부릅니다. 성령님은 예수님이 승천하신 후 오순절 날 다락방에 모여 있던 120명의 무리에게 홀연히 임하였습니다. 이후 성령님은 모든 믿는 자의 안에 거하시며 신자들이 이 세상에서 승리하며 살아갈 수 있도록 지키시고 개인적으로 거룩한 삶을 살도록 돕고 있습니다.

여섯 번째 창고에는 베드로의 신앙고백(마 16:16) 위에 주님께서 이 땅에 세운 교회들에 관한 내용이 저장되어 있습니다. 구원받은 백성들은 이제 이 땅에서 교회라는 공동체에 속하게 됩니다. 이 공동체를 통해 모든 신자는 각자 하나님으로부터 받은 소명과 은사들을 활용하여 하나님의 나라를 건설하기 위해 힘써 일해야 합니다. 이 창고의 이름은 '교회론'입니다.

마지막 창고는 일곱 번째로 '종말론'이라는 곳입니다. 이곳은 미래의 일들을 다루고 있습니다. 예수님은 생전에 제자들에게 종말의 징조와 그 시기에 대해 상세하게 말씀해 주셨습니다. 또 사도 요한은 밧모 섬이라는 곳에서 환상 중에 종말에 관한 여러 징후와 사건들을 계시받아 계시록을 우리에게 남겼습니다. 종말은 예수님의 재림과 함께 완성될 것입니다. 이후 신자와 불신자의 심판이 있을 것입니다. 따라서 종말론의 이야기는 불신자들에게는 큰 두려움이 될 것이지만 신자들에게는 큰 기쁨이 될 것입니다.

기독교가 급속하게 세속화되면서 한국의 기독교인이 현저히 감소하고 있는 추세입니다. 특히 우려할 일은 교회마다 일명 '주일학교'라 불리는 '교회학교' 학생들의 수가 급감하고 있다는 것입니다. 이에 교회학교를 부흥시키기 위해 그동안 여러 시도와 노력이 있었습니다. 그럼에도 신통치 않은 결과를 보이는 것은 진단과 처방이 미숙했기 때문이라고 봅니다.

알다시피 기독교는 완전한 진리의 체계를 가지고 있습니다. 이 진리는 그 누구도 흉내 낼 수 없는 영원하신 하나님의 것입니다. 주님과 사도들과 교부와 신학자 등 믿음의 선진들은 지금까지 이 진리를 모든 그리스도인에게 전수하기 위해 일치된 교리를 만들어 가르쳐 왔습니다. 그런데 언젠가부터 교회에서 교리교육이 사라지고 말았습니다. 교리교육이 재미없고 딱딱하고 지루하다는 이유에서입니다. 그러나 교리교육이 없는 교회는 결국 쓰러지고 맙니다. 교리공부는 하나님에 관한 지식을 기르는 작업입니다. 하나님에 관한 분명한 지식이 없다면 하나님을 참으로 사랑할 수 없습니다. 하나님을 사랑하지 않고 어떻게 신앙생활을 할 수 있겠습니까?

가장 유익하고 즐거운 교리교육은 조직신학을 배우는 일에서 출발합니다. 조직신학은 성경에 흩어진 하나님의 진리들을 조직화하고 체계 있게 서술해 놓은 학문입니다. 이 학문적 지식을 소유하는 일은 세상의 그 어떤 기쁨보다 큽니다. 무엇보다 교회학교 청소년들이 먼저 배우고 익힌다면 이보다 더 좋은 일이 없을 것입니다. 교회의 뿌리는 청소년 즉, '다음 세대'입니다. 이 미래의 세대가 속절없이 무너지면 한국교회의 미래도 없습니다. 그러므로 교회학교를 살리는 일보다 급선무는 없습니다.

이를 위해 필요한 교리교육서이자 교회학교 교재 하나를 출간합니다. 이 책은 교회학교에 출석하는 청소년들의 신앙을 견고히 하기 위해 쓰여진 책입니다. 이 책을 공부한다면 많은 청소년이 성경을 더욱 가까이하며 하나님을 사랑하여 이전보다 훨씬 즐겁게 교회 생활을 하게 될 것입니다. 이 책을 통해 교회학교 학생들이 기독교를 바로 알기를 원합니다. 나아가 성숙한 그리스도인으로 성장하기를 원합니다. 그리하여 장성한 믿음의 분량을 갖추어 미래의 한국교회의 역군들이 되어주기를 소망합니다.

교회사를 빛낸 믿음의 선진들

아우구스티누스 St. Augustinus, 354~430

영어 이름은 어거스틴 Agustine이다. 그는 초대교회 역사에서 가장 중요한 기독교 지도자이다. 그는 354년에 북아프리카의 타가스테 Tagaster에서 기독교인 어머니 모니카와 이교도인 아버지 사이에서 태어났다. 히포의 교회 지도자로 사역했으며, 주요 이단에 맞서 '고백록'과 '은총론', '하나님의 도성'과 같은 유명한 작품을 남겼다. 그는 초대교회의 중요한 신학들을 완성했고, 특히 삼위일체의 개념을 정리하여 초대교회의 기틀을 수립했다. 기독교회는 어거스틴을 기준으로 초대와 중세시대를 나눈다.

피터 왈도 Peter Waldo, 1140-1205

프랑스 남부 리용 출신 왈도는 '피터 왈도'라고도 불린다. 사후 150년 정도 지난 1368년경, 학자들이 혼동을 피하려고 왈도라는 이름 앞에 '피터'를 붙였다. 유럽인들은 '발도' 또는 '발두스'라고 발음한다. 왈도는 도매업자로 알려진 부유한 상인이었다. 한때 가난한 자들을 착취하는 고리대금업자라는 비난을 받았다. 중요한 교회행정 직책을 맡았으며, 상당히 많은 재물을 가지고 있었다. 그는 적극적으로 지역사회 봉사와 교회 활동을 했다. 1173년 초 어느 일요일에, 왈도는 한 음유(吟遊) 시인에게서 가난이 주는 고통을 몸소 겪으며 경건한 삶을 살았던 수도사 알렉시스의 이야기를 들었다. 이에 감동을 받은 왈도는 사도적 빈곤을 실천하려고 재산을 팔아 가난한 자들에게 나누어준 뒤 자국어 성경인 프랑스어판을 대중에게 보급하고 평신도로서 설교순례를 다녔다. 얼마 뒤 그를 추종하는 무리가 대폭 늘어나자 카톨릭교회는 그를 이단으로 정죄하고 설교를 금했다. 그러나 왈도와 추종자들은 하나님으로부터 받은 설교-복음전도 사명을 포기하지 않았다. 그들은 최초로 종교개혁의 밑거름이 되었다.

존 위클리프 John Wycliffe, 1320-1384

영국 옥스퍼드 대학 출신으로 기독교 신학자이며 종교개혁가이다. 1374년 교황이 납세 문제로 영국 왕 에드워드 3세를 불러들였을 때 위클리프도 사절단으로 따라갔다. 그 후 교구장이 되어 로마 교황청의 부패를 탄핵하기 시작하였다. 교황 그레고리우스 11세로부터 이단이라는 비난을 받았으나, 계속해서 교황의 권력과 교황 중심의 서방교회 교리를 비판했다. 후에 종교 개혁 운동의 여러 원리는 모두 그의 교설 가운데서 싹텄다고 여겨지기도 하며 위클리프의 교설은 롤라드 Lollard, 즉 그를 따르는 사람들에 의해 각지에 퍼졌다. 민중에게 복음의 진리를 전하기 위해 라틴어로 된 성경을 영어로 번역하여 마침내 1382년에 완성하였다. 순교자 윌리암 틴데일 William Tyndale이 그리스어와 히브리어 성경을 최초의 영어 성경으로 번역하는 일을 하도록 큰 영향을 주었다. 얀 후스에게 큰 영향을 주었다.

얀 후스 Jan Hus, 1372-1415

체코의 종교 개혁자로서 성경을 유일한 권위로 강조하고 고위 성직자들의 세속화를 강력히 비판하였다. 또한 체코 민족운동의 지도자로서 보헤미아의 독일화 정책에 저항했다. 1414년 콘스탄츠 공의회에 소환되어 화형에 처해졌다.

마르틴 루터 Martin Luther, 1483-1546

독일의 종교개혁자이자 신학자. 교황청의 면죄부 판매에 대해 '95개조 반박문'을 발표하여 교황에 맞섰으며 이는 종교개혁의 발단이 되었다. 1521년에는 신성로마제국 의회에 소환되어 그의 주장을 취소할 것을 강요당했으나 이를 거부, 제국에서 추방되는 처분을 받았다. 그로부터 9개월 동안 작센 선제후(選帝侯)의 비호 아래 바르트부르크성(城)에 숨어 지내면서 신약성경의 독일어 번역을 완성하였다. 이것은 훗날 독일어 통일에 크게 공헌하였다. 비텐베르크로 돌아와서는 새로운 교회 형성에 힘썼는데, 처음에는 멸시의 뜻으로 불리던 호칭이 마침내 통칭이 되어 '루터파 교회'가 성립되었다.

츠빙글리 Ulrich Zwingli, 1484~1531

루터가 태어난 이듬해인 1484년 1월 1일, 스위스에서 명망 있는 시장의 아들로 태어났다. 그는 바젤과 비엔나에서 연구하고 1506년에 신부가 되었다. 츠빙글리는 성경과 신학 고전을 연구하면서 로마교회의 신앙이 잘못되었음을 깨닫고 '67개조항'이라는 신앙성명서를 발표하였다. 1529년 루터와 마르부르크에서의 논쟁을 통해서 종교개혁의 차이점을 보이기도 했지만 성경과 믿음의 구원을 강조하며 스위스를 중심으로 철저한 종교개혁을 시도했다. 그러나 카펠 전투에 군목으로 참여하였다가 카톨릭 군대에 의해 무참히 살해당했다.

존 칼빈 John Calvin, 1509-1564

종교개혁의 가장 핵심적 인물인 존 칼빈이 없었다면 새로운 기독교회 즉, 개혁교회(개신교)는 없었을 것이다. 오늘날 개혁교회는 그의 헌신적인 삶과 신학 연구의 결정체이다. 그의 <기독교강요>는 불후의 명작임과 함께 기독교의 근본 교리를 아우른 최초의 조직신학 책이자 모든 개혁신학의 원전이다. 아우구스티누스의 신학과 사상을 토대로 가장 성경적인 신학과 사상을 완성한 그의 공헌은 현대사회의 거의 모든 부분에 영향을 끼쳐 귀감이 되고 있다. 개혁신학 Reformed Theology 혹은 개혁주의 Reformation는 그의 신학 사상을 계승한 신학을 총체적으로 이르는 말이다.

존 낙스 John Knox, 1513~1572

스코틀랜드의 종교개혁자인 낙스는 장로교회를 체계적으로 확립한 종교개혁가이다. 그는 1544년 루터의 종교개혁에 영향을 받은 조지 위샤트 George Wishart의 설교를 듣고 감동하여 개신교로 돌아섰다. 낙스는 1556년 7월 제네바로 가서 2년 반 동안 영국인 교회에서 사역하며 칼빈으로부터 종교개혁을 배웠다. 1559년에 스코틀랜드로 돌아와서 1560년 스코틀랜드 신앙고백서를 작성하여 장로교회의 체계를 자신의 나라에 세웠다. 그는 스코틀랜드와 영국이 로마교회의 신앙으로 물들지 않도록 평생을 노력했다. 로마교회의 신앙으로 돌아가려는 군주들에게 경고했던 "나팔 소리"라는 글이 매우 유명하다.

첫 번째 창고

성경이란 무엇인가요? / 성경론

Q1. 성경이 왜 특별한 책인가요?[1]

1. 성경은 영원한 '베스트 셀러'Best Seller입니다.

성경은 여러 가지 점에서 매우 특별한 책입니다. 지금까지 타의 추종을 불허할 만큼 가장 많은 판매 수를 기록하고 있는 독보적인 '베스트 셀러'Best seller입니다. 세상의 그 어떤 책도 성경의 보급 및 판매 부수를 능가하지 못합니다. 1998년을 기준으로 성경 전문 출판소인 '미국 연합 성서공회'에서 출판, 배포한 성경만 해도 성경전서 2080만 부, 낱권 2010만 부, 부분 성경까지 포함 총 5850만 부에 해당합니다. 이렇게 단일 기관의 발행 숫자가 이 정도인데 전 세계적으로 보면 가히 그 수를 가늠조차 하기 힘들 정도입니다. 성경은 한 마디로 수퍼베스트 셀러입니다.

2. 가장 많은 번역본을 가지고 있습니다.

또 성경은 인류 역사 속에서 가장 많은 언어로 번역된 최고의 책입니다. 지금까지 세계 6500개 언어 중 약 2400개 언어로 번역되었고, 이런 추세라면 2050년까지는 거의 모든 언어 그룹에게 성경이 전달될 것으로 예상합니다. 성경 번역 작업은 지금도 최선을 다하고 있습니다. 가령, 현재 위클리프 성경 번역선교회에는 50개국, 6천여 명의 사람들이 850개 이상의 언어로 일하면서 성경을 번역하고 있습니다.

---

1 순 출판사의 조쉬 맥도웰, 오진탁 역, <기독교변증총서1>에서 우선 발췌, 요약하고 필요한 경우 관련 내용을 추가했다.

3. 성경은 어떻게 보존되고 계승되었나요?

인류 역사상 성경을 없애기 위한 사악한 공격들이 줄기차게 있어 왔습니다. 그러나 성경은 특별한 방식에 의해 보존되었습니다. 인쇄술이 발견되지 않았을 때 아주 소수의 귀한 사역자들은 성경을 후대에 전수하기 위해 필사적으로 원본을 손으로 옮겨 적어 성경을 지키고 보급하였습니다. 그들은 기록하면서 '여호와'의 이름이 나올 때마다 엎드려 경배할 만큼 성경에 대한 신앙은 지극한 것이었습니다. 반면에 사악한 세력들은 성경을 없애기 위해 악랄한 방식으로 공격했습니다. 그러나 그들의 모든 시도는 실패하였습니다. A.D. 303년 로마 황제 디오클레시안 Diocletian, 284-305년 재위은 기독교인들의 예배를 금지하고 성경을 파괴하라는 명령을 발표했습니다. 그러나 25년 후, 기독교를 공인한 콘스탄티누스 Constantinus, 306-337년 재위 황제는 이 칙령을 취소하고 오히려 정부의 돈으로 성경을 구입할 것을 명령했습니다. 1778년에 죽은 프랑스의 저명한 작가인 볼테르 (Voltaire, 1694-1778는 향후 100년 이내에 기독교가 역사에서 사라질 것이라고 호언장담했습니다. 그러나 50년도 채 안 되어 '제네바 성서공회'는 볼테르의 집을 성경을 만들어 내는 인쇄소로 사용하였습니다.

현대에 이르러서는 성경비평학자들에 의한 공격이 줄기차게 감행되었습니다. 이들의 공격은 학자들에 의해 시도된 것으로 매우 지능적이고 교묘한 것이어서 많은 후유증을 낳았습니다. 그들은 일명 '고등비평'이라는 무기를 가지고 성경의 완전성을 파괴하기 위해 성경의 단어 하나 하나까지 조사하며 성경의 권위에 도전했습니다.

이에 많은 지식인과 비평가들이 동조하여 한때 성경은 조작된 것이며, 고대 근동 지방의 여러 가지 소설과 비슷하다고 비판했습니다. 예를 들어 모세오경은 모세 시대에 존재하지 않았거나 사용되지 않았기 때문에 모세에 의해 기록될 수 없다고 주장했습니다. 그 당시 몇몇 사람이 '검은 돌 비문' Black stele을 발견하고 모세 5경이 이것을 모방했다고 발표했는데 그러나 조사 결과 그 비문은 모세보다 약 3세기 이전 시대에 기록된 함무라비법전의 내용으로 밝혀졌습니다. 또 헷Hittites 족속의 기록은 구약 이외 다른 기록이 없기 때문에 그 부족은 실제로 존재하지 않았다고 주장했습니다. 그것들은 인위적으로 만든 일종의 신화라고 하였습니다. 그러나 고고학 조사 결과 헷 족속이 일구어낸 1200년 이상의 문명의 흔적들이 발견되어 그들의 주장이 거짓임이 드러났습니다. 이렇게 성경은 모든 사악한 공격에도 불구하고 한 점도 훼손됨 없이 살아남았습니다.

> "성경의 본문을 의심하는 사람은 모든 고전적인 문헌들을 다 불확실한 것으로 여겨야 한다. 왜냐면 그 어떤 문서도 성경만큼 철저히 검증을 받은 문서가 없기 때문이다"
> (제임스 몽고메리 보이스)

> "천지는 없어질지라도 내 말은 없어지지 아니하리라"(마 13:31)

4. 예언의 유일성

성경은 또 특별히 예언의 책입니다. 성경의 모든 예언은 모두 성취되었습니다. 에돔의 멸망(욥 1), 바벨론에 대한 저주(사 13장), 두로(겔 26장)와 니느웨의 멸망(욘 1-3장), 이스라엘의 귀환(사 11:11), 그리스도의 출생 시간, 장소(미 5:2), 탄생의 본질(사 7:14), 생애, 죽음, 부활(사 53장), 성령강림(욜 2:28-32. 행 2장) 등이 예언되고 성취된 것들입니다. 타 종교에서는 이런 예언에 대해선 상상도 하지 못하는 것입니다. 이슬람을 신봉하는 자들은 마호메트가 탄생하기 전에 그가 태어날 것이라는 어떤 예언도 내세우지 못합니다. 왜냐하면 그런 예언이 없었기 때문입니다. 그러나 예수 그리스도의 탄생은 구약에서 이미 700회 이상 예언되었습니다. 또 이슬람의 코란이나 몰몬교의 경전인 몰몬경, 힌두교의 베다경전. 불교의 불경 등도 거룩하게 영감되었다고 당사자들은 주장합니다. 그러나 이들 가운데 그 어떤 책도 앞날에 대한 예언을 포함하고 있는 책은 없습니다.

Q1 성경은 무오한 하나님의 말씀이라는 것을 어떻게 증거하고 설명할 수 있습니까?

Q2 오늘날 성경에 대한 훼손의 방식들에 대해 토론합시다.

Q2. 영감과 계시란 무엇인가요?

1. 영감Inspiration[2]

성경은 기록적인 측면에서 세상의 책들과는 확연히 다른 차원에 속합니다. 총 66권으로 크게 구약 39권과 신약 27권으로 구성되어 있습니다. 이 성경은 약 1600년이라는 긴 세월에 걸쳐 약 40명 이상의 다양한 사람들에 의해 기록되었습니다. 그런데 이 저자들은 서로에 대해 아는 바도 없고 성경을 기록하기 위해 서로 의견을 나눈 적도 없습니다. 그리고 각자 직업도 다양할뿐더러 지식수준도 천차만별이었습니다. 그럼에도 성경 속에는 일관된 하나의 주제가 흐르고 있습니다. 그것은 예수 그리스도를 통한 구원의 약속과 성취에 관한 것입니다. 더욱 신기한 것은 3가지 언어 즉, 히브리어와 아람어, 그리고 헬라어로 기록되었고 서로 다른 문학 양식과 함께 수백 가지의 다양한 이야기들을 다루면서 어떻게 하나의 주제에 초점을 맞추고 그 내용들이 서로 완벽하게 조화를 이룰 수 있는 것인지 우리를 놀라게 합니다. 어떻게 이런 일이 가능한 것입니까? 그것은 바로 성경은 하나님의 감동으로 쓰인 것이기 때문입니다.

"예언은 언제든지 사람의 뜻으로 낸 것이 아니요 오직 성령의 감동하심을 받은 사람들이 하나님께 받아 말한 것임이라"(벧후 1:21)

다시 말해 성경은 외형상 인간 저자들에 의해 기록되었지만 그들은 각자 고유한 특성과 자질을 그대로 유지한 채 한 분 하나님의 특별하신 영향력(영감)에 완전히

---

2 '영감'이라는 단어는 헬라어 '데오프뉴스토스'에서 유래했다. '데오스'는 하나님을, '프네오'는 '~을 향해 숨을 내쉬다'라는 뜻이다. NIV 성경은 '모든 성경은 하나님의 숨'으로 번역한 반면에 ESV 성경은 '모든 성경은 하나님이 숨을 내쉬신 것'이라 번역했다.

압도되어 성경을 기록했다는 것입니다. 이처럼 영적인 감동을 받은 상태에서 성경을 기록했다고 하여 이것을 가리켜 '성경의 영감성'이라고 말합니다. 그러므로 우리는 성경을 단순히 위인전을 읽고 이야기하는 식으로 이해해서는 안 됩니다. 성경은 단순히 인간의 상상력이나 능력에 의해 창작된 것이 아닙니다. 성경은 인간의 이야기가 아니라 하나님의 능력에 의해, 그 능력을 영감(감동)받은 인간 저자들에 의해 쓰여진 하나님의 이야기이고, 하늘나라의 이야기이며 하나님 말씀의 기록인 것입니다. 그러므로 우리는 성경 본문을 대할 때 귀를 열고 성경이 그 자체에 대해 무엇을 주장하는지 우리 스스로 물어보아야 합니다. 구약신학자인 에드워드 영은 "성경은 우리에게 그것이 어떤 책인지 말해 주기 때문에 성경 자체를 참고해야 한다"[3]고 말합니다.

한편 성경의 영감의 성격 및 범위에 대한 다른 주장들이 있습니다. 먼저 '기계적 영감설'입니다. 이에 따르면 성경의 기록들은 하나님이 말씀한 것을 인간이 그대로 받아썼다는 것입니다. 이때 인간은 성령에 의해 정신 상태가 정지되어 그저 기록자 역할만 했다는 것입니다. 다음으로 '역동적 영감설'이 있습니다. 이것은 19세기 자유주의 신학의 시조로 알려진 슐라이어마허 Schleiermacher의 가르침에서 비롯된 이론입니다. 신약 성경의 기록자들은 거룩한 사람들로서 예수님과 함께 생활한 사람이기 때문에 특별한 영적 감동을 받았다고 주장합니다. 그러나 이 역동적이고 특별한 감동은 신적인 감동이 아니라 일반인보다 약간 특별한 정도의 감동이라고 합니다. 이 말은 성경을 신적 감동이 아닌 순전히 인간의 감정적 산물로 취급한 것입니다. 그래서 이들은 성경이 무오한 것이 아니라 많은 오류를 가지고 있다고 말합니다. 마지막으로 '유기적 영감설'이 있습니다. '유기적'이라는 말은 하나님께서 성경의 기록자들을 마치 기록자가 펜을 휘두르듯 기계적인 방법으로 사용한 것이 아니라, 기록자들의 내면과 유기적으로 조화되는 방법으로 그들에게 작용했다는 것을 말합니다. 즉, 하나님은 그들을 있는 그대로, 그들의 성격과 기질, 기호와 특성들, 재능과 은사, 그들의 교육수준과 문화적 배경을 살피고 심지어 그들이 사용하는 어휘

3 E. J. Young, "The Word Is True: Some Thought on the Biblical Doctrine of Inspiration" Edinburgh: Banner of Truth, 1957 reprint, 1997, 17p.

나 문체, 스타일 등을 유효적절하게 함께 사용했다는 이론으로 이 영감설이 가장 성경적인 주장이라고 인정하고 있습니다.

한편, 현대에 들어서는 영감설이 6가지로 확대되었습니다.[4]

1) 직감론은 성경 저자들이 다 고대 이교의 철학가들에게 존재한 것 같은 종교적 본능 혹은 직감을 가졌다고 가르치며, 성경 저자들이 인식한 것처럼 우주적이고 절대적인 진리가 있다는 주장을 거부합니다.

2) 조명론은 성령이 능동적으로 작용함으로써 성경 저자들에게 영향을 끼쳐 그들의 이해력을 증가시켰다고 주장합니다.

3) 대면론은 성경은 비록 다른 종교 서적들과 그렇게 많이 다르지 않지만 그럼에도 불구하고 성령이 하나님과의 교통을 통해 계시의 방편으로 사용하실 때 성경은 특별하게 된다고 합니다. 즉, 성경은 본질적으로 하나님의 말씀이 아니지만 성령이 작용하실 때 하나님의 말씀이 된다는 것입니다. 주로 자유주의 신학의 대표자들로 거론되는 칼 바르트, 에밀 브룬너, 라인홀드 니버, 루돌프 불트만 등이 이를 주장합니다.

4) 역동론은 하나님이 고유하고 특별한 인상을 성경 저자들에게 남기셨다고 주장합니다. 그러나 성령의 영향은 개념적 수준으로 정확한 말은 인간 저자들에게 맡기셨다고 합니다.

5) 축자적 완전 영감론은 성경의 저자가 이중적이라고 주장합니다. 인간 저자는 그가 의도한 것을 자신만의 독특한 방식으로 정확하게 썼지만 이와 동시에 그의 기록이 성령의 감동을 받았고 따라서 인간 저자가 말한 것은 정확한 단어와 표현의 수준까지 하나님이 말씀하신 것이 된다는 것입니다. 그러므로 인간 저자의 말일지라도 하나님의 감동으로 되었기 때문에 오류가 없다는 것입니다. 스트롱, 멀린스, 베르카우어, 클라크 피녹, 도널드 블러쉬 등이 주장합니다. 개혁주의 신학은 주로 이 이론을 지지합니다.

6) 구술론은 말 그대로 하나님이 말씀을 인간 저자에게 직접 불러 주셨다고 주장합니다. 이 방식은 기계적으로 인간 저자는 받아쓰기만 했을 뿐이라는 것인데 거

---

4 매튜 바렛, 김재모 역, "오직 하나님의 말씀", 부흥과 개혁사, 2018, 340-341p.

의 지지를 받지 못합니다.

2. 계시 revelation

성경을 일러 하나님의 특별계시의 책이라고 말합니다. '계시'란 자신의 마음을 열어 누군가에게 알려준다는 의미입니다. 계시를 나타내는 히브리어는 '갈라'와 '야다'가 있는데 이는 '벌거벗는다', '알게 하다'는 뜻이고, 헬라어 동사는 '아포칼립토'인데 이 뜻은 '드러내다', '알리다', '베일을 벗다', '덮개를 제거하다' 등의 뜻을 가지고 있습니다. 우리가 하나님을 알 수 있게 된 것도 하나님이 자신을 직접 우리에게 계시하셨기에 가능한 것입니다. 인간의 능력으로는 하나님을 알지 못합니다. 짐승이 제아무리 노력한다 해도 인간의 세계를 이해할 수 없는 것처럼 인간 또한 하나님이 자신을 직접 알려주시지 않는 한 알 길이 없습니다.

그렇다면 하나님은 우리에게 무엇을 계시한 것일까요? 저명한 조직신학자인 레이몬드 Robert L. Reymond 박사는 다음의 3가지를 소개합니다.
  1) 인간의 본성을 통해 하나님의 존재와 속성(성품)을 계시
  2) 창조와 자연을 통해 하나님의 영광을 계시
  3) 하나님의 일반적인 섭리의 활동과 구속사를 통해 하나님의 지혜와 능력을 계시

계시에 대해 우리가 더 알아야 할 것은 계시에는 일반계시와 특별계시가 있다는 것입니다. 먼저 일반계시는 언어를 통한 것이 아니라 품성이나 사물, 또는 사건을 통해 발견된 것을 말합니다. 즉, 하나님의 생각들은 반드시 인간의 언어로만 전달되는 것이 아니라 자연 현상들 속에, 인간의 생각 속에, 그리고 경험과 역사적 사실 속에 이미 포함되고 나타나 있는 것입니다. 온 우주 만물을 보면 하나님이 살아계신 것을 알 수 있습니다. 또한 인간의 역사를 통해 하나님의 일하심을 경험할 수 있습니다. 특히 인간은 양심이라는 일반계시에 의해 하나님의 존재를 의식합니다. 위대한 종교개혁자인 칼빈 John Calvin 은 <기독교강요>에서 "인간의 마음속에 정녕 자연적인

본능에 의해 신성에 대한 의식이 존재한다"고 말하면서 그 이유로는 "하나님이 사람으로 하여금 모르는 체하지 못하도록 하시기 위해 모든 사람에게 하나님을 아는 약간의 마음을 주셨기 때문"이라고 말했습니다.

반면에 특별계시는 그리스도인에게 주시는 특별한 은혜입니다. 이 특별계시로 인해 인간은 자신이 죄인임을 깨닫게 됩니다. 이것은 죄인인 인간들에게 그들을 구원할 목적으로 전달되는 것으로 믿음을 선물로 받은 영적인 사람들인 그리스도인만 올바르게 이해할 수 있는 것입니다. 가장 귀한 특별계시의 선물은 죄인에게 구원의 길을 제시하는 성경입니다. 다시 말해 성경은 예수 그리스도 안에서 하나님이 자신을 특별히 계시하신 책입니다. 그러므로 모든 그리스도인은 성경을 통해 예수 그리스도 안에서 하나님을 바로 알고 바로 믿고 바로 살아갈 수 있는 것입니다. 이런 점에서 특별계시는 구원의 계시입니다.

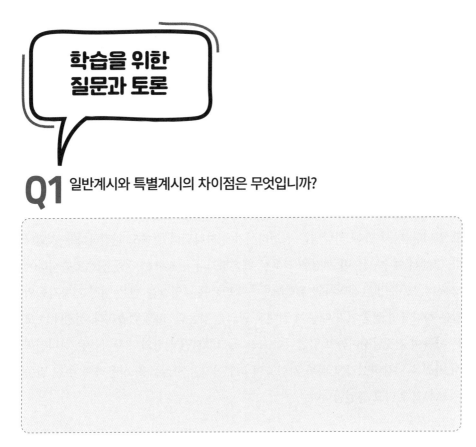

학습을 위한 질문과 토론

Q1 일반계시와 특별계시의 차이점은 무엇입니까?

Q2 혹시 직통계시라는 말을 들어본 적이 있나요?
어떤 것인지 토의해 봅시다.

Q3. 성경은 왜 오류가 없는 하나님의 말씀인가요?

무엇보다 성경은 진리이신 하나님 말씀의 책입니다. 그러므로 성경에 기록된 단어 하나, 토씨 하나까지 오류가 없다는 것으로, 이것을 성경의 '무오성' Inerrancy이라고 합니다. 다시 말해 하나님은 완전하시기에 하나님의 말씀도 완전하다는 것입니다. 그래서 예수님은 이 성경을 함부로 훼손하거나 변경하는 것을 금하였습니다(계 22:18-19). 또 유명한 신학자인 워필드B. B. Warfield는 "영감을 받은 성경 기록자들의 말은 하나님의 말씀이기 때문에 절대적 권위를 갖는다"고 말했습니다. 성경에는 모든 사람이 거짓말쟁이라고 말합니다(시 58:3). 그렇지만 성경의 기록자들은 하나님께서 자신을 영감하셨기에 비록 자신들이 죄인이지만 자신들을 사용하여 주신 말씀은 오류가 없다고 증언합니다.

"여호와의 율법은 완전하여 영혼을 소성시키며 여호와의 증거는 확실하여 우둔한 자를 지혜롭게 하며, 여호와의 교훈은 정직하여 마음을 기쁘게 하고 여호와의 계명은 순결하여 눈을 밝게 하시도다"(시 19:7-8) (참조. 시 119: 86, 138, 142, 151, 160, 17:17)

한편 성경은 믿음을 가진 사람만이 느낄 수 있는 하나님의 마음을 담은 사랑의 샘터입니다. 그래서 성경을 읽으면 하나님의 사랑의 샘물을 먹게 되어 감동을 느끼고 심령이 새로워지는 것을 느끼게 됩니다. 나아가 하나님의 말씀에는 우리가 상상할 수 없는 놀라운 능력이 있어 말씀을 읽을 때마다 전인격적인 부분에서 변화가 나타납니다. 히브리서 4장 12절을 살펴봅니다.

"하나님의 말씀은 살아있고 활력이 있어 좌우에 날 선 어떤 검보다도 예리하여 혼과 영과 및 관절과 골수를 찔러 쪼개기까지 하며 또 마음의 생각과 뜻을 판단하나니"

그런데 교회가 세워진 지 2천 년 동안 성경이 하나님의 말씀이 아니라 단지 옛날의 떠돌던 신화나 전설일 뿐이라고 성경을 폄하하는 무리가 나타났습니다. 이들에 의해 성경에 대해 의구심을 갖는 사람들도 많이 있지만 믿음이 없이는 성경이 하나님의 말씀이라는 것을 깨달을 수 없는 것입니다.

학습을 위한 질문과 토론

Q1 성경의 무오성이 무엇입니까? 왜 개혁신학은 성경의 무오성을 목숨처럼 소중히 여기고 지키려 합니까?

Q2 성경을 폄하하는 사람들에 대해 이야기를 나누어 보세요.

Q4. 우리에게 성경을 주신 목적은 무엇인가요?

성경이 기록된 목적을 몇 가지 소개하면 다음과 같습니다.

첫째, 하나님 자신을 보여주시기 위함입니다. 즉 타락한 죄인에게 하나님 자신이 얼마나 거룩하시며 인간을 향하신 그의 사랑이 얼마나 크신가를 보여주기 위함입니다. 이렇게 하심으로 하나님은 모든 인간이 하나님을 알고 믿어 원래 창조 목적에 맞는 삶을 살아가도록 원하신 것입니다.

"하나님의 사랑이 우리에게 이렇게 나타난 바 되었으니 하나님이 자기의 독생자를 세상에 보내심은 그로 말미암아 우리를 살리려 하심이라. 사랑은 여기 있으니 우리가 하나님을 사랑한 것이 아니요 하나님이 우리를 사랑하사 우리 죄를 속하기 위하여 화목제물로 그 아들을 보내셨음이라. 사랑하는 자들아 하나님이 이같이 우리를 사랑하셨은즉 우리도 서로 사랑하는 것이 마땅하도다. 어느 때나 하나님을 본 사람이 없으되 만일 우리가 서로 사랑하면 하나님이 우리 안에 거하시고 그의 사랑이 우리 안에 온전히 이루어지느니라"(요일 4:9-12)

둘째, 하나님은 성경을 통해 타락한 인간이 구원받을 수 있는 유일한 길을 제시하였습니다. 천하 인간이 다른 이름으로 구원받는 길은 없습니다. 오직 특별계시인 성경을 통해 그 말씀을 믿음으로 인간은 구원받을 수 있습니다.

"예수께서 이르시되 나는 부활이요 생명이니 나를 믿는 자는 죽어도 살겠고, 무릇 살아서 나를 믿는 자는 영원히 죽지 아니하리니 이것을 네가 믿느냐"(요 11:25-26)

"다른 이로는 구원을 받을 수 없나니 천하 사람 중에 구원을 받을 만한 다른 이름을 우리에게 주신 일이 없음이라"(행 4:12)

셋째, 성경은 사람들을 잘 교육하여 유익함을 주고 온전한 하나님의 사람으로 만들기 위해 우리에게 주어진 것입니다. 다음의 성경 구절을 살펴봅니다.

"또 네가 어려서부터 성경을 알았나니 성경은 능히 너로 하여금 그리스도 예수 안에 있는 믿음으로 말미암아 구원에 이르는 지혜가 있게 하느니라. 모든 성경은 하나님의 감동으로 된 것으로 교훈과 책망과 바르게 함과 의료 교육하기에 유익하니 이는 하나님의 사람으로 온전케 하며 모든 선한 일을 행하기에 온전케 하려 함이라"(딤후 3:15-17)

학습을 위한 질문과 토론

Q1 성경을 주신 목적을 다시 정리합시다.

Q2 개인적으로 성경을 읽고 어떤 유익을 받았는지 발표해 보세요.

Q5. 성경의 특성들은 어떤 것이 있나요?

1. 통일성

앞서도 밝혔듯이 어떻게 1600년 동안 많은 저자들이 제각기 기록한 내용의 주제가 하나같이 주 예수 그리스도를 가리킬 수 있습니까? 이 하나만 보아도 성경은 인간이 고안해 낸 작품이 아니라 성경의 저자가 한 분 하나님이심을 증거하는 것입니다. 다시 말해 성경에 기록된 모든 사상은 그리스도의 속죄를 중심으로 한 구원의 사상으로 일관되고 있습니다. 이러한 특성을 일러 성경의 일관성, 또는 전체적인 통일성이라 정의합니다.

2. 완전성

하나님의 말씀인 성경은 인간의 구원을 위해 기록된 특별계시의 책이라고 소개했습니다. 여기서 이 특별계시는 하나님의 뜻을 완전히 계시한 것으로 전혀 부족함이 없는 것입니다. 그래서 하나님은 성경에 계시하여 기록한 자신의 말씀을 더하거나 빼지 말라고 경고하였습니다(계 22:18-19). 이것은 우리에게 계시된 성경은 완전하고 충분하게 계시되었으므로 새로운 내용이 추가되거나 인간의 입장에서 필요한 구절들을 첨가해서는 안 된다는 것입니다. 신비주의자들은 하나님의 음성을 직접 들었다거나 또는 환상과 미래의 일을 보았다고 주장하지만, 이것은 성경의 범위를 넘어간 것입니다. 이에 대해서 웨스트민스터 신앙고백서 제1장 성경 편에서는 "하나님께서 자기 백성에게 자신의 뜻을 직접 계시해 주시던 과거의 방식들은 이제 중단되었다"(히 1:1-2)라고 선언합니다. 하나님은 이미 성경에 인간의 구원에 관한 자신의 말씀을 기록하셨습니다. 그렇다고 지금은 말씀하지 않는다는 뜻이 아닙니다. 지금은 성령을 통해 성경 안에서 말씀하십니다. 그러므로 매우 희귀하고 특별한 경우를 제외하고선 성경 밖에서 하나님의 말씀을 듣는 행위를 경계해야 합니다.

3. 거룩성

하나님은 거룩하신 분이시므로 하나님의 말씀인 성경도 거룩합니다. 하나님은 성경을 통해 죄와 부정과 불의를 책망하고 선과 의를 권장하고 있습니다. 죄와 불법으로 타락한 인간이 거룩해지기 위해선 오직 하나님의 말씀인 성경을 영적 양식으로 삼아야 합니다. 모든 그리스도인은 육적 양식뿐 아니라 영적 양식인 성경을 사랑하고 즐겨 먹는 거룩한 습관을 길러야 합니다. 다른 방편으로 인간이 거룩해지는 길은 없습니다.

4. 명확성

성경은 학식이 높은 사람들만 알 수 있는 것이 아니라 배우지 못한 사람일지라도 읽고 쉽게 이해할 수 있습니다. 이것을 일러 명확성 혹은 단순성, 간편성이라 합니다. 모든 신자는 성경을 묵상하도록 명령을 받았습니다. 또 예수님은 성경에서 영생을 얻는 줄 생각하고 성경을 연구하라고(요 5:39) 말씀하셨습니다. 이 말은 누구든지 성경을 읽을 수 있고 성경의 내용을 이해할 수 있기 때문에 연구하라고 하신 것으로 받아들입니다. 실제로 우리나라에 기독교의 복음이 전해진 이후 교육을 받지 못한 많은 문맹자가 성경의 말씀을 듣기만 했음에도 그 뜻을 온전히 이해한 것만 보아도 성경은 모든 사람을 이해시킬 수 있는 특성을 가지고 있음이 틀림없습니다.

5. 교리의 통일성

또한 성경은 교리적으로도 명확한 진리를 선포하고 있습니다. 모든 교리는 '창조-타락-예수-십자가-부활-구원-영생'이라는 일관된 통일성을 가지며 공통의 주제를 목표로 제시합니다. 이 교리의 체계는 그 어떤 종교도 흉내 내지 못하는 성경만의 고유한 특성입니다. 이 교리의 체계만이 이 세상에 존재하는 죄와 고통, 아픔과 슬픔, 그리고 사랑과 희망, 삶의 진정한 의미들을 설명할 수 있습니다. 다시 말해 창조를 모르면서 인간의 기원을 이야기할 수 없고, 타락을 부정하면서 구원을 말할 수 없습니다. 예수님의 십자가 죽음을 무시하면서 대속을 말할 수 없고 부활을 부정하면 구원과 영생은 무용지물이 됩니다.

6. 기타

성경은 여러 독특한 요소들을 소유하고 있습니다. 문체적으로 성경은 매우 장엄한 특성을 가지고 있습니다. 특히 창세기나 이사야, 로마서, 요한계시록 등은 그 문체가 너무나 장엄하여 읽는 사람으로 하여금 직접 하나님의 음성을 듣는 것인 양 옷깃을 여미며 경외하게 만듭니다. 특별히 성경은 오직 성령님의 인도하심과 도우심이 있어야 말씀의 의미가 깨달아집니다. 말씀을 그냥 알고 이해하는 수준과 말씀의 진정한 의미를 깨닫는 것은 다른 차원입니다. 그러므로 성경을 읽는 독자들은 반드시 사전에 기도로 준비하며 성령님의 도움을 청해야 합니다.

> "그러나 진리의 성령이 오시면 그가 너희를 모든 진리 가운데로 인도하시리니 그가 스스로 말하지 않고 들은 것을 말하며 장래 일을 너희에게 알리시리라"(요 16:13)

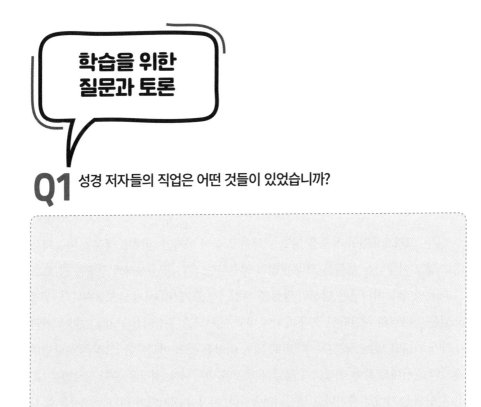

학습을 위한 질문과 토론

Q1 성경 저자들의 직업은 어떤 것들이 있었습니까?

Q2 가장 기억에 남는 성경 구절은 무엇입니까?

Q6. 성경을 어떻게 읽고 공부해야 하나요?

1. 계시의 순서

많은 그리스도인이 성경을 읽고 이해하고 싶어 하지만 실제로 성경을 마음먹은 대로 읽고 이해하는 분들은 그다지 많지 않습니다. 왜냐하면 성경의 구조를 잘 모르기 때문입니다. 하나님은 당신의 말씀을 무질서하게 계시하시지 않으셨습니다. 성경 66권은 하나님의 완전하신 뜻과 계획에 따라 계시되고 구성되었습니다. 그런데 지금 우리가 가지고 있는 성경은 시대별로 책이 엮어진 것이 아닙니다. 그것은 하나님의 계시의 순서대로 책이 편집되지 않았다는 것을 말합니다. 성경은 문학 장르별로, 혹은 분량의 순서대로 배치되고 편집되었습니다. 이사야 선지자와 미가 선지자는 동시대의 사람임에도 성경의 배치는 멀리 떨어져 있습니다. 그러므로 성경을 시대와 역사의 순으로 읽는 것이 무엇보다 중요합니다. 성경은 대략 10개의 시대로 나누어 볼 수 있습니다(아래 도표 참조).

2. 성경의 구조

또한 성경 66권은 몇 가지 구조를 가지고 기록되었습니다. 어떤 성경은 마치 연극처럼 1부와 2부의 구조를 가지고 있고, 어떤 성경은 삼단논법인 서론, 본론, 결론의 구조를 가지고 있고, 성경 인물의 일생이나 역사서의 경우에는 주로 기, 승, 전, 결의 구조를 가지고 있습니다. 최더함의 〈바이블시네마〉는 바로 이런 구조를 분석하고 성경을 읽고 공부하도록 독자들을 도와줍니다. 아울러 성경에 등장하는 모든 하나님의 사람들도 아무런 계획 없이 사역을 실천한 것이 아닙니다. 예수님은 철저한 시간 계획과 일목요연한 사역의 일정표를 가지고 이 땅에서 사셨습니다. 사도 바울도 예수님처럼 하나님에 의해 계획되고 성령님에 의해 직접 인도를 받는 삶을 살았습니다. 그런 삶들을 시네마 구조로 정리하여 살펴보는 일은 즐겁고 유익한 성경 여행으로 독자들을 안내할 것입니다.

3. 시대별 메시지

한편으로 성경은 시대마다 나타난 하나님의 메시지와 신학적 의미들을 싣고 있습니다. 그리고 시대마다 하나님 나라에 관한 드라마틱한 이야기가 전개되고 있습니다. 예를 들어, 창조시대에는 하나님의 창조 이야기와 함께 하나님이 사람을 위하여 지상에 세우신 천국의 상징인 에덴동산 이야기가 담겨 있습니다. 그뿐 아니라 죄를 지은 인간의 타락상이 적나라하게 기록되고, 죄인인 인간이 저지를 수 있는 4가지 대표적인 죄악상들(선악과 사건과 가인의 살인, 하나님의 아들들과 사람의 딸들의 혼합, 바벨탑의 교만 등)이 기록되고, 이에 대하여 공의로우신 하나님의 죄에 대한 무서운 심판 이야기도 담겨 있습니다. 이에 대한 자세한 내용은 최더함의 〈바이블시네마〉(리폼드북스, 2019)를 참조하면 좋습니다.

Q1 성경의 시대별 제목(10개)을 암송해 보세요.

Q2 평소에 성경을 어떻게 읽는지, 얼마나 자주 읽는지 등에 대해 토론합시다.

구약성경							
시대	창조 시대	족장 시대	광야 시대	가나안 시대	통일왕국 시대	남북국 시대	포로 시대	귀환 시대
시기	∞ ~BC 2,100	~1804	~1406	~1040	~930	북) ~722 남) ~587	~535	~410
배경 지역	에덴동산, 메소포타 미아	가나안, 애굽	시내산, 가데스 바네아	가나안	이스라엘	유대, 사마리아	바벨론	유대
중심 인물	아담, 하와, 노아, 셈, 함, 야벳	아브라함, 이삭, 야곱, 요셉	모세, 아론, 바로	여호수아, 갈렙, 사사들 (14명)	사무엘, 사울, 다윗, 솔로몬	북) 19명 왕, 남) 20명 왕, 엘리야, 엘리사, 선지자들	다니엘, 에스겔, 에스더, 모르드개	고레스, 학개, 스가랴, 느헤미야, 에스라, 말라기
주요 내용	창조, 범죄, 타락, 심판	조상, 언약, 순종, 함께하심, 하나님 나라	출애굽, 시내산법, 불순종, 광야생활, 모세설교	정복전쟁, 땅 분배, 타락, 외적침입, 사사들	인본주의, 신정주의	남북의 분열, 북)앗수르에 멸망 남)바벨론에 멸망	지도자, 수난, 민족, 멸절의 위기와 구원	성전, 성벽재건, 율법정비, 범죄, 타락
역 사 서	창1~11장	창12~50장	출애굽기, 레위기, 민수기, 신명기	여호수아, 사사기	사무엘 (상,하)	열왕(상,하), 역대(상,하)	에스더	에스라, 말라기
관련 성경		욥기		룻	시편, 잠언, 전도서, 아가	요엘, 요나, 아모스, 호세아, 이사야, 미가, 하박국, 스바냐, 나훔, 오바댜, 예레미야, 애가	에스겔, 다니엘	학개, 스가랴, 느헤미야
주요 구절	창2:7, 3:15	창15:16	출 3:4	삿 2:16~17	삼상 8:5	왕상 11:11, 13	에 4:16	스 1:3

신약성경					
구분	예수시대	교회시대			
		사도행전	바울서신	공동서신	계시록
저작시기	AD 48–60	68년 이후	48–68	60–100	95–98
등장인물	예수 그리스도, 12제자	스데반, 베드로, 요한, 야고보, 빌립, 바울, 바나바, 실라, 누가	바울, 디모데, 브리스길라 아굴라, 디도, 오네시모, 뵈뵈 외 60여 명	야고보, 베드로, 유다, 요한	사도 요한
관련 성경	마태복음, 마가복음, 누가복음, 요한복음	사도행전	갈라디아서, 데살로니가 전후서, 고린도전후서, 로마서, 에베소서, 빌립보서, 골로새서, 빌레몬서, 디모데전후서, 디도서	히브리서, 야고보서, 베드로 전후서, 유다서, 요한 1,2,3서	요한계시록
주요 내용	예수님의 일생, 예수님의 가르침, 이적과 기사, 천국 이야기, 예수님의 교훈, 부활과 승천	오순절 성령강림, 교회의 설립, 이방인 전도, 선교 여행, 순교 열전	십자가 대속, 부활, 율법과 복음, 윤리	예수 그리스도, 그리스도인의 삶	일곱 교회, 4가지 큰 환상, 40개 사건, 천국 예배광경, 종말 때 심판, 새하늘과 새땅
권수(27)	4	1	12	8	1

Q7. 성경 외에 신조, 교리문답, 신앙고백서가
왜 필요한가요?

1. 신앙의 객관적 기준

기독교 신앙은 앞에서 설명한 것처럼 하나님의 말씀인 성경을 잘 읽고, 이해하며, 의지함으로 시작됩니다. 그런데 성경을 어떻게 읽어야 합니까? 그냥 막 읽어도 이해될까요? 아니면 읽다가 자기 마음에 감동 오는 부분만 있으면 되나요? 베드로후서 3장 16절에 보면 "그 모든 편지에도 이런 일에 관하여 말하였으되 그중 알기 어려운 것이 더러 있으니 무식한 자들과 굳세지 못한 자들이 다른 성경과 같이 그것도 억지로 풀다가 스스로 멸망에 이르느니라"라는 경고가 있습니다.

성경을 자기 마음대로 읽고 느끼고 싶은 대로 사용하는 사람들이 있습니다. 그러나 베드로는 이런 마구잡이식의 성경 읽기에 대해서 "멸망에 이를 것"이라고 엄히 경고합니다. 또한 "먼저 알 것은 경의 모든 예언은 사사로이 풀 것이 아니니"(벧후 1:20)라고 지적하면서 성경은 각자 마음대로 해석하는 것이 아니라 일정한 객관적 기준에 따라야 한다고 말합니다. 왜냐하면 두 가지 이유 때문입니다. 첫 번째 이유는 성경의 분량이 너무 많고 또한 내용도 복잡하기 때문입니다. 성경은 66권 1755페이지에 달하는 엄청난 분량을 가지고 있습니다. 일반 책 크기로 편집하면 10권 이상 되는 전집이 될 것입니다. 분량도 문제지만 내용도 매우 복잡합니다. 예를 들면 레위기는 수많은 제사와 절기 이야기가 나옵니다. 에스겔, 다니엘, 요한계시록은 수많은 비유와 상징이 등장합니다. 또 구약에서는 여러 아내를 허락하는 것처럼 보이는 반면 신약에서는 일부일처제를 강조합니다. 로마서는 오직 믿음으로 구원받음을 말하고 야고보서는 행함없는 믿음은 죽은 믿음이라고 합니다. 얼핏 보면 행위로 구원받는다고 말하는 것 같습니다. 이처럼 내용이 서로 모순되는 것처럼 보이는 부분이 많습니다. 따라서 성경을 바르게 이해하기 위해서는 성경이 말하고자 하는 핵심을 정리하고 축약해 놓은 내용이 필요한 것입니다. 두 번째 이유는 수많은 사이비 이단들 때문입니다. 여호와증인, 통일교, 신천지 등도 성경을 가지고 설명합니다. 그들도 성경을 읽고 해석하여 설명해 줍니다. 모두가 다 성경을 가지고 자기 나름대로 해석하여 설명하기 때문에 어떤 사람의 말이 맞는지 알 수가 없습니다. 백명이 모여도 천명이 모여도 서로 다른 해석이 나옵니다. 그리고 서로를 향해서 틀렸다고도 말할 수 없습니다. 왜냐하면 성경 해석의 기준이 없으면 각자가 읽고 이해한 모든 것이 맞았는지 틀렸는지 설명할 수 없기 때문입니다. 이처럼 이단을 막기 위해서 올바른 객관적인 성경 해석의 기준이 필요합니다.

이 두 가지 이유로 인해 정통교회는 초대교회부터 성경 해석에 대한 객관적 기준을 마련했습니다. 그 대표적인 것이 바로 '사도신경(신조)'과 '니케아신경' 등입니다. 그래서 예배 시간에 이것을 고백하는 것입니다. 왜냐하면 수많은 이단도 하나님을 믿는다고 말하지만 정통교회가 성경을 통해서 이해한 하나님과 너무나 다르기 때문에 사도신경 및 니케아신경의 내용에 맞는 신앙만을 참된 신앙으로 인정했던 것입니다. 나아가 교회는 성경을 바르게 가르치고 이단을 막기 위해서 성경의 핵심 요약인 '신조(신앙고백, 교리문답)'를 만들었습니다. 신조라는 말은 "성경의 핵심 내용에 대한 신앙고백 조항"이라는 뜻입니다. 표현에 따라서 '신경', '신앙고백서'라고 하며, 성경 교리를 요약하였다고 해서 교리문답(요리문답)이라고 부르기도 합니다. 종교개혁가 존 칼빈 목사는 학생들, 어른들 모두 반드시 신앙고백서와 교리문답을 부지런히 배워야 한다고 다음과 같이 강조했습니다.

"교회는 언제나 어린아이들을 기독교 신앙 교리 안에서 양육하라는 특별한 권면을 받아왔다. 이를 규모 있게 수행하기 위해 교회는 교리문답이라고 불리는 어떤 특정한 규칙서를 사용하였다. 악마는 자신이 교회를 흩어서 가공할 만한 폐허로 만들어 버렸음에도 불구하고 세상에 있는 대부분의 교회 안에 아직 어떤 징표들이 남아 있는 것을 보자 악마는 이런 거룩한 질서Catechism: 교리문답를 붕괴시켰다. 따라서 악마가 남겨 놓은 것은 교화능력이 전혀 없고 단지 미신만을 산출해 낼 수 있는 몇 가지 유물들에 불과하다. 이것이 바로 왜 현재 우리 교회 안에 내적인 힘은 없고 허식만이 존재하고 있는가에 대한 이유를 설명해 주는 확실한 논거이다. 우리가 여기서 제시하는 이 교리문답은 옛적부터 그리스도인들 가운데서 준수되어 왔고, 교회가 완전히 부패했을 경우를 제외하고는 결코 포기된 적이 없는 관례적인 것이다"(칼빈의 제네바 2차 교리문답 서문 중에서).

2. 개혁교회는 어떤 신조, 요리문답, 신앙고백서를 믿고 따라야 합니까?

정통교회와 장로교회가 사용하는 신앙고백서는 종류가 매우 많습니다. 시대별로 소개해 보겠습니다.

1) 초대교회 시대
~ A.D. 500년까지 사도신경(1-2세기), 니케아신경(325년), 니케아-콘스탄티노플 신조(381), 칼케돈 신조(451), 아타나시우스 신조(4-5세기) 등과 같은 5개의 신조를 받아들입니다.

2) 종교개혁 시대
~ 제네바 요리문답(1536, 1541), 제1, 2 스위스(헬베틱) 신앙고백(1536, 1566), 프랑스 신앙고백(1559), 스코틀랜드 신앙고백(1560), 벨기에(벨직) 신앙고백(1561), 하이델베르그 요리문답(1563), 도르트 신조(1619), 웨스트민스터 신앙고백과 대·소요리문답(1648) 등이 있습니다. 이 중에서 장로교회 헌법 안에 기준으로 삼는 웨스트민스터 신앙고백이 제일 중요합니다. 학생들을 위해서는 웨스트민스터 소요리문답을 기초로 교육합니다.

3) 한국장로교회의 신앙고백서로는 12신조(1907)가 있습니다.

<사도신경>

"전능하사 천지를 만드신 하나님 아버지를 내가 믿사오며, 그 외아들 우리 주 예수 그리스도를 믿사오니, 이는 성령으로 잉태하사 동정녀 마리아에게서 나시고, 본디오 빌라도에게 고난을 받으사, 십자가에 못 박혀 죽으시고, (지옥에 내려가셨으며), 장사한 지 사흘 만에 죽은 자 가운데서 다시 살아나시며, 하늘에 오르사 전능하신 하나님 우편에 앉아 계시다가, 저리로서 산 자와 죽은 자를 심판하러 오시리라. 성령을 믿사오며, 거룩한 공회(교회)와 성도가 교통하는 것과 죄를 사하여 주시는 것과 몸(육체)이 다시 사는 것과, 영원히 사는 것을 믿사옵나이다."[5]

<니케아신경>

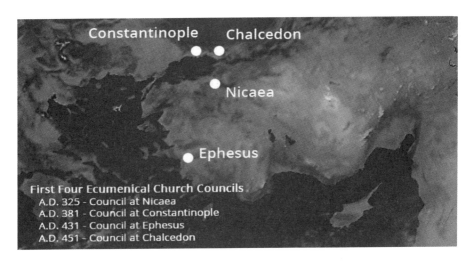

"우리는 전능자시요, 보이는 것과 보이지 않는 모든 것의 창조자이신, 유일하신 하나님 아버지를 믿노라, 우리는 또한 유일하신 주 예수 그리스도를 믿노니, 이는 하나님의 아들이시며, 성부에게서 곧 성부의 본체(本體)로부터 태어나신 독쟁자시니, 하나님에게서 나오신 하나님, 빛에서 나온 빛, 참된 하나님에게서 나오신 참된 하나님이시며, 성부와 동일본질이시며 이를 통해 하늘에 있는 것이나 땅에 있는 모든 것이 지은 바 되었으니, 이는 우리 인간을 위하여 우리의 구원을 위하여 내려오

---

5 사도신경은 6가지 주제로 나눠진다. 하나님, 인간(죄), 예수님, 구원, 교회, 종말이다. 여기에 성경론을 추가하면 지금 여러분에게 소개하고 있는 조직신학 7개의 교리가 되는 것이다. 따라서 사도신경의 내용은 기독교의 핵심적 교리임을 알 수 있다.

사, 육신을 입어 인간이 되셨고, 고난을 당하셨으며, 3일 만에 부활하사 하늘에 오르셨고, 산 자와 죽은 자를 심판하러 오시리라. 그리고 우리는 성령을 믿노라. 그러나 "성자께서 안 계신 때가 있었다"라든지, "태어나기 전에는 그가 계시지 않았다"든지, "그가 무로부터 생성되었다고 말하거나, "성자가 다른 본체나 본질로부터 유래했다"든지, "피조물"이라든지, "가변적"이라든지, "변화한다"고 주장하는 자들은 보편교회가 저주하노라." (김광채 역)

<웨스트민스터 신앙고백서>

이 신앙고백서는 사도신경의 내용을 확대 설명한 것으로 총 33개 항목이 있습니다. 이것은 여러 신앙고백서 중 가장 훌륭한 신조로 평가됩니다. 또한 장로교회 헌법에서 신앙 기준으로 채택한 법적인 문서이기도 합니다. 이 33개의 조항을 벗어난 신앙 행동은 교회법에 따라 징계를 받을 수 있습니다. 국가에도 헌법이 있어서 국민의 생활 기준이 되듯이 이 신조는 장로교회의 법이며 교인들의 신앙 기준입니다.[6]

<웨스트민스터 소요리문답>

이 교리문답은 웨스트민스터 신앙고백서를 어린이와 청소년들에게 쉽고 빠르게 가르치기 위해서 107개의 질문과 답으로 요약해놓은 것입니다. 이 교리문답은 제1문이 가장 유명합니다. "사람의 제일 되는 목적이 무엇인가? 답: 사람의 제일 되는 목적은 하나님을 영화롭게 하는 것과 영원토록 그분을 즐거워하는 것이다." 이 고백 안에 정통교회의 모든 신앙 정신이 녹아있기 때문에 여러분 모두는 평생 이 고백을 암기하고 되새겨야 합니다.

---

6 최더함의 <새 번역 해설 웨스트민스터 신앙고백서>를 참조하면 유익하다. 이 책은 처음으로 각 항목에 제시된 교리들을 조직신학적으로 설명하고 있다.

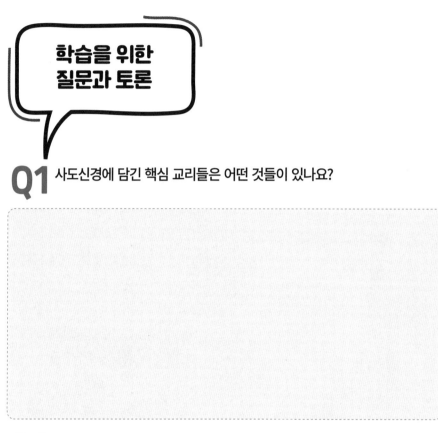

**학습을 위한
질문과 토론**

Q1 사도신경에 담긴 핵심 교리들은 어떤 것들이 있나요?

Q2 종교개혁 시기에 작성된 신조, 신앙고백서, 요리문답을 순서대로
정리해 봅시다.

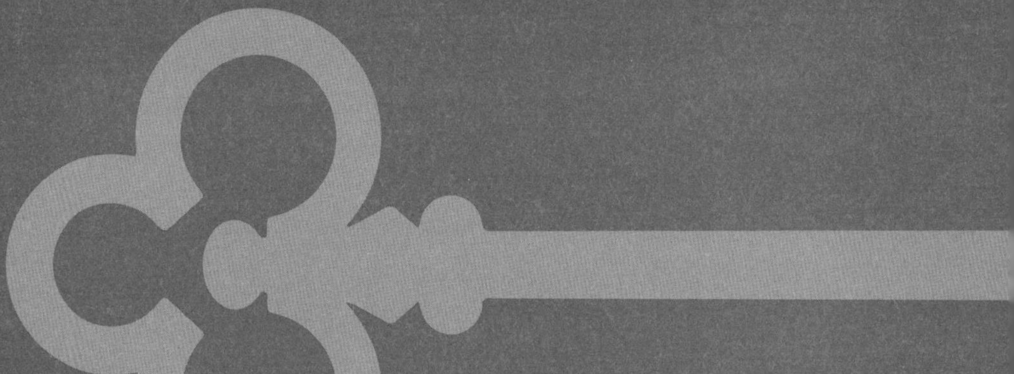

두 번째 창고

하나님은 누구신가요? / 신론

하나님에 관한 교리는 성경의 도처에 나타나 있습니다. 그러므로 하나님을 아는 것은 신자로서 제일 첫째 되는 의무이기도 합니다. 칼빈도 그의 <기독교강요>에서 '하나님을 아는 지식'이 최우선적인 일이라 하였고, 제네바 교리문답도 '인생의 주요 목적은 무엇인가?' 라는 물음에 '창조주를 아는 것'이라고 답하고 있습니다. 그러나 유한한 인간이 무한한 하나님을 모두 아는 것은 불가능합니다. 그래서 사도 바울은 이렇게 외쳤습니다. "깊도다 하나님의 지혜와 지식의 부요함이여 그의 판단은 측량치 못할 것이며 그의 길은 찾지 못할 것이로되 누가 주의 마음을 알았느뇨 누가 그의 모사가 되었느뇨."(롬 11:33-34) 하나님은 우리의 능력과 한계를 잘 아시고 당신에 관한 여러 지식을 성경에 계시해 주셨습니다. 신론은 성경에 계시된 하나님에 관한 것들을 모아서 정리한 것입니다.

Q1. 성경의 하나님을 믿는 이유가 무엇인가요?

1. 창조와 섭리를 통한 계시

우리가 하나님이 실제로 존재하심을 믿는 것은 일반적으로 하나님께서 창조와 섭리를 통해서 모든 사람에게 자신을 계시하셨기 때문입니다. 그리하여 모든 사람은 하나님이 주신 '신 의식'으로 말미암아 하나님을 모른다고 할 수 없습니다. 이에 대해 사도 바울은 "이는 하나님을 알만한 것이 그들 속에 보임이라 하나님께서 이를 그들에게 보이셨느니라"(롬 1:19)고 말했습니다. 그뿐 아니라 하나님은 주 예수 그리스도를 통해, 또 하나님의 말씀과 성령의 사역을 통해 자신을 계시하셨습니다. 그러므로 우리는 모든 방편을 통해서 하나님이 실제로 계신다는 것을 알 수 있습니다.

2. 논리적 논증

무엇보다 그리스도인은 하나님의 계시와 믿음을 통해 하나님이 실제로 존재하심을 알게 됩니다. 반면에 믿음이라는 안경을 통해서가 아니라 인간에게 주어진 이성이라는 안경을 통해서 하나님의 존재를 증명하고자 시도한 사람들이 있습니다. 이들이 바로 스콜라 신학자들입니다. 예를 들어 안셀름Anselm, 1033-1109 같은 이는 하나님에 대해 "그보다 더 큰 존재를 생각할 수 없는 존재"라고 하였습니다. 즉, 하나님은 최고의 존재로서 필연적으로 존재하고, 또 가장 완전한 존재이기 때문에 하나님은 존재할 수밖에 없다는 것입니다. 이것을 '존재론적 증명'이라 정의합니다. 다음으로 '경험적 논증'이 있습니다. 카톨릭교회의 대표적 신학자로 추앙받는 토마스 아퀴나스Thomas Aquinas, 1224-1274는 어떤 선험적 장치도 없이 오직 감각의 자료들만을 가지고 하나님의 존재를 증명하려고 했습니다. 그에 의하면 "마음이란 감각의 각인이 있기 전에는 마치 백색 석판과도 같다"고 하면서 "하나님의 존재는 보고 듣고 만지고 느끼는 감각적 경험을 통해 알 수 있다"고 했습니다. 그러나 유명한 청교도 목사요 신학자인 조나단 에드워즈Jonahthan Edwards, 1703-1758는 "특별계시의 도움을 받지 않고서 인간의 이성으로 감각의 자료들만을 가지고서 하나님의 존재를 증명하려고 하는 것은 헛되다"고 일갈했습니다.

3. 이성이 아니라 계시

성경의 하나님은 인류에게 그들의 모든 사고에 하나님을 전제할 것을 요구하십니다(출 20:3, 잠 1:7 등). 이것은 인류가 창조주의 존재를 입증할 필요가 없다는 것을 의미합니다. 왜냐하면 첫째, 하나님은 자연, 즉 우주 만물을 통해 자신을 계시하셨습니다(시 19:1, 롬 1:19-20), 둘째, 창조 사역에 그 계시가 분명하게 나타나 있어서 인류는 이미 그 계시를 알고 있기 때문입니다. 그러므로 하나님을 모른다고 핑계하지 못합니다. 인류는 하나님의 존재에 대해 당연히 안다고 해야 합니다.

우리 주변에 소위 자신을 '무신론자'로 소개하는 사람들이 있습니다. 그러나 인류 가운데는 실제적으로 무신론자는 존재하지 않습니다. 그들은 하나님이 계시지 않아서가 아니라 하나님이 없는 것처럼 여기고 살려고 시도하는 것뿐입니다. 그들의 양심은 그들에게 늘 하나님의 존재를 일깨워 줍니다. 그럼에도 의도적으로 하나님을 부인하는 자는 언젠가는 그들의 죄 때문에 하나님이 그들을 심판하실 것임을 그들도 잘 알고 있습니다. 그들은 무신론자가 아니라 의도적인 범죄자일 뿐입니다.

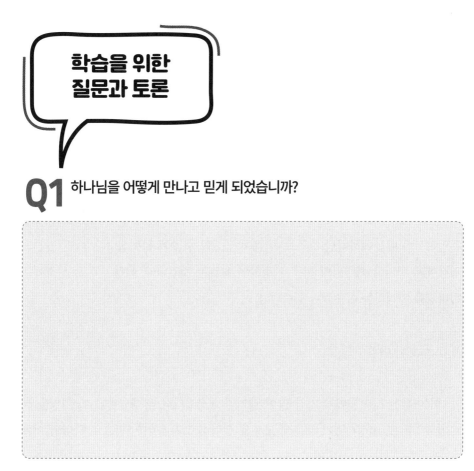

학습을 위한 질문과 토론

Q1 하나님을 어떻게 만나고 믿게 되었습니까?

Q2 가장 기억에 남는 무신론자에 대해 이야기를 나누어 봅시다.

Q2. 하나님의 이름은 무엇인가요?

하나님께 이름이 있을까요? 그 전에 하나님이 이름을 가질 필요가 있는가에 대해 생각해 보아야 합니다. 하나님은 처음이자 마지막이시며(알파와 오메가) 모든 것의 주인이시기 때문에 하나님 스스로 이름이 필요하지 않은 분이십니다. 다만 인간의 입장에서 편의상 하나님의 이름을 정하여 부르는 것입니다. 이런 이유로 성경에는 하나님을 가리키는 이름들이 있습니다.

1. 여호와 야훼 Yahweh

이 이름은 사람들에게 가장 많이 알려진 이름입니다. 유대인들은 이 명칭을 부르기를 너무도 신성시했기 때문에 모음을 생략하고 자음YHWH만으로 하나님 이름을 표기했습니다. 이 이름의 유래는 출애굽기 3:13-15에 기초합니다. 모세는 떨기나무 불꽃 가운데 나타나신 하나님이 애굽에서 고통 중에 있는 자기 백성을 구출하려 할 때 무슨 이름으로 그들에게 하나님을 소개해야 하느냐고 묻자 하나님은 이름을 말하지 않고 "나는 스스로 있는 자"I am who I am라고 소개했습니다. 이것을 히브리어로 표기한 것이 '야훼'가 된 것입니다. 이후 이 이름은 이스라엘 백성에게 언약의 하나님을 지칭할 때 사용되었습니다. 하나님은 우리의 아버지가 되시며, 우리를 하나님의 자녀로 삼아 주시겠다는 약속을 세워 주신 분임을 강조하여 언약의 하나님이라 합니다. 두 개의 성경 구절을 살펴봅니다.

"그런즉 너는 알라 오직 네 하나님 여호와는 하나님이시오 신실하신 하나님이시라 그를 사랑하고 그 계명을 지키는 자에게는 천대까지 그 언약을 이행하시며 인자를 베푸시나이다"(신 7:9)

"나 여호와가 말하노라 그날 후에 내가 이스라엘 집에 세울 언약은 이러하니 곧 내가 나의 법을 그들의 속에 두며 그 마음에 기록하여 나는 그들의 하나님이 되고 그들은 내 백성이 될 것이라"(렘 31:33)

<여호와와 관련된 기타 명칭들>
♡ 여호와 이레(창 22:14. 요 1:29): 여호와께서 준비하신다
♡ 여호와 샬롬(삿 6:24, 롬 5:1): 하나님을 찬양하다
♡ 여호와 닛시(출 17:15, 시 60:4): 승리하시는 하나님
♡ 여호와 삼마(겔 48:35, 계 21:2-3): 함께 거하시는 하나님
♡ 여호와 라파(출 15:26, 요일 1:9): 치료하시는 하나님

2. 엘티과 엘로힘 Elohim

히브리어 '엘'은 '울'(강하다)이라는 동사에서 유래한 분사형 단어로서 '참되신 하나님', '강하고 전능하신 하나님'을 가리키며 구약성경에서만 217회 사용되었습니다. 영어로는 God으로 번역합니다. 끝말에 '엘'이 붙으면 모두 하나님과 관련된 뜻입니다. 예를 들어 이스라엘은 '하나님과 겨루다'이고 벧엘은 '하나님의 집'이라는 뜻이며 아리엘은 '하나님의 제단'을 뜻합니다.

<엘과 관련된 기타 명칭들>
♡ 엘 엘론(창 14:19-20, 시 7:35): 지극히 높으신 하나님
♡ 엘 샤다이(창 17:1, 출 6:3): 전능하신 하나님
♡ 엘 올람(창 21:31. 사 40:28): 영원하신 하나님
♡ 엘로이(창 16:13. 시 33: L13-15): 감찰하시는 하나님

한편, '엘로힘'은 구약에서 무려 2570회나 사용된 이름으로서 '야훼' 다음으로 많이 사용된 이름입니다. '엘로힘'은 전능하시며, 절대주권을 가지신 하나님을 뜻합니다. 흔히 '엘'의 복수형이라 말하는 사람도 있지만 문법적으로 '엘로힘'은 '엘로아'

의 복수형입니다. 그러나 복수형이라 하면 다신론 개념으로 '신들'로 번역해야 마땅할 것이나 성경에서는 한결같이 단수형 동사나 대명사와 함께 사용되어 있으므로 이스라엘의 한 분 참되신 하나님을 가리킨다고 보아야 합니다. 또 엘로힘은 특별히 창세기에 있는 창조 기사에서 절대 권능의 창조주를 소개하기 위해서 사용되었습니다.

3. 주Adonai

'주', 즉 주님은 하나님이 온 세상의 재판장이시며 주인임을 의미합니다. 하나님은 우주와 인간과 모든 피조물의 주인이시며, 우리가 복종해야 할 왕이며, 재판장이십니다. 대개 주 여호와, 주 만군의 여호와 등과 같이 여호와와 같이 사용되었습니다. 또 '주'는 다스리는 주님을 의미합니다. 그러므로 '아도나이'는 변함없는 순종을 요구하는 분으로 나타나십니다. 이런 점에서 주님은 우리의 왕으로서 존경을 요구합니다. 나아가 절대적인 순종을 요구합니다(시 45:11). 이러한 주님에 대해 이사야 선지자는 다음과 같이 고백했습니다.

> "여호와 우리 하나님이시여 주 외에 다른 주들이 우리를 관찰하였사오나 우리가 주만 의뢰하고 주의 이름을 부르리이다"(사 6:13)

4. 헬라어 이름

헬라어로는 '데오스'와 '퀴리오스'가 사용되었습니다. 앞의 것은 구약의 엘, 엘로아, 엘로힘에 대한 번역으로 주로 '성부 하나님'을 가리킵니다. 특별히 몇 군데에서 성자 하나님을 가리키기도 합니다(요 1:1, 18, 행 20:28, 롬 9:5, 딛 2:13, 히 1:8 등). 뒤의 것은 구약의 '야훼'를 번역한 것으로 우리 말로 '주(주님)'로 번역하며 주로 예수 그리스도를 가리킬 때 사용합니다.

학습을 위한 질문과 토론

Q1 유대인들은 왜 자음만으로 하나님의 이름을 표기했나요?

Q2 이름의 신학적 의미와 본인 이름의 유래와 의미가 무엇인지 생각해 봅시다.

Q3. 하나님은 어떤 분이신가요? - 하나님의 속성

하나님은 어떤 성품을 가지신 분일까요? 우리는 다른 사람을 평가할 때 그의 겉모습도 보지만 더 중요한 것은 그의 성품, 인격, 됨됨이를 봅니다. 이것을 통해서 그 사람이 어떤 인물인지 정확히 알 수 있습니다. 마찬가지로 성경에서도 하나님의 성품, 성격, 속성이라고 말할 수 있는 하나님의 고유한 특징들을 소개합니다.

하나님의 성품이란 하나님이 가지고 있는 고유한 성질을 가리키며 이는 하나님의 존재와 동일하다는 말입니다. 하나님의 속성을 한 가지로만 설명할 수 없으며 각 속성 간에는 차등이나 구별 또한 없습니다. 개혁주의 신학에서는 하나님의 성품을 두 가지로 나누어 소개합니다. 하나는 인간의 성품과 달리 하나님만이 고유하게 가지시는 성품이고 다른 하나는 하나님과 인간이 공동으로 나누어 가진 성품을 말합니다. 개혁주의 조직신학에서는 앞의 것을 '비공유적(非共有的) 속성'이라 부르고 뒤의 것은 '공유적 속성'이라 부릅니다.

1. 하나님만이 가지시는 고유한 성품(비공유적 속성)

1) 스스로 존재하시는 성품 자존성/Self-Existence

모든 피조물은 존재의 근거를 자신에게서 찾을 수 없습니다. 피조물의 근거는 창조주에게 있습니다. 그러나 창조주이신 하나님은 자신의 존재의 근거를 그 자신에 가지며 그 자신이 원인이십니다. 인간이나 다른 피조물은 그 존재의 근거를 자신의 밖에서 가지는 의존적 존재이지만 하나님은 홀로 독립적인 존재이십니다.

하나님은 자신의 이름을 묻는 모세에게 "나는 스스로 있는 자"(출 3:14)라고 하였습니다. 이 말씀으로 인해 이후 하나님은 이스라엘 백성들로부터 '야훼'라는 호칭으로 불리는데, 이 이름은 바로 하나님이 스스로 존재하시는 성품을 표시합니다. 나아가 하나님은 어제도 계셨고 지금도 계시고 영원토록 계시는 분이십니다. 다윗은 "하나님은 만물 이전에 계셨고 만물은 그로 말미암아 지은 바 되셨다"(시 90:2)고 노래했습니다.

2) 영원히 변하지 않으심 불변성/Immutability

하나님은 그 어떤 것에 영향을 받으시는 분이 아니며, 하나님의 완전하신 뜻은 영원토록 변하지 않으십니다. 성경은 하나님의 불변하심에 대해 곳곳에서 증거하고 있습니다. 시편 기자는 "천지는 없어지려니와 주는 영존하시겠고 그들도 다 옷같이 낡으리니 의복같이 바꾸시면 바뀌려니와 주는 여상하시고 주의 연대는 무궁하리이다"고 노래했고(시 102:26-27), 다윗은 "이스라엘의 지존자는 거짓이나 변개함이 없으시니 그는 사람이 아니시므로 결코 변개하지 않으심이니이다"(삼상 15:29)고 했으며, 말라기 선지자를 통해 하나님은 "나 여호와는 변하지 아니하나니 그러므로 야곱의 자손들아 너희가 소멸되지 아니하느니라"(말 3:6)고 약속하셨고, 사도 바울은 "하나님의 은사와 부르심에는 후회하심이 없느니라"(롬 11:29)며 하나님의 절대성과 영원 불변성을 증언하였습니다.

물론 성경은 하나님의 뜻이나 성품이 변하는 것처럼 표현한 곳도 있습니다. 그러나 이것은 하나님의 본래의 성품이 변한 것이 아니라 하나님의 마음과 뜻을 인간에게 좀 더 적극적이고 역동적인 모습으로 느낄 수 있게 해 주기 위해서 하나님을 인간의 모습처럼 표현한 비유적인 것입니다.

3) 가장 크시고 높으신 하나님 무한성/Infinity

하나님이 크시고 헤아릴 수 없다는 것은 어떤 용량에 관한 것입니다. 모든 그릇이나 용기는 자신이 담을 수 있는 크기가 한정되어 있습니다. 이것을 인간의 지식에 비유하면 모든 인간은 크기가 작고 제한된 지식의 그릇입니다. 그러나 하나님은 무한히 크고 헤아릴 수 없는 용량을 가지신 분이십니다. 담기는 양이 다 채워지면 이 상태를 충만fullness 으로 표현합니다. 하나님은 헤아릴 수 없이 충만하신 분이십니다. 하나님은 어떤 모양으로든지 하나님 자신 외의 어떤 것으로부터 제한을 받거나 피조물 내에 한정되지 않으십니다. 다시 말해 하나님은 제한적이고 한계가 있는 용량이 아니십니다.

예를 들어 우주를 생각해 봅시다. 지구에서 태양계의 끝인 명왕성에 이르기까지 약 60억 ㎞이며 좀 더 먼 프록시마 행성까지는 40조 ㎞입니다. 이런 태양계가 1000억 개 이상 존재하면 은하계라고 하는데 이 우주에는 이런 은하계가 또 수천억 개 이상 존재합니다. 우주의 끝은 과연 어디까지일까요? 도무지 그 크기를 추측하거나 헤아릴 수 없습니다. 그런데 성경은 이 우주를 창조하신 분이 하나님이시라고 합니다. 하나님은 얼마나 크고 높으신가요? 도저히 헤아릴 수 없는 무한하신 분입니다.

"여호와는 위대하시니 크게 찬양할 것이라 그의 위대하심을 측량하지 못하리로다"
(시 145:3)

"깊도다 하나님의 지혜와 지식의 풍성함이여 그의 판단은 헤아리지 못할 것이며 그의 길은 찾지 못할 것이로다"(롬 11:33)

4) 영원히 존재하심 영원성/Eternity

무한하심이 용량에 관한 것이라면 영원하심은 시간적인 측면에서 가지는 하나님의 성품입니다. 먼저 하나님은 시간이라는 굴레에 자신을 묶어두신 분이 아니십니다. 하나님은 시간 밖에 계신 초시간적인 분이십니다. 즉 하나님은 존재하심의 시작과 끝이 없으시다는 것입니다. 하나님은 시간, 양, 수의 한계가 없는 분이십니다. 하나님은 단지 자신의 생각과 계획을 인간에게 알려주기 위해 시간을 사용하실 뿐입니다. 성경은 하나님의 영원하심에 대해 여러 가지로 표현하고 있지만 인간의 언어로 이를 정확히 묘사하기엔 역부족입니다. 인간은 그저 하나님의 영원하심에 대해 감탄할 뿐입니다.

> "산이 생기기 전, 땅과 세계도 주께서 조성하시기 전 곧 영원부터 영원까지 주는 하나님이시니이다"(시 90:2)

> "주의 보좌는 예로부터 견고히 섰으며 주는 영원부터 계셨나이다"(시 93:2)

> "이 일을 누가 행하였느냐 누가 이루었느냐 누가 처음부터 만대를 불러내었느냐 나 여호와라 처음에도 나요 나중 있을 자에게도 내가 곧 그니라"(사 41:4)

> "주 하나님이 이르시되 나는 알파와 오메가라 이제도 있고 전에도 있었고 장차 올 자요 전능한 자라 하시더라"(계 1:8)

5) 모든 곳에 계심 편재성/Omnipresence

하나님의 무한하심을 장소에 대입하면 하나님은 어떤 장소나 공간적인 한계에 제한되지 않으시는 분이십니다. 하나님은 우리의 마음속에도, 우주 저 멀리에도 계십니다. 온 우주 만물 모든 곳에 계실 수 있는 분입니다. 이를 한자어로 편재성(偏在性) 혹은 무소부재성(無所不在性)이라 합니다. 이 말의 뜻은 하나님은 모든 곳에 동시에 계시며, 계시지 않는 곳이 없다는 것입니다. 마치 햇빛이 비출 때 내가 사는 동네에만 비추는 것이 아니라 산 너머 동네와 바다 건너 동네에도 동시에 비추는 것과 같은 이치입니다. 모든 곳이 하나님의 거처이며 어떤 곳이라도 하나님은 제한을 받지 않으시고 나타나시고 다니시며 임재하십니다. 하나님을 피하여 인간이 숨을 수 있는 곳은 아무 곳도 없습니다.

> "여호와의 말씀이니라 사람이 내게 보이지 아니하려고 누가 자신을 은밀한 곳에 숨길 수 있겠느냐 여호와가 말하노라 나는 천지에 충만하지 아니하냐"(렘 23:24)

"그가 또 하늘을 드리우고 강림하시니 그의 발아래는 어두컴컴하였도다. 그룹을 타고 날으심이여 바람 날개 위에 나타나셨도다"(삼하 22:10-11. 시 18:9-10)

6) 오직 유일하신 하나님 유일성/Oneness

하나님만이 홀로 유일하신 신이십니다. 하나님 외에 다른 신은 있을 수 없습니다. 수많은 신이 있는 것이 아니라 신은 성경에서 말하는 하나님 한 분만이 존재합니다. 만약 하나님 외에 다른 신이 있다면 그 존재를 창조한 존재를 또 말해야 합니다. 하나님은 시작이자 마지막이십니다. 모든 다른 존재들은 하나님에게서, 하나님을 통하여, 하나님에게로 향하고 존재합니다. 하나님은 천지의 창조주이시며, 만물의 소유자시며 심판자이시며 통치자이십니다.

"너는 나 외에는 다른 신들을 네게 두지 말라"(출 20:3)

"이것을 네게 나타내심은 여호와는 하나님이시오 그 외에는 다른 신이 없음을 네게 알게 하려 하심이니라"(신 4:35)

"나 곧 나는 여호와라 나 외에 구원자가 없느니라. 내가 알려주었으며 구원하였으며 보였고 너희 중에 다른 신이 없었나니 그러므로 너희는 나의 증인이요 나는 하나님이니라 여호와의 말씀이니라"(사 40:11-12)

2. 인간의 성품과 공통적인 성질(공유적 속성)

1) 영적인 부분(하나님은 생명과 영이십니다)

① 하나님의 영성 Spirituality

하나님은 육체를 가지신 분이 아니십니다. 하나님은 생명과 인격을 가지고 계신 영이십니다. 인간의 영혼도 같은 속성을 가집니다. 인간의 영혼에는 생명과 인격이 담겨 있습니다. 인간의 영혼은 다른 동물들과는 차원이 다릅니다. 하나님은 영이시므로 성경은 인간의 눈으로는 하나님을 볼 수 없다고 말합니다. 마찬가지로 인간의 영적인 부분도 볼 수 있는 부분이 아닙니다. 그럼에도 인간에게 영혼이 존재한다는 사실을 부정하지 못합니다. 영혼이 있기에 생각하고 영원을 사모하고 사랑합니다.

문제는 하나님을 영원히 볼 수 없다면 그것은 큰 문제일 것입니다. 그러나 성경은 이미 몇몇 특별한 사람들, 즉 모세(출 34장), 이사야(사 6장), 바울(고후 12장) 등에게 하나님은 특별하신 은혜로 자신의 영광을 나타내셨습니다. 이외 대부분의 사람은 간접적인 방식, 즉 천사나 구름, 표징 등을 보았을 뿐입니다. 이것은 언젠가는 우리가 하나님을 볼 수 있다는 희망을 예시합니다. 성경은 복 있는 사람은 하나님을 볼 것이라고 했고 또 믿는 자는 얼굴과 얼굴을 대면하여 하나님을 볼 것이라고 했습니다. 천국에선 하나님을 대면하고 살 것입니다.

② 하나님의 영광 Glory

하나님의 영광이라는 것은 하나님의 장엄하심과 존귀하심, 높으심, 귀하심, 아름다우심 등을 뜻합니다. 하나님은 인간에게 자신의 고유하고 위대하며 아름다운 영광을 인간에게 나누어주셔서 모든 인간은 모든 피조물보다 더 귀하고 아름다운 존재이며 감히 다른 피조물이 근접할 수 없는 영광스러운 존재로 만들어 주셨습니다.

2) 지적인 부분

① 모든 것을 알고 계심 전지성/Omniscience

하나님은 우주 만물 속에 일어나는 모든 것을 알고 계십니다. 또한 인간의 수많은 생각도 전부 알고 계십니다. 모르는 것이 없이 다 알고 계시는 분입니다(시 94:9-11). 하나님의 이런 전지성은 오직 인간에게만 나누어 주신 하나님의 속성입니다. 왜냐하면 인간은 이성이라는 성품을 갖고 있으며, 이 이성의 기능은 모든 동물과 피조물보다 인간을 더욱 높은 존재로 만듭니다. 어떤 피조물도 인간만큼 지성을 가지고 있는 존재는 없습니다.

② 하나님의 지혜로우심 Wisdom

지혜와 지식은 서로 밀접한 관계이나 같은 것은 아닙니다. 지혜라 함은 어떤 상황에서 구체적인 목적을 위해 사용하는 지식의 능력이자 생존을 위한 기량입니다. 지식을 가지고 있다고 하여 모두가 지혜롭다고 말할 수 없습니다. 지식은 때와 장소와 대상에 알맞게 적용되고 이해되어져야 합니다. 즉 지혜가 있어야 지식이 빛이 납니다. 다윗왕은 지혜로 그의 백성을 다스렸습니다(시 78:72).

하나님은 지혜로우신 분이라 할 때 그 뜻은 직접 세우신 목적을 성취하기 위해 자기의 지식을 사용하시되 자기를 가장 영화롭게 하는 방식으로 하신다는 것입니다. 하나님은 당신의 지혜를 창조와 구속과 섭리의 방편으로 사용하였습니다. 또 하나님의 지혜는 십자가에(고전 1:18), 그리스도 안에(고전 1:24), 교회에(엡 3:10), 이스라엘과 이방을 위한 섭리(롬 11:33) 등에 사용하였습니다. 이 같은 지혜를 인간에게 나누어 주신 것은 인간이 하나님께 영광을 돌리고 이웃을 사랑하고 세상 가운데에서 빛과 소금의 사명과 역할을 잘 감당하기 위해 가장 지혜로워야 한다는 뜻이 담겨 있는 것입니다.

③ 하나님의 진실하심 진실성/Truth

하나님은 진실하신 분이라는 것은 두 가지 의미를 가집니다. 하나는 다른 거짓된 신들과는 확연하게 구별되는 진실되고 유일한 신이라는 뜻이고, 다른 하나는 하나님 스스로 세우신 목적에 신실하신 분이라는 뜻입니다. '여호와'라는 명칭은 죄나 악이 전혀 없는 순전하신 하나님을 말합니다(신 32:4, 시 31:6, 대하 15:3). 다시 말해 '여호와'라는 이름은 모든 거짓된 신과 우상에 반해 살아계시며 선포하신 언약을 철저히 지키시는 성실하신 참 하나님(신 32:21)을 의미합니다. 하나님의 진실함은 하나님이 도덕과 윤리, 종교와 학문 등 모든 진리의 원천이 되심을 보여주십니다.

하나님은 진실하신 분이기에 우리가 믿고 의지하며 그분의 명령을 따르는 것입니다. 우리도 마찬가지입니다. 우리가 진실하지 못하면 다른 사람으로부터 신뢰를 받을 수 없습니다. 거짓으로는 어떤 진리도 발견하지 못하며 참된 삶을 살 수 없습니다. 성경은 마귀가 거짓의 아비라고 비판하고 있습니다(요 8:44).

3) 도덕적인 부분

① 하나님의 선하심 Goodness

하나님은 완전하신 분으로 이 세상에 하나님 이외에 선한 분이 없습니다(막 10:18, 눅 18:19). 하나님은 절대적인 선이시며 최고선 the highest good이며 모든 덕행의 원천입니다. 한편으로 하나님은 완전한 선이시기에 영원히 복을 주시는 분입니다. 하나님은 모든 인간이 복을 받아 누리기를 원하십니다. 하나님에게 악이 조금이라도 있다면 아마 미워하는 존재에게 복을 주시지 않을 것입니다.

하나님은 자신의 선하심을 인자와 자비와 긍휼과 오래 참으심으로 나타내십니다. 하나님은 자기 백성을 향한 특별한 호의를 베푸십니다. 하나님은 인자하심으로 주를 사랑하고 주의 계명을 지키는 자에게 언약을 지키시며 긍휼을 베푸십니다. 하나님은 그리스도 안에서 인자하심을 풍성히 나타내십니다(롬 2:4, 고후 10:1, 골 3:12). 하나님의 선하심은 비참한 상태에 있는 자기 백성들에게 자비와 긍휼의 은혜를 주십니다(신 4:31. 시 103:8). 하나님은 선하신 분이기에 모든 사랑으로 우리를 대하십니다. 우리도 이런 사랑을 받은 만큼 이웃을 사랑해야 합니다.

② 거룩하심 Holiness

거룩이라 함은 함부로 침범하거나 다가설 수 없는 구별됨을 말합니다. 하나님은 거룩하시기에 그의 위엄은 본질상 그의 피조물과 구별됩니다. 피조물은 거룩한 존재가 아닙니다. 오직 하나님만이 특별한 목적을 위해 그들을 거룩할 수 있도록 구별하십니다. "나는 너희를 거룩하게 하는 여호와"라고 말씀하십니다(출 31:3, 레 20:8, 겔 20:12).

하나님이 거룩한 것으로 구별한 것들이 있습니다. 하나님은 이스라엘을 땅에 있는 모든 나라로부터 구별하셨습니다. 하나님은 이스라엘 백성을 당신의 백성으로 구별하셨습니다. 그러므로 이스라엘이 거룩한 것은 하나님이 이스라엘을 자기의 소유로 삼으시고 그들 가운데 거하시고 하나님이 저희의 하나님이시기 때문입니다. 하나님은 또 가나안 땅을 거룩한 곳으로 선정했습니다. 이외 안식일을 거룩하게 하였고 구약의 제사와 제물과 제사 도구와 성전과 헌금 등도 구별하셨습니다.

이제 하나님은 우리에게 "내가 거룩하니 너희도 거룩하라"(벧전 1:15)고 명령하셨습니다. 이 명령을 지키지 않을 때 하나님은 종종 우리를 책망하십니다. 이스라엘이 율법을 범할 때 먼저 책망과 징계를 받았습니다. 즉 하나님의 거룩은 구속자에겐 구속과 찬양의 원인이 되지만 범죄자에겐 두려움과 심판의 원리가 됩니다.

한편, 교회는 건물이 아니라 거룩한 백성으로 택함을 받은 거룩하고 흠이 없는 자들이며, 죄에서 완전히 해방되고 정결케 되어 영원히 하나님께 봉헌된 자들입니다.

③ 의로우심 Righteousness

'의롭다'는 말은 법적으로 흠이 없는 상태를 말합니다. 또 의인이라 함은 법적으로 고소를 당할 이유나 근거가 없는 무죄한 사람을 가리킵니다. 그러나 이 세상에서 하나님 외에 의로운 존재는 없습니다. 하나님은 완전한 의를 가지신 분이십니다. 이것으로 하나님은 모든 죄인을 심판하실 권한을 가지시는 것입니다. 흠이 있거나 불완전한 존재는 다른 존재를 판단하거나 재판하지 못합니다. 오직 하나님만이 세상 만물과 만사의 재판장이 되십니다(창 18:25).

하나님은 악인과 의인을 그들의 행한 일에 따라서 대하십니다. 하나님은 악인을 그의 진노로 다스리시고 의인은 모든 복으로 보상하십니다. 이것이 공평한 의입니다. 악인이든 의인이든, 죄를 지은 자이든 무죄한 자이든 구별치 않고 꼭 같이 평가하고 대접할 수 없습니다. 하나님은 죄인에 불과했던 우리를 그리스도의 십자가 희생으로 말미암아 구원하시고 믿음으로 우리를 의롭다 칭하여 주었습니다(롬 1:17, 갈 2:16, 요일 1:9). 이것은 우리가 의를 갖추었기에 그렇다는 것이 아니라 하나님이 그렇게 인정하고 받아들여 주셨기에 의로운 존재로 대접받는 것입니다. 이것은 무조건적으로 베푸시는 하나님의 은혜입니다.

4) 의지적인 부분

① 절대주권적 의지 Sovereign Will

주권이란 자신에게 모든 권한, 능력, 권리가 주어졌다는 것을 말합니다. 모든 것은 하나님의 절대 주권적 의지에서 비롯된 것입니다. 창조와 보존, 통치, 그리스도의 구속, 선택과 유기, 중생, 성화, 성도의 고난, 심지어 지극히 작고 가치가 없는 것까지도 다 하나님의 주권적 의지의 결과입니다.

하나님은 완전하신 분이시기 때문에 하나님이 하신 모든 일은 완전하고 불변하며 아무도 이에 대하여 문제를 제기할 수 없습니다. 누구를 선택하고 누구를 버린다고 할지라도 그것은 하나님의 주권적 의지에 속한 일입니다. 바울은 이것을 도자기와 그 주인의 이야기에 비유했습니다. 도자기 주인은 쓸모없다고 생각하는 도자기를 깨뜨릴 수 있습니다. 주인에게는 주인 되는 권리가 있는 것입니다. 하나님은 모든 피조물의 주인으로서 인간에게 만물을 다스리고 정복할 수 있는 주권을 맡겨주시고 나눠주셨습니다.

② 자유의지 Free Will

하나님은 모든 일을 행하실 때 가장 자유로운 의지를 갖고 계십니다. 하나님은 자신의 피조물을 향해 그 기쁘신 뜻대로 모든 것을 행하십니다(시 115:3, 잠 21:1, 단 4:35). 하나님은 자신의 의지를 행사하실 때 누구의 도움이나 억압을 받지 않으시고 스스로 원하시는 것을 자유롭게 행사하십니다.

만물은 절대적으로 하나님의 자유의지에 의존합니다(계 4:11). 사람은 하나님이 하시고자 하는 일에 반대할 아무런 권한을 가지고 있지 않습니다. 타락하기 전 인간은 가장 완전한 자유의지를 받았습니다. 그리하여 인간은 스스로 자신의 행동을 선택할 주권을 가졌습니다. 그러나 타락 후 인간은 죄에 빠져 악을 행하며 사탄에게 종노릇하는 노예적 의지로 변질되었습니다. 하지만 하나님은 인간에게 어느 정도 자유의지를 남겨 두셨습니다. 따라서 선한 의지의 사용은 축복과 구원을, 악한 의지의 선택은 고난과 심판을 받습니다.

<참고> 웨스트민스터 신앙고백서, 및 소요리문답에 나타난 하나님의 성품(속성, 본성)

웨스트민스터 신앙고백서 2장 1항

"오직 한 분이며, 살아있고 참된 하나님은 존재와 완전함에 있어서 무한하고, 지극히 순수한 영이고, 불가시적이며, 몸과 지체가 없고, 정욕도 없고, 불변하고, 광대하고, 영원하고, 측량할 수 없고, 전능하고, 지극히 지혜롭고, 거룩하고, 자유하고, 절대적이며, 또 자신의 영광을 위해, 변함없이 지극히 의로운 뜻의 계획대로 모든 일을 행하신다. 또 하나님은 지극한 사랑이며, 은혜와 긍휼과 오래 참음과 선함과 풍성한 진리이고 불의와 죄악을 용서하고, 부지런히 자신을 찾는 자에게 상을 주신다. 한편으로 하나님은 심판에 있어서 가장 공의롭고 무서우며, 모든 죄를 싫어하고, 유, 무죄를 분명히 가려 내시는 분이다."[7]

소요리문답 4문답

"하나님은 영이신데 그의 존재와 지혜와 권능과 거룩하심과 공의와 선하심과 진실하심이 무한하시며 영원하시고 불변하신다."

---

7 최더함 역. <새 번역해설 웨스트민스터 신앙고백서>, 리폼드북스, 2017, 36p.

Q1 하나님의 6가지 비공유적 속성은 무엇입니까?

Q2 인간에게 주어진 자유의지에 대해 토론해 봅시다.

Q4. 삼위일체 하나님이란 무엇인가요?

1. 용어에 대한 이해

성경에 삼위일체라는 단어가 나오지 않는다고 하여 이 교리를 무시하거나 반대하는 무리가 있습니다. 그러나 그들은 하나만 알고 둘은 모르는 사람들입니다. 성경의 계시는 반드시 직접적인 단어로만 계시되는 것이 아닙니다. 삼위일체의 교리는 성경 곳곳에 숨겨져 있습니다. 다시 말해 성경 전체를 통하여 삼위일체 하나님이 파편적인 언급의 형태로 나타나 있고 이 파편적 요소들을 모아 조직적 통일성을 추구할 경우 성경에서 멀리 떠나는 것이 아니라 오히려 성경의 의미를 더 깊이 파고듭니다. 워필드B. B. Warfield는 성경의 단어들보다는 성경의 진리를 보전하는 것이 더 낫다고 했습니다.[8]

'삼위일체'라는 용어는 라틴어 trinitas[9]를 번역한 것으로 이는 tres three 와 unus one 의 조합어이며, 헬라어로는 '트리아스'τριας [10]에서 유래했습니다. 이것은 '하나이면서 셋, 셋이면서 하나'라는 뜻인데 단, '세 겹, 혹은 삼중tripex/ triplicity'이라고 잘못 이해하면 안 됩니다.

한편, '삼위'를 가리킬 때엔 '휘포스타시스'라는 용어를 사용하는데 '아래에 감춰져 있다'(substance, 고후 9:14, 11:17, 히 3:14, 11:1)라는 뜻의 이 단어를 칼케돈 신조에서는 예수님의 신인 양성의 인격적 통일을 나타내는 용어로 사용했습니다.

2. 개념에 대한 이해

---

8 Benjamin B. Warfield, 'The Biblical Doctrine of the Trinity', Grand Rapids, 1952.
9 라틴 교부신학자인 터툴리안(Tertullian, 155-215)이 이 용어를 창안했다.
10 안디옥 교회의 감독이었던 데오필로스(Theophilos, 168-183)가 최초로 사용했다.

삼위는 하나의 본질(영/substance, essence, 라/substantia)을 가집니다. 본질이라는 용어는 독립적 존재이자 자존적이고 분할되지 않은 속성을 가리킵니다. 그런데 아리우스 논쟁 이후 본질은 '우시아' $ουσια$ 로, 인격은 '휘포스타시스' $ὑποστασις$ 로 구별하여 사용했습니다.

또 삼위의 인격 subsistence 은 이성과 자유의지를 가지고 다른 개체와 자기를 구별하는 존재 양식입니다. 정리하면, 삼위일체 하나님은 유일하신 분으로 성부, 성자, 성령이신 개별적 인격적 행위의 주체로서의 구별을 가지고 있으면서 본질적으로는 하나의 통일체입니다.

3. 삼위일체의 계시적 근거

워필드는 삼위일체 하나님에 대해 "구약성경은 많은 가구로 채워져 있으나 빛이 희미하게 밝혀진 방과도 같다. 빛이 밝혀지면 방안에 없던 가구들이 새롭게 나타나는 것이 아니라 단지 더욱 밝게 드러나는 것이다. 삼위일체의 신비는 성경에 계시되어 있지 않다. 그러나 그 신비는 구약성경 계시에 함축되어 있다. 그리고 여기저기서 희미하게 눈에 띄었다. 구약의 계시는 신약의 더 밝은 계시에 의해 바로잡히는 것이 아니라 단지 온전케 되고 확대될 뿐이다"라고 말했습니다. 또 조직신학자인 루이스 벌콥 Louis Berkhof 은 "삼위일체에 대한 가장 기본적인 계시는 말이 아니라 사실로 주어진 계시"라고 전제하고 "이 계시는 하나님의 구속 사역이 성자의 성육신과 성령의 부어지심의 경우에서처럼 더욱 분명하게 계시됨에 따라 점점 더 명백해지는 것이다"고 설명했습니다.

구약 성경에는 삼위일체 교리를 뒷받침하는 여러 표현이 있습니다.

첫째, 하나님끼리 대화하면서 '우리'(창 1:26, 3:22, 11:7, 사 6:8)라고 말씀하셨습니다.

둘째, 하나님에 대한 어떤 호칭의 밀접한 병렬이 있습니다. 예를 들어, "하나님이여 주의 보좌가~"(시 45:6-7)라고 했고, "여호와께서 내 주에게 말씀하시기를~"(시 110:1)라는 표현에서 삼위 하나님의 흔적을 발견합니다.

셋째, 여호와의 사자angel of the Lord는 곧 하나님을 의미하였습니다(창 16:7-13, 22:1-2, 24:7, 40, 28:10-17, 31:11-13, 32:9-12, 48:15-16, 출 3:2-6, 14:19, 23:20-23, 33:14, 수 5:13-15, 삿 6:11-24, 13:3-22, 삼하 24:26, 호 12:4, 슥 12:8, 말 3:1).

넷째, 세 분 하나님이 함께 일하시는 모습이 등장합니다. "하나님의 신은 수면에 운행하시니라"(창 1:2), "여호와의 말씀으로 하늘이 지음이 되었으며 그 만상이 그 입 기운으로 이루었도다"(시 33:6, 요 1:1-3, 사 42:1, 43:9-12, 학 2:5-6) 등에서 삼위 하나님의 협력을 볼 수 있습니다.

다섯째, 선지자를 통해 메시아이신 주 예수 그리스도 및 성령님을 언급합니다. "내가 처음부터 그것을 비밀히 말하지 아니하였나니 그 말이 있을 때부터 내가 거기 있었노라 하셨느니라 이제는 주 여호와께서 나와 그 신을 보내셨느니라"(사 48:16, 61:1, 슥 2:10-11). "그들의 모든 환난에 동참하사 자기 앞의 사자로 그들을 구원하시며 그 사랑과 그 긍휼로 그들을 구속하시고 옛적 모든 날에 그들을 드시며 안으셨으나 그들이 반역하여 주의 성신을 근심케 하였으므로 그가 돌이켜 그들의 대적이 되사 친히 그들을 치셨더니"(사 63:9-10) 등에서 삼위 하나님이 등장합니다.

다음으로, 신약 성경에도 삼위일체를 언급하는 구절들이 많습니다.

"증언하는 이가 셋이 있으니, 성령과 물과 피라 또한 이 셋은 합하여 하나이니라" (NIV, 요일 5:7~8)

"하늘에서 증거하는 이가 셋이니, 성부, 성자, 성령이시다. 이 셋은 하나이다" (KJV, 요일 5:7~8)

"예수께서 세례를 받으시고 곧 물에서 올라오실 새 하늘이 열리고 하나님의 성령이 비둘기같이 내려 자기 위에 임하심을 보시더니, 하늘로부터 소리가 있어 말씀하시되 이는 내 사랑하는 아들이요 내 기뻐하는 자라 하시니라"(마 3:16,17)

"그러므로 너희는 가서 모든 민족을 제자로 삼아 아버지와 아들과 성령의 이름으로 세례를 베풀고"(마28:19)

"주 예수 그리스도의 은혜와 하나님의 사랑과 성령의 교통하심이 너희 무리와 함께 있을지어다"(고후 13:13)

"말씀이 육신이 되어 거하시매 우리가 그의 영광을 보니 아버지의 독생자의 영광이요 은혜와 진리가 충만하더라.. 본래 하나님을 본 사람이 없으되 아버지 품속에 있는 독생하신 하나님이 나타내셨느니라"(요 1:14, 18)

4. 삼위일체론의 역사

그런데 교회사에서 삼위일체 교리는 많은 저항을 받았습니다. 알다시피 예수님 당시 유대인들은 하나님의 유일성을 믿었습니다. 그들은 삼위일체 하나님 이야기를 들으면 깜짝 놀랐습니다. 그러나 초대교회의 교부들은 달랐습니다. 그들은 열심히 삼위일체 하나님을 변호했습니다. 물론 지금의 교리적 입장에서 보면 온전한 주장을 한 교부들이 드뭅니다. 그럼에도 그들의 노력으로 이 교리가 지금 우리에게 전수된 것임을 잊지 말아야 합니다. 대표적으로 터툴리안Tertulian은 최초로 삼위일체의 용어를 사용하고 하나님의 세 인격성을 논했습니다. 비록 성자를 성부에게 종속시키는 우를 범하긴 했지만 삼위일체라는 것을 꿈에도 생각지 못하던 사람들에게 이 위대한 용어를 언급한 용기는 본받아야 합니다. 또 오리겐Origen이라는 교부도 종속설의 한계를 가졌습니다. 그는 본체에 관해서는 성자는 성부에게 종속되었고, 성령은 성자에게 종속되었다고 했습니다.

이외 삼위일체론을 잘못 이해한 학파나 이단 종파들이 많았습니다. 예를 들어, 단일신론Monarchianism을 주장한 자들은 하나님의 단일성과 성자의 신성(로고스)을 강조했지만 삼위일체를 부정했습니다. 가장 강력한 반대자는 아리우스Arius, 280~336라는 사람에 의해 촉발되었습니다. 그는 성자는 성부의 제1 피조물이고 성령은 성자의 제1 피조물이라 주장했습니다. 즉, 성자는 세계가 존재하기 전에 무에서 창조되었고, 만물은 성자에 의해 창조되었으며, 성자는 창조되었기에 시작이 있고 신적 본체가 아니며 만물 중에 먼저 창조된 자로 하나님의 선택을 받아 하나님의 아들이 되었다고 했습니다.

이런 아리우스의 주장에 대해 알렉산더교회의 감독 아타나시우스(295~373)가 그의 주장을 반박했습니다. 그는 성부와 성자의 관계를 '동일한 신적 본질'(호모우시오스)로 보고 분할이나 분리된 실체로는 보지 않았습니다. 성자는 독자적인 영원한 성자의 인격을 가진 본체이며, 하나님의 삼위는 어떤 형식으로든지 분리될 수 없는 것이며, 하나님의 유일성에 있어서 세 인격은 구분할 수 있으나 어디까지나 '본체는 하나'라며, 아리우스의 주장을 철저히 논박하여 오늘날 정통 교리의 초석을 놓았습니다. 교회는 325년에 니케아회의를 열고 아리우스주의자들을 이단으로 정죄하였습니다.

이후 삼위일체 교리는 다메섹의 요한 John of Damascus을 거쳐 어거스틴에 이르러 확고부동하게 자리를 잡았습니다.

5. 삼위일체론에 대한 신학적 진술

삼위일체론을 신학적으로 정리하면 다음과 같습니다. 어렵지만 한 번 읽어 봅시다.

첫째, 신적인 존재 안에는 유일의, 구분할 수 없는 '본체' ὀυσια, essentia 가 있다는 것입니다. 이 '본체' essence는 'esse'(있다)에서 유래했고, 역동적인 존재를 나타내며 하나님을 무한한 속성들의 총화로 묘사하며, '실체' substance는 'substare'(아래에 놓이다)에서 나왔고 존재의 잠재적인 가능성을 의미하며 하나님을 무한한 활동들의 기초들로 묘사하는 것입니다.

둘째, 신적 존재 안에는 세 위격(휘포스타시스)들 혹은 개별적 실체들 subsistences, 즉 성부와 성자와 성령이 존재합니다. 칼빈은 "인격은 신적 본체 안에 있는 실존을 의미한다"고 설명했습니다.

셋째, 하나님의 나누어지지 않는 전 본체(본질)가 삼위의 각자에 동등하게 속합니다. 즉, 신적 본체가 삼위에 분배된 것이 아니라 그 모든 속성을 가지고서 각 위 안에 전체적으로 있으며, 그 삼위는 수적 유일성을 가지고 있다는 사실을 의미합니다.

넷째, 신적 존재 안에 있는 삼위의 실존과 활동은 분명하게 정해진 순서로 표현됩니다. 즉, 존재론적 삼위일체는 분명히 순서(성부-성자-성령)가 있습니다. 이 순서는 시간이나 본체적 엄위에서의 어떤 선후가 아니라 단지 기원적 논리적 순서에 있어서만 그러합니다. 다시 말해, 성부는 어떤 다른 위격에게서 태어나시거나 발원하지 않고, 성자는 영원히 성부에게서 나시며, 성령은 성부와 성자에게서 영원히 나오십니다. 단, 발생과 발출은 신적 존재 안에서 일어나지만 아무런 종속도 의미하지 않습니다. 만물이 성부로부터^{ek}, 성자를 통하여^{dia}, 성령 안에^{en} 있습니다.

마지막으로, 교회는 삼위일체 교리를 사람의 이해를 초월하는 신비로 고백해야 합니다. 삼위일체의 신비를 잘못 설명하면 삼신론 혹은 양태론적인 하나님의 개념들을 도출하고, 신적 본체의 유일성을 부정하거나 본체 안에 있는 위격적 구별의 실재성을 부인하는 결과를 낳게 됩니다. 기독교회는 삼위일체의 신비를 설명하기 위해 노력하지 않았으며 단지 그것을 위태롭게 하는 오류들을 막는 정도에서 삼위일체의 교리를 체계화하려고 노력했을 따름입니다. 이것을 모든 그리스도인이 유념해야 합니다. 삼위일체론 교리는 하나님이 자신을 계시하시면서 자신의 존재 양식과 위치와 각 사역을 설명하시면서 주어진 신비에 싸인 진리입니다.

6. 결어

기독교의 신앙고백은 삼위일체이신, 유일하신 하나님을 믿는 것입니다. 즉 하나님은 한 분이면서 동시에 삼위(성부, 성자, 성령 하나님)로 존재합니다. 이것은 하나님이 세 분이라는 뜻이 아니라 하나님은 한 분이시며 동시에 삼위(세분)이시다는 뜻입니다. 이것은 매우 어려운 이해입니다. 이성적으로 과학적으로 수학적으로 설명할 수 없는 기독교의 신비입니다. 왜냐하면 '1=3'라고 말하는 것이기 때문입니다.

초대교부인 어거스틴은 "3이 1보다 크지 않고 1은 3보다 결코 작지 않다"라고 이 신비를 표현하기도 했습니다. 또한 종교개혁가인 존 칼빈은 다음과 같이 삼위일체를 설명했습니다. "나는 즉시 삼위의 광채에 둘러싸이지 않고는 한 하나님을 상상할 수 없다. 또한 곧바로 한 하나님을 생각하지 않고는 삼위를 분별할 수도 없다" 면서 "하나님께서는 자신이 한 분이시라는 것을 말씀하시는 동시에 명백하게 자신이 삼위(성부, 성자, 성령)로 생각되어야 한다고 주장하신다"고 했습니다.

하나님을 한 분이라고만 강조하면 예수님을 십자가에 처형한 유대주의에 빠집니다. 그러나 반대로 삼위 하나님인 성부, 성자, 성령 하나님만을 강조하면 하나님이 마치 세 분이나 여러 분 계신 것처럼 오해될 수 있습니다. 따라서 정통 기독교는 어느 한쪽으로 치우치지 않고 한 하나님과 삼위 하나님을 균형있게 고백하고 가르쳤습니다. 우리도 이 전통을 따라 잘 믿고 잘 가르쳐야 할 것입니다.

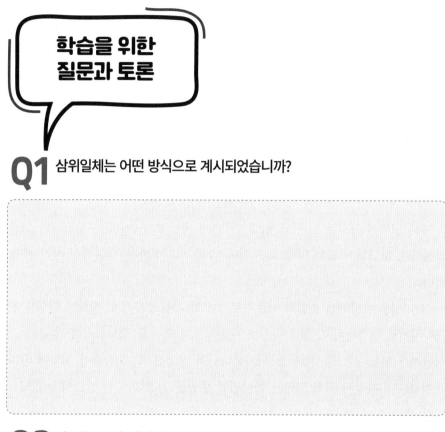

Q1 삼위일체는 어떤 방식으로 계시되었습니까?

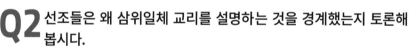

Q2 선조들은 왜 삼위일체 교리를 설명하는 것을 경계했는지 토론해 봅시다.

Q5. 하나님의 영원한 작정이란 무엇인가요?

1. 용어와 정의

하나님께서 하시는 일은 크게 네 가지(작정, 예정, 창조, 섭리)로 구분됩니다. 그중 작정이란, 하나님이 장차 하실 모든 일에 대해 미리 정하신 '영원하신 신적 계획'입니다.

하나님은 유일하신 초월적 자존자로서 오직 자신의 뜻으로 천하와 인생을 창조하시기로 결정하시고, 절대 유일의 주권자로서 역사를 경륜하시며, 결국에 그 심판자가 되십니다. 즉, 천하 만물은 하나님의 정하신 뜻, 작정하신 계획에 따라 운행됩니다. 따라서 작정 교리는 하나님의 주권을 인정하는 한 반드시 논의되는 것입니다.

2. 성경의 명확한 진술들

성경은 천하 만상의 모든 존재와 그 현상과 운행이 실현되는 배경에는 하나님의 거룩한 뜻이 내재되어 있음을 강조합니다. 즉, 온 세계의 모든 존재와 모든 일이 하나님의 뜻에 따라 처리되며 이를 금하거나 돌이킬 자가 없다고 선언하십니다(사 14:26-27, 단 4:35, 엡 1:11). 또 하나님의 도모는 영원히 서며(시 33:11), 그 경영은 반드시 이루어지며(사 46:11), 개인의 생명(욥 14:5)과 죽음(요 21:19) 및 인간의 자유로운 행동의 배경에도 신적 작정이 있음을 증언합니다(창 50:20, 사 44:28, 엡 2:10). 그러므로 모든 피조물의 존재와 활동은 모두 하나님의 작정하심에 따른 결과입니다.

3. 작정(주권적 결정)을 하신 이유는?

첫째, 하나님은 교회로 말미암아 하늘에서 정사와 권세들에게, 하나님의 뛰어나고 많은 지혜를 나타내려 하셨습니다. 엡 3장 9-11절의 말씀을 꼼꼼히 읽어보세요.

> "(이 은혜를 주신 것은) 영원부터 만물을 창조하신 하나님 속에 감추었던 비밀의 경륜(oikonomia tou mysteriou)이 어떠한 것을 드러내게 하려 하심이라. 이는 이제 교회로 말미암아 하늘에 있는 통치자들과 권세들에게 하나님의 각종 지혜를 알게 하려 하심이니, 곧 영원 전부터 우리 주 그리스도 예수 안에서 예정하신 뜻(prossesin)대로 하신 것이라"
>
> *( ) 안의 단어는 헬라어를 영어로 표기한 것입니다

둘째, 하나님은 자신의 이름을 위하여, 자신의 능력을 알리기 위하여, 반역에도 불구하고 그들을 구원하시었습니다. 시편 기자는 이렇게 노래합니다.

> "우리의 조상들이~거역하였나이다. 그러나 여호와께서는 자기의 이름을 위하여, 그들을 구원하셨으니, 그의 큰 권능을 만민이 알게 하려 하심이로다"(시 106:7-8)

셋째, 예수 그리스도로 말미암아 구원의 은혜를 선물하기 위함입니다. 예수님께서는 하나님께 영광을 돌리기 위하여 이 땅에 오셨고(요 17:4,6), 그의 성도들에게 영광을 얻으시고 모든 믿는 자들에게 기이히 여김을 얻기 위해 다시 오실 것입니다(살후 1:9-10).

4. 작정 교리의 특징들

첫째, 하나님의 지혜호크마, σοφια, wisdom에 기초합니다. "여호와께서는 지혜로 땅을 세우셨으며 명철로 하늘을 굳게 펴셨고"(잠 3:19)

둘째, 영원하고 불변적이며, 하나님의 시간적 행동들(창조, 칭의 등)과 구별됩니다.

셋째, 무조건적이고 절대적입니다. 어떤 것도 하나님의 목적을 훼방할 수 없습니다.

넷째, 보편적이고 포괄적입니다. 즉 모든 영역을 다 통괄하십니다.

다섯째, 죄에 관하여 허용적이십니다. 작정에 따라 인간의 자유의지에 직접적으로 작용함으로써, 인간의 죄악 된 행동이 실현되도록 결정하시지 않으면서 그 행동이 확실히 일어나도록 하셨습니다. 이를 신학적으로 '허용된 작정'이라고도 합니다.

5. 반대와 변증

펠라기우스주의Pelagianism, 소시니안주의Socinianism에서는 이를 거부하며, 알미니안주의Arminianism에서는 조건적 작정이라는 말로 이를 애매하게 취급합니다. 이들은 인간이 자유를 강제당한다면, 다시 말해 인간이 어떠한 선택을 내리도록 하나님에 의해 결정되었다고 한다면, 인간의 죄악 된 선택의 원인과 책임은 궁극적으로 하나님께로 돌려져야 한다고 말합니다. 그들이 주장하는 주 요점은 1) 작정 교리는 인간의 도덕적 자유를 침해하고, 2) 작정 교리는 인간의 노력을 위한 모든 기회를 박탈하고, 3) 작정 교리는 하나님을 죄의 조성자로 만든다는 것입니다. 대표적으로 클락 피녹Clark Pinnock이라는 사람은 다음과 같이 주장합니다.[11]

"하나님은 선택할 수 있는 능력을 가진 인간을 창조하셨다. 인간은 신의 의지에 의해 결정되지 않은 자유로운 도덕 행위자agent이다. 인간의 자유는 도덕적, 지적 책임성의 전제 조건이며, 기본적인 자기 인식self-perception이다. 하나님은 그들이 원한다면 죽음의 길을 선택하도록 허락하시기로 작정하셨다. 물론 하나님은 인간들에게 생명을 선택하도록 권하시고 생명을 선택하실 때 기뻐하신다. 그러나 그 결정권은 인간에게

---

11 Clark Pinnock은 자신이 편집 저작한 <Grace Unlimmited> Mineapolis: Bethany, 1975을 통해 인간의 자유를 침해하는 모든 형태의 예정에 대해 일관되게 반대하면서 '하나님은 주권적이시고 동시에 인간은 자유롭다'는 명제는 이율배반적이고 실제 모순이라 했다. 그의 주장은 하나님으로 하여금 인간의 선택에 전혀 개입하지 못하도록 만든다.

달렸다. 따라서 인간이 불순종했을 때 하나님은 그들의 죄에 정당하게 책임을 물으실 수 있다. 즉, 죄를 지을 자유는 인간의 편에 속하고, 죄에 대한 허용은 하나님의 편에 속한다. 인간의 자유를 침해하는 모든 형태의 예정에 일관되게 반대한다."

그러나 피녹을 비롯한 알미니안주의자들은 성경이 가르치는 것을 이해하는 데 심각한 잘못을 범했습니다. 특히 피녹은 성경의 이야기를 새롭게 말해야 한다retell고 주장했습니다. 그러나 그는 성경에 대한 자신의 설명을 단지 창 1-12장에 국한하여 연구했는데, 그의 연구는 ① 인간의 창조, ② 아담의 타락, ③ 점증하는 타락의 순환, 그리고 ④ 하나님의 반작용적 은혜countactive grace에 집중되어 있습니다.

피녹을 비롯한 알미니안주의자들은 결국 하나님으로 하여금 인간의 선택에 전혀 개입하지 못하도록 만들었습니다. 그들은 인간이 죄를 지을 것을 알고서도 선택의 자유권을 인간에게 주고 방관하는 하나님을 말하고 있습니다. 하나님은 영원히 무죄하신 분이시며 인간이 행동하기 전에 하나님은 그들이 무엇을 행할지 알고 계십니다. 그들은 또 하나님을 단순한 허용주의자로 만들었습니다. 하나님께서 단순히 인간이 죄를 짓도록 허용하실 뿐이라면, 그분은 결코 인간이 죄를 짓는 것과 무관하지 않습니다. 고든 클락은 "'허용'이라는 개념은 허용하는 자의 통제를 벗어나 있는 독립적인 힘이 존재할 때에만 가능하다"고 전제하고, "우주 내에 있는 어떤 것도 창조주로부터 독립적일 수 없다"고 전제하고 "그분 안에서 우리가 살고 움직이며 존재를 갖기 때문이다"[12]고 말했습니다. 즉, 하나님께서 본의 아니게 허용하신다면, 사람들은 하나님보다 더 강력한 어떤 것이 존재한다고 결론 내릴 수 있으며, 하나님께서 의도적으로 허용하신다면 인간들이 죄악 된 선택을 할 것이라는 것을 다 아시면서도 그들이 그러한 선택을 하지 못하도록 막지 않으신 것이 됩니다.

무엇보다 그들은 인간의 자유의지에 한계가 있음을 간과했습니다. 인간의 선택은 신체적 능력에 의해 제한됩니다. 숨을 쉬지 않고 걷기, 밥을 먹지 않고 살기, 물속으로 걸어 들어가기, 공중에 날개를 펴서 날아가기 등을 인간은 선택할 수 없습니다. 도덕적 선택 역시 자신들이 어떤 존재인가 하는 전체적 양상에 의해 결정됩니

12 Gorden Clark, 'Religion, Reason and Revelation' Philadelphia: Presbyterian and Reformed, 1961, 205p.//재인용. 로버트 레이몬드, <최신조직신학> CLC, 2010, 454p.

다. 인간은 유한한 존재이며 죄인의 상태에서는 선한 열매를 맺지 못하고(마 7:18), 예수 그리스도의 말씀을 듣지 못하며(요 8:43), 하나님의 법에 굴복하지 못하며(롬 8:7), 영의 진리를 분별치 못하며(고전 2:14), 본성상 예수님을 '주'로 시인하지 못합니다(고전 12:3). 또 인간은 주변의 조건과 환경에 제한을 받고 살아갑니다. 인간은 자신이 모르는 원인(외부적, 내부적 원인)에 의해 선택됩니다. 날씨의 영향을 받고 살며, 질병으로 인해 잘못된 선택을 하게 됩니다.

분명히 말하지만, 하나님은 죄의 조성자가 아닙니다. 워필드는 '예정론' Some thoughts on Predestination에서 이렇게 말했습니다.

> "어떤 사람이 고성능 폭약을 만들어 폭발시켰다고 가정해 보자. 그 사람이 나는 그것을 통제하지 않기로 이미 결정했다고 변명한다면, 어느 누구도 그 변명을 타당하게 여기지 않을 것이다. 그가 통제하기로 결정하지 않았다면 그는 무슨 권리로 폭약을 만들었는가? 하나님께서 통제력을 포기하면서 우주를 창조하신 것과 말하는 것은 그분을 비난하는 것이다."

특별히 알미니안주의자들의 문제는 말씀(성경)에 기반을 두지 않고 인간의 직관에 기반을 두고 논의를 한다는 것입니다. 그들은 사람들이 자유로운 자이고, 근본적으로 선한 존재이고, 흠이 없이 잉태되었고, 선택의 자유를 가지고 직관을 가진 존재라고 계속 주장합니다. 그러나 중요한 것은 성경은 그들의 주장을 지지하지 않는다는 것입니다. 성경은 인간이 얼마나 부패하고 악한 존재인가를 가감없이 공개합니다.

> "여호와께서 사람의 죄악이 세상에 가득함과 그의 마음으로 생각하는 모든 계획이 항상 악할 뿐임을 보시고"(창 6:5)

> "악인은 모태에서 멀어졌음이여 나면서부터 곁길로 나아가 거짓을 말하는도다"(시 58:3)

"만물보다 거짓되고 심히 부패한 것은 마음이라 누가 능히 이를 알리요마는 나 여호와는 심장을 살피며 폐부를 시험하고 각각 그의 행위와 그의 행실대로 보응하나니" (렘 17:9-10)

"예수께서 이르시되 네가 어찌하여 나를 선하다 일컫느냐 하나님 한 분 외에는 선한 이가 없느니라"(눅 18:19)

"기록된바 의인은 없나니 하나도 없으며, 깨닫는 자도 없고 하나님을 찾는 자도 없고, 다 치우쳐 함께 무익하게 되고 선을 행하는 자는 없나니 하나도 없도다"(롬 3:10-2)

"육체의 일은 분명하니, 음행, 더러운 것, 호색, 우상숭배, 주술, 원수 맺는 것, 분쟁, 시기, 분냄, 당 짓는 것, 분열, 이단, 투기, 술 취함, 방탕함, 그와 같은 것들이라" (갈 5:19-21)

"그때에 너희는 그 가운데서 행하여 이 세상 풍조를 따르고 공중의 권세 잡은 자를 따랐으니 곧 지금 불순종의 아들들 가운데서 역사하는 영이라"(엡 2:2)

6. 결어

첫째, 하나님의 뜻은 모든 존재의 원인이며 또 그러해야 마땅합니다(참조: 기독교 강요 3-23-2).

둘째, 하나님의 작정적 의지가 모든 것을 포함하며, 하나님께서 자신의 모든 피조물과 모든 활동을 거룩하고 지혜롭고 능력 있게 보존하시고 다스리십니다. 즉, 영원한 목적에 따라 우주를 창조하신 하나님이 섭리를 통해 만물을 감독(통치)하십니다.

셋째, 하나님의 선택과 유기는 하나님의 말씀으로 나타난 뜻입니다. 프린스턴의 유명한 신학자인 게할더스 보스 G. Vos는 "역사의 실제 상황에서 하나님의 선택과 유기 preterition 둘 다 구약성경에서 잘 관찰된다"고 말했습니다.

넷째, 결국 신학은 하나님 중심이냐, 인간 중심이냐의 싸움입니다. '개혁주의신학' 즉 '칼빈주의'는 하나님의 주권을 높이지만(L. Boettner, J. I. Packer, John Gerstner 등), 알미니안을 비롯한 자유주의 신학은 인간의 자유로운 의지를 앞세웁니다(Adler, Kaufman, Flew, K. Barth, K. Rahner).

5) 교리신학에서 신론은 크게 하나님의 존재에 관한 논의와 하나님의 사역에 관한 논의로 구성되는데, 하나님의 사역의 출발점이 '하나님의 작정'입니다. 이것은 개혁주의 신학의 모든 출발점이기도 합니다.

<참고> 작정과 예정 Predestination 의 비교

작정이 모든 창조에 적용되는 하나님의 계획이라면 예정은 인간의 구원을 위한 특별한 하나님의 계획을 말합니다. 이것을 "예정론", "선택론"이라고 합니다. 엡 1:3-5 는 "찬송하리로다. 하나님 곧 우리 주 예수 그리스도의 아버지께서 ... 창세 전에 그리스도 안에서 우리를 택하사 ... 그 기쁘신 뜻대로 우리를 예정하사"라고 증언합니다.

하나님의 예정의 대상은 선택받은 자들과 버림받은 자(유기)들이 다 포함됩니다. 특별히 선택받은 자들은 그리스도 안에서 구원받기로 예정된 것입니다. 그리고 버림받은 자들은 지옥의형벌을 영원히 받는 자들입니다.

선택은 성부 하나님이 일정한 수의 개인들을 죄악 된 세상에서 택하시고 성자에게 그의 백성을 구원하도록 작정하신 것입니다. 선택에서 제외된 자들을 버림받은 자 즉 유기된 자로 봅니다. 이 선택은 인간의 차원에서 이해할 수 없는 하나님의 신비한 주권적 계획입니다. 오직 이것은 창세 전에 '하나님의 기쁘신 뜻'에 따라 한 것입니다. 인간을 구원으로 택하실 수도 있고 택하지 않을 수도 있는 주권을 가진 하나님이십니다. 또 하나님은 선택을 오직 그리스도 안에서 이루십니다(엡 1:49, 딤후 1:9). 그리고 하나님이 선택하실 때에는 인간의 조건을 보고 행하시지 않습니다. 즉 인간의 신앙이나 선행을 보시고 결정하시는 것이 아닙니다. 이를 두고 칼빈주의는 '무조건적 선택'Unconditional Selection이라 부릅니다. 이런 선택의 신비로움을 가장 잘 표현한 성경을 들라면 로마서에 나오는 일명 '토기장이의 비유'입니다.

"이 사람아 네가 뉘기에 감히 하나님을 힐문하느뇨 지음을 받은 물건이 지은 자에게 어찌 나를 이같이 만들었느냐 말하겠느뇨, 토기장이가 진흙 한 덩이로 하나는 귀히 쓸 그릇을 하나는 천히 쓸 그릇을 만드는 권이 없느냐, 만일 하나님이 그 진노를 보이시고 그 능력을 알게 하고자 하사 멸하기로 준비된 진노의 그릇을 오래 참으심으로 관용하시고, 또한 영광 받기로 예비하신바 긍휼의 그릇에 대하여 그 영광의 부요함을 알게 하고자 하셨을지라도 무슨 말 하리요"(롬 9:20-23)

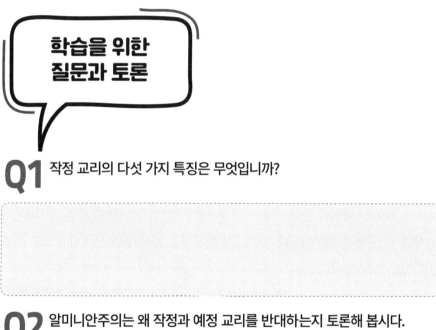

Q1 작정 교리의 다섯 가지 특징은 무엇입니까?

Q2 알미니안주의는 왜 작정과 예정 교리를 반대하는지 토론해 봅시다.

Q6. 하나님의 창조(Creation)란 무엇인가요?

1. 우연이 아니라 창조

창조는 모든 것의 시작입니다. 창조가 없었다면 아무것도 존재하지 않습니다. 창조의 교리는 오직 성경만이 가지고 있는 유일한 교리로서 오직 신앙으로만 이해할 수 있는 신비의 진리입니다. 이 세상은 진화론자들이 말하는 것처럼 우연히 생긴 것이나, 원숭이에게서 사람이 진화된 것이 아니라 하나님의 거룩한 신적 작정과 계획 속에서 행하신 하나님의 작품이라고 말합니다. 웨스트민스터 소요리문답 제7문은 "하나님은 자신의 뜻대로 정하신 영원하신 계획으로 말미암아 자기의 영광을 위하여 장차 일어날 모든 일을 정하셨다"고 말하고 제8문에서는 "하나님은 창조와 섭리를 통해 (작정하신 것을) 실행하신다"고 말합니다.

성경은 "태초에 하나님이 천지를 창조하시니라"(창 1:1)의 말씀으로 시작합니다. 여기서 '태초'란 영원의 한 시점을 이야기하고, '창조하다'(바라)의 뜻은 '무(無)에서 유(有)를 만든 것'을 의미합니다. 하나님은 아무것도 없는 무의 상태에서 모든 것을 말씀으로 지으셨습니다.

2. 창조의 목적

그렇다면 하나님은 왜 천지를 만드신 것일까요? 세상 사람들은 인류의 생존과 행복을 위해서라고 말을 하지만 성경은 더 중요한 목적이 '하나님의 영광을 위해서' Soli Deo Gloria라고 말합니다. 하나님은 이사야 선지자를 통해 "내 이름으로 불려지는 모든 자 곧 내가 내 영광을 위하여 창조한 자를 오게 하라 그를 내가 지었고 그를 내가 만들었느니라"(사 43:7)고 말씀하셨습니다.

3. 두 개의 창조세계

하나님이 창조하신 세계는 크게 두 개로 나뉩니다. 먼저, 보이지 않는 영적 세계의 창조입니다. 즉 우리 육안으로는 볼 수 없는, 천사들이 사는 세계를 말합니다. 천사들은 골육이 없으며(눅 24:39), 결혼하지 않으며(마 22:30), 영생하는 존재이지만 그들 중에는 얼마는 선하고(눅 9:26), 얼마는 악합니다. 이 악한 천사를 우리는 '귀신'으로 부릅니다. 다음으로, 물질세계의 창조입니다. 하나님은 엿새 동안에 천지를 지으시고 제7일에 안식하였습니다(창 1-2장). 첫째 날에 빛을 지으시고, 둘째 날에 궁창(하늘)과 윗물과 아랫물을, 셋째 날에 땅과 바다와 풀과 채소와 각종 나무를 지으시고, 넷째 날에 해와 달과 별을, 다섯째 날에 바다의 물고기와 하늘의 새를 지으시고, 여섯째 날에 땅의 짐승과 사람을 지으시고, 마지막 일곱 번째 날에 안식하였습니다. 이를 아래 도표로 보면 하나님은 앞선 3일 동안 각각의 틀^{frame}을 만들고 그 다음에 그 틀 안에 필요한 피조물을 만들어 그 안에서 생존하도록 만드셨습니다. 이 창조의 질서는 모든 인간 세계에서 창작의 원리가 됩니다.

4. 인간의 창조

특히 인간은 흙으로 지어졌지만, 하나님이 생기(루아흐)를 코에 불어넣어 살아있는 하나님의 형상^{Imago Dei}이 되었습니다. 여자는 아담의 갈비뼈를 사용하여 만드셨습니다. 남자와 여자 모두 하나님의 형상으로 지으신 동일한 영적 존재이므로 그 어떤 생명체보다 고귀한 존재가 된 것입니다. 하나님은 이런 인간을 너무나 사랑하시어 "한 사람의 영혼이 천하보다 더 귀하다"(눅 15:3-7 참조)고 말씀하셨습니다.

<참고> 하나님의 창조와 질서

첫째날	빛- 빛(낮)과 어둠(밤)으로 나눔
둘째날	하늘=궁창, 궁창 아랫물과 윗물로 나눔
셋째날	뭍(땅)= 풀, 채소, 나무, 바다를 지음
넷째날	광명체(해,달,별)를 짓고, 사시연한을 시작함
다섯째날	하늘=새, 바다=물고기 생물을 채움
여섯째날	땅의 생물과 인간을 창조함

창조의질서와구조

순서	틀	순서	내용물
①	빛과 어둠	①	광명체=해 달 별
②	아랫물, 윗물	②	하늘=새, 바다=물고기
③	땅	③	땅의 생물, 사람

<참고> 진화론의 모순

1. 인간의 자유를 되찾자

본격적으로 진화론이 제기된 것은 14세기 유럽에서 나타난 일종의 문화 운동인 르네상스부터입니다. 이 운동은 한 마디로 기독교에 대한 회의 skepticism 로부터 출발하여 하나님의 통치 아래에서 속박된 인간의 자유를 되찾아 합리적인 사유와 인간 이성의 계발로 인간을 재발견하자는 것이었습니다. 그런데 이 운동의 주체자인 소위 인문주의자들에게 가장 걸림돌이 된 것은 인간의 자유를 하나님의 주권에 예속시키는 성경이었습니다. 그들은 성경의 문제점을 찾기 시작했습니다. 그중 성경의 창조론이 그들에게 재발견과 탐색의 대상이 되었습니다. 드디어 그들은 이 세계는 하나님에 의한 창조가 아니라 우연히 만들어진 것들이 스스로 진화했다는 가설을 만들었습니다. 이것이 진화론의 실체입니다.

2. 물질세계의 진화

일반적으로 진화론은 물질이 영원 전부터 존재하였고 지구와 항성들은 수십 억 년에 걸쳐 생성되었으며, 단세포 형태의 유기물은 무기 생물에서 자연적으로 생기고 시간이 지남에 따라 여기서 바이러스나 박테리아, 식물, 동물 순으로 점점 진화되었으며, 척추동물은 물고기에서 양서류, 파충류, 조류, 포유류로 진화되었다는 이론입니다. 이들에 따르면 인간의 가장 가까운 조상은 원숭이입니다.

3. 진화론의 유형

진화론은 크게 3가지 유형을 지닙니다. 첫째, 상이한 종류의 동식물에 나타나는 유사성은 진화론적 혈연관계를 나타낸다는 것입니다. 그러나 이 유사성은 극히 소수에 불과하며, 모든 생물의 상호 간 변종하는 중간단계가 없다는 사실과, 모든 생물은 각자의 DNA에 따라 반드시 그 종류만 재생산된다는 사실은 이 주장의 허구성을 강력히 반증합니다. 둘째, 돌연변이 등 어떤 특수한 종 안에서 일어나는 변화가 있다는 가설입니다. 그러나 이러한 변화는 멘델의 유전법칙처럼 변화하는 것이지 새 품종을 탄생시키는 것은 아닙니다. 셋째, 화석화된 유기체의 잔해가 진화의 실제 역사를 보여주는 결정적인 증거라고 소개합니다. 즉, 이것을 '점진적 진화론'이라 하는데 지금까지 발견된 화석은 점진적으로 발전하는 것이 아니라 전혀 다른 화석들로 나타났을 뿐입니다. 화석에 나타난 종류 사이의 현저한 차이는 상호 연결이 불가능하며, 각각 상이한 종류의 유기체가 지구상에 각기 다른 시대에 생존했던 것을 제시하는 것이지 단계적으로 진화의 결과로 나타난 것이 아님이 판명되었습니다.

4. 진화론의 결정적 모순

진화론의 결정적인 모순은 진화의 마지막 단계인 인간이 미래에는 어떤 존재로 진화할 것인지에 대한 확정이나 이론이 없다는 것입니다. 모든 동물의 진화가 인간으로 끝난 것일까요? 최근에는 인간의 최종적 단계는 'AI 인간'일 것이라는 가설이 나타났습니다.

또 진화론은 인간의 중요한 구성요소인 비(非)물질 부분, 즉 도덕과 양심 등의 문제에 대한 설명이 불가능하다는 것입니다. 만약 진화론의 주장대로 하자면 인간에게는 영원불변하는 절대적 가치가 있을 수 없고, 내세에 대한 희망도 없을 것이며, 선악이라는 규범을 지키며 살아갈 필요도 없어집니다. 한 마디로 진화론은 인생의 존재 의미를 무가치하고 쓸데없는 것으로 낙인을 찍는 독소적인 철학의 산물에 불과합니다.

그러나 불행히도 전 세계의 대다수 학생은 학교에서부터 성경의 창조론을 배우지 못하도록 강제 조치를 당하거나 제한을 받고 있습니다. 미국만 해도 거의 전 지역에서 창조론을 가르치지 못하도록 법으로 규정하고, 우리나라에서도 마찬가지로 진화론을 정설로 받아들이도록 강제하고 있습니다. 만약 학교에서 창조론을 가르친다고 하면 세상 언론과 전교조 등의 단체에서 들불처럼 일어나 반대할 것입니다. 하나님의 진리는 이렇게 많은 장애물 앞에 서 있습니다. 그리스도인의 사명과 역할이 왜 중요한가를 이 점에서 깨닫고 우리가 이 땅에서 무엇을 해야할 지를 결심해야 합니다.

<참고> 다양한 창조론[13]

1. 간격 이론The Gap Theology

성경 본문에는 창 1장 1절과 2절이 연속적으로 나타납니다. 그러나 마소라 사본 등에는 1절 다음에 '레비아'rebia 로 알려진 작은 쉼표의 부호가 있어(창세기 원문에는 없음) 앞뒤 절의 분리를 의미한다는 것을 전제로 이 두 절 사이에는 지질시대라고 하는 매우 긴 중간기간이 존재했다고 보는 이론입니다. 아더 커스턴스Arthur C. Custance , 토마스 찰머스Thomas Chalmers , 아더 핑크Arther Pink 등이 주장했고 스코필드C. I. Scofield 는 간격 이론을 극대화시킨 근본주의 신학을 수립했으며, 프란시

---

13 제임스 몽고메리 보이스/문원욱 역, <창조와 타락>, 솔라피데, 2013, 89~178쪽을 참조하시라.

스 쉐퍼 Francis Shaeffer는 간격 이론의 부분적 가능성을 인정했습니다. 이들이 중간 기간이 있었다고 보는 이유는 1장 1절에서 모든 것이 선했던 천지창조를 말하고 있는 반면에 2절에서 갑자기 혼돈의 세상이 나타나는 것은 루시퍼가 범죄하여 지상 세계로 추방당한 결과 땅이 혼돈하고 공허한 결과로 나타났다고 보아야 한다는 것입니다. 이후 땅이 이러한 상태로 불확정한 기간을 지속했고 그 과정에서 여러 암반 층을 형성한 지질시대가 이어졌다고 합니다. 이 기간 끝에 드디어 하나님이 개입하시어 새로운 창조 사역을 하시며 원래의 창조세계로 복구하고 새로운 질서를 부여하셨는데 그것이 3절부터 31절까지의 기록으로 봅니다. 물론 1장 1절의 천지창조와 2절의 황폐화 사이의 기간은 알 수 없습니다. 간격 이론 중 두 종류의 인류론을 주장하는 사람도 있습니다. 펨버 Pember는 1절과 2절의 중간기 중 아담 이전 시대가 존재했고 그때 다른 류의 인종이 존재했을 것으로 봅니다. 그러나 이 이론의 치명적인 단점은 동물들의 화석을 볼 때, 아담 이전에 존재했던 죽음이라면 아담으로 인해 사망이 세상에 들어왔다는 성경의 기록과 배치된다는 점을 설명하지 못합니다.

2. 6일 창조론

문자적으로 '욤'(날)을 오늘과 같은 1일로 보아 모든 창조가 6일 동안 진행된 것으로 보는 이론으로 1963년 램머츠 Walter E. Lammerts 박사에 의해 창립된 미국의 '창조연구회'(미시간주) 등이 주장합니다. 이들에 의하면 "성경적 기록이 지구 역사에 대한 기본적인 개요를 제공한다"는 것을 전제하고 "따라서 창조에 관한 연구는 모두 그 안에서 과학적인 연구로 진행해야 한다"면서 "노아 홍수는 그 원인과 범위 결과에 있어서 전 지구적으로 일어난 대격변으로서 지구 역사에 뚜렷한 증거를 남긴 역사적 사실"이라 주장합니다. 또 이들은 "6일 동안의 창조를 상징적으로 해석할 명백한 문맥적 근거는 없다"면서 창세기의 '날들'을 수십억 년으로 보지 않으며, 지구의 나이는 길어도 약 1만 2천 년에 불과하고 지구상의 모든 화석은 모두 노아 홍수 때 만들어진 것으로 봅니다.

3. 점진적 창조론

빅뱅Big Bang에 의해 우주가 생성된 이후 지금까지 약 150~200억 년의 시간 동안 우주는 꾸준히 점진적으로 생성 발전하고 있는 중이라고 보는 견해입니다. 이들의 시간 계산에는 빛의 속도를 기준으로 합니다. 즉 빛은 진공상태에서 초속 30만 km로 이동하는데 이에 따르면 우주는 최소한 가장 큰 물체로부터 온 빛이 이동한 시간만큼 나이가 들었을 것으로 전제하고, 현재 관찰 가능한 물체(준성)로부터 빛이 오는 시간은 100억 년 이상 소요되므로 우주의 나이는 138억 년 혹은 최소한 이 기간 이상일 것으로 계산합니다.

이들에 따르면 최초 창조, 즉 대폭발과 함께 천지창조가 시작되었는데 과학자들은 모든 것이 첫 30분 이내에 다 형성되었을 것으로 추정하며 대폭발로 처음의 지구는 매우 뜨거웠을 것이며, 이 지구가 식으면서 구름 중 얼마가 응축되면서 해양이 만들어졌다고 봅니다. 그리고 첫째 날에는 창세기 1장 3절의 빛의 창조는 실제로는 구름층이 얇아지면서 빛이 지구에 투과된 것을 상징적으로 기록한 것으로 보며, 둘째 날에는 지구가 식는 과정에서 구름과 땅 위 물이 분리된 것이며, 셋째 날에는 땅 위의 해양과 거대한 땅덩어리들이 분리되어 식물(바다와 관련된 것)이 나타났다고 하며, 넷째 날에는 하늘이 점차 맑아져서 하늘의 발광체들이 드러난 것이며, 다섯째 날에는 조류, 바다생물, 씨 맺는 식물 등 생물들을 창조했으며, 여섯째 날에 육지 동물과 사람을 만들었다고 봅니다.

(주: 최근에는 창조론과 진화론 등 과학을 융합하여 '유신진화론'을 주장하는 사람들이 나타나고 있습니다. 그러나 성경은 오직 하나님에 의한 창조를 말할 뿐입니다. 하나님은 전지전능하신 분임을 잊지 말아야 합니다.)

학습을 위한 질문과 토론

Q1 진화론의 3가지 모순이 무엇입니까?

Q2 유신진화론에 대해 우리가 어떤 입장을 견지해야 하는지 토론해 봅시다.

Q7. 하나님의 다스림(섭리, Providence)이란 무엇인가요?

1. 창조와 섭리(攝理)

시편 기자는 "여호와께서는 만유를 선대하시며 그 지으신 모든 것에 긍휼을 베푸시는도다"(시 139:9)라고 하면서 "주는 때를 따라 저희에게 식물을 주시며 손을 펴사 모든 생물의 소원을 만족케 하신다"(시 139:15-17)고 노래합니다.

웨스트민스터 신앙고백서 5장은 "만물의 위대한 창조자 하나님께서는 모든 피조물과 그들의 언행 심사를 보존하고 감독하고 치리하고 통치하신다. 그는 가장 큰 것으로부터 가장 작은 것에 이르기까지 그렇게 하시며, 그의 가장 지혜롭고 거룩한 섭리에 의하여, 그의 무오한 예지와 그 자신의 의지의 자유롭고 불변하는 계획을 따라서 하신다"고 선언합니다.

칼빈주의 연구자인 파커는 "창조는 하나님께서 인류와 관계하시기 위해 마련한 무대이고, 섭리는 하나님께서 인간과 관계하실 때 그리스도 안에서 자신의 목적을 은혜롭게 수행하시는 것이다"[14]고 말했습니다.

2. 하나님의 통상적 섭리사역

'섭리'(라틴어로는 providentia, 영어로는 Providence)라는 단어 자체는 성경에서 사용된 것은 아니지만 섭리의 개념은 성경 곳곳에서 발견됩니다. 시 136편에는 하나님의 섭리 사역에 대해 "홀로 큰 기이한 일들을 행하시는 이"(4절), "지혜로 하늘을 지으신 이"(5절), "땅을 물 위에 펴신 이"(6절), "큰 빛들을 지으신 이"(7절), "해로 낮을

---

14 T. H. L. Parker, "Providence of God", Grand Rapids, Mich: Baker, 1984, 890-891p.

주관하게 하신 이"(8절), "달과 별들로 밤을 주관하게 하신 이"(9절) 등으로 창조주 하나님의 주관하심이 나타나 있고, 우리 인생에 대해서도 간섭하시는 하나님을 노래합니다. "그들의 땅을 기업으로 주신 이"(21절), "그 종 이스라엘에게 기업으로 주신 이"(22절), "우리를 비천한 가운데에서도 기억해 주신 이"(23절), "우리를 우리 대적에게서 건지신 이"(24절), "모든 육체에게 먹을 것을 주신 이"(25절)라고 찬송합니다. 이처럼 하나님의 섭리는 우주 만물뿐 아니라 인생의 모든 부분에까지 주관하시는 하나님의 손길을 뜻합니다.

3. 하나님의 다스림

다스림이란 창조의 세계를 유지하고 보존하며 통치하고 관할하는 것을 말합니다. 이것을 어려운 말로 '섭리'라고 표현합니다. 웨스트민스터 소요리 문답 제11문은 "하나님의 섭리하시는 일은 지극히 거룩하심과 지혜와 권능으로써 모든 창조물과 그 모든 행동을 보존하며 치리하시서는 일이니라"고 합니다. 하나님은 지금도 당신이 직접 창조하신 우주 만물의 모든 것을 아끼시고 보호하시기 위해 열심히 일하고 계십니다. 이런 다스림은 일반 섭리와 특별 섭리 두 가지로 나누어 볼 수 있습니다.

1) 일반 섭리

일반 섭리는 모든 창조의 세계를 보존하고 협력하며 통치하시는 일을 말합니다. 하나님이 잠시라도 창조의 세계를 관리하지 않으시면 우주 만물은 단번에 붕괴되고 말 것입니다. 지구의 자전과 공전뿐 아니라 하늘의 모든 별도 하나님의 손길에 의해 유지되고 보존되고 운행됩니다. 특히 하나님은 무엇보다 자신의 백성을 보존하시고(마 10:29-30), 육체적 생명과 정신적 활동을 돌보시며, 불꽃 같은 눈초리로 지켜 주십니다(시 136:25, 마 10:25). 또 하나님은 그의 모든 창조물과 협력하여 그들로 하여금 자신들이 하는 일을 정확하게 실행하도록 하십니다.

그러므로 모든 존재의 움직임은 하나님의 협력하시는 뜻에 따라 이루어지는 행동의 결과들로서 결코 우연한 일이 아닙니다. 나아가 하나님은 만물이 그 존재의 특수한 목적에 맞도록 다스리십니다. 짐승은 짐승대로의 존재 목적이 있고, 심지어 들에 핀 풀도 하늘을 나는 새들도 이리저리 부는 바람도 하나님의 통치를 받는 것입니다. 다시 말해 하나님의 뜻과 명령과 허락하심이 없으면 그 어떤 존재도 존재하지 못합니다.

2) 특별 섭리

일반 섭리가 우주 전체를 관리하는 것이라면 특별 섭리는 오직 구원받은 백성, 즉 하나님 나라의 백성들을 위해 작용하는 섭리인 것입니다. 하나님은 창세 전에 당신이 택하신 자들을 때에 맞추어 특별한 은혜와 섭리로 부르시고 죄와 사망의 권세에서 벗어나게 하시고 그들을 구원하여 영생의 삶을 살도록 인도하십니다. 나아가 하나님은 구원받은 백성들인 이 땅의 그리스도인들의 삶을 직접 주관하십니다. 그래서 그들의 기도를 들어주시고 고통에서 구출하여 주시고 위험에서 건져 생명을 보호하시는 일을 하십니다. 한 마디로 특별 섭리는 그리스도인을 위해 하시는 일들을 총칭합니다.

4. 주의할 점

우리는 하나님께서 두 개의 섭리 사역을 따로 분리해서 수행하신다고 해석하지 않도록 주의해야 합니다. 즉, 하나님의 섭리의 궁극적인 목적은 우주 만물의 회복과 죄인의 구원에 있습니다. 다만 모든 하나님의 섭리는 오직 주 예수 그리스도 안에서 일어납니다. 파커는 이 두 개의 사역에 대해 "우리는 섭리에 대해 일반적으로 그리고 그리스도와 독립된 것으로 생각하려는 유혹에 반드시 저항해야 한다. 하나님께서 그리스도와 관계없이 그분의 피조 세계와 관계를 맺으신다는 교리를 형성하기 위해 사람들은 아마도 어떤 시편 말씀이나 산상수훈 등에 의존할 수도 있을 것이다. 하지만 그러한 관계는 그리스도 안에 세워진 것이기 때문에 그 관계를 분리하여 이해하는 것은 시작부터 잘못된 것이다"고 경고하였습니다.

하나님의 모든 '보존, 협력, 통치'의 섭리 사역은 오직 그리스도 안에서, 택함을 받은 하나님의 자녀들의 구속에 절대적으로 관계가 있습니다. 우리를 죄악에서 구원하신 하나님은 지금도 우리를 위해 일하고 계심을 믿으시길 바랍니다.

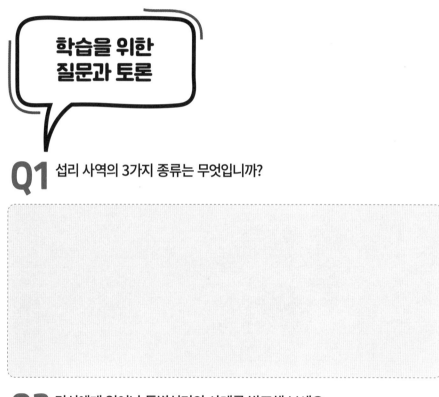

학습을 위한 질문과 토론

Q1 섭리 사역의 3가지 종류는 무엇입니까?

Q2 당신에게 일어난 특별섭리의 사례를 발표해 보세요.

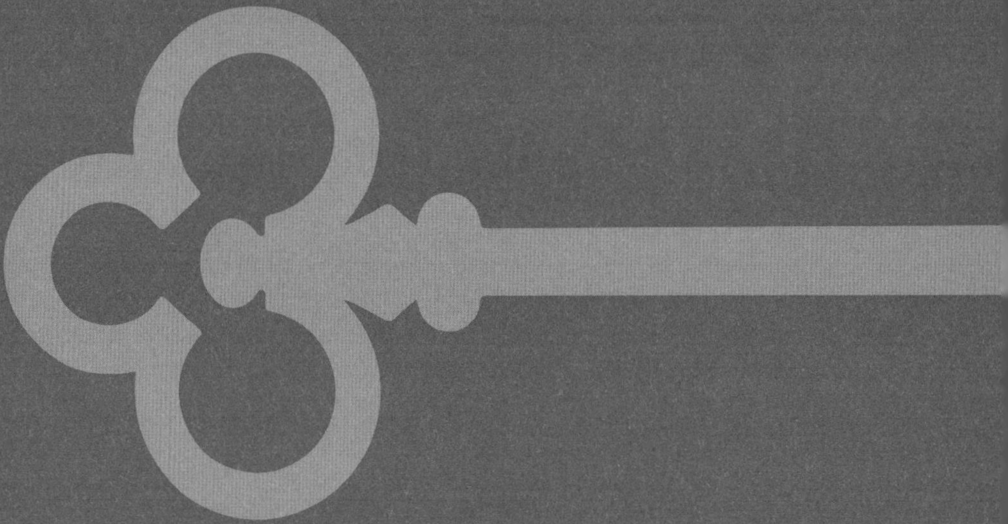

세 번째 창고

인간이란 무엇인가요? / 인간론

Q1. 인간이란 무엇인가요?

인간이란 무엇인가요? 진화론자들처럼 단순히 원자들의 우발적인 배열로 말미암아 생겨난 산물일까요? 아니면 진화의 최고 단계의 존재로서 만물의 영장일까요? 유발 하라리가 말한 대로 이제 인간이 신이 되었다는 뜻의 '호모 데우스'Homo Deus일까요? 아무도 정답을 말해 주지 않습니다. 아무도 정답을 모르기 때문입니다. 정답은 오직 성경만이 가지고 있습니다. 성경에 따르면 인간은 하나님의 피조물로서 하나님의 창조 활동의 걸작품이요, 유일하게 하나님과 언약을 맺은 '하나님의 형상'입니다. 다시 말해 인간은 하나님의 언약적 피조물로서 하나님을 가장 닮은 인격적 존재라는 것입니다. 그러므로 인간은 하나님의 피조물 가운데 아주 특별한 위치를 차지하고 있습니다.

이 사실은 창세기의 기록에 잘 나타나 있습니다.

1) 인간의 창조는 마지막 여섯째 날에 있었던 일로 하나님은 인간을 창조하기 위해 앞의 다섯째 날 동안 모든 것을 준비하셨습니다.

2) 하나님의 창조 행위에 대한 성경의 기록의 차이를 보아도 인간 창조가 하나님의 창조에 있어서 얼마나 중요한 것인가를 알 수 있습니다. 즉, 하나님은 다른 피조물을 창조할 때엔 "하나님이 이르시되 있으라"(창 1:3, 6, 9, 14, 20, 24)고 단순하게 명령하지만 인간을 만들 때엔 "우리가 사람을 만들자"(창 1:26)며 하나님끼리 서로 엄숙

한 협의를 하고 있습니다. 이것만 보아도 인간은 가장 최고의 창조 작품입니다.

3) 오직 사람만이 하나님의 형상으로 창조된 것으로 표현되어 있습니다(창 1:26-27). 나아가 하나님은 인간에게 모든 피조물을 다스리는 권세를 부여하셨습니다. "하나님이 그들에게 복을 주시며 하나님이 그들에게 이르시되 생육하고 번성하여 땅에 충만하라, 땅을 정복하라, 바다의 물고기와 하늘의 새와 땅에 움직이는 모든 생물을 다스리라 하시니라"(창 1:28)고 말씀하셨습니다(참조: 다윗의 시편 8:3-6을 천천히 읽어 보세요).

4) 인간 창조에 대한 더 자세한 기사는 창세기 2장 7절에서 25절에 자세히 나와 있습니다. 창세기 1장이 6일간의 하나님의 창조 행위를 전체적으로 개괄했다면 2장은 인간 창조에 집중되어 있습니다. 이 기사에서 가장 특이한 점은 오직 사람의 코에만 하나님이 '생기'(네샤마)를 불어 넣으셨다는 것입니다. 무엇보다 2장에는 인간이 짐승과 다른 두 가지 특성이 묘사되어 있습니다. 그것은 영적 이해와 양심이라는 것입니다. 욥기 2:8에서 젊은 엘리후는 "사람에게는 영이 있고 전능자의 생기가 사람에게 총명을 주시나니"라고 발언합니다. 바울은 이 말을 '마음에 새겨진 도덕법, 즉 '신의식'으로 풀이합니다(롬 2:14-15). 한편 잠언 20장 27절은 "사람의 '네샤마'는 여호와의 등불이니라 사람의 깊은 속을 살피느니라"고 하였습니다. 레이몬드 박사는 '살피는 활동'을 근거하여 '네샤마'를 '양심'으로 해석합니다.

5) 인간을 인간답게 하는 최고의 자질은 오직 인간에게만 하나님이 언어의 능력을 주셨다는 것입니다. 하나님은 사람에게만 말씀을 하셨고 이로써 사람을 짐승보다 존귀케 하고 영화롭게 하셨습니다. 이러한 언어의 능력으로 인해 인간은 하나님의 언약의 대상이 되었습니다. 짐승은 말귀를 알아듣지 못하기에 언약의 대상이 되지 못합니다. 하나님은 자신의 언약에 따라 인간을 사랑하고 다스리십니다.

Q1 원래 인류의 언어는 하나였는데 왜, 언제 오늘날처럼 다양한 언어로 나누어졌습니까?

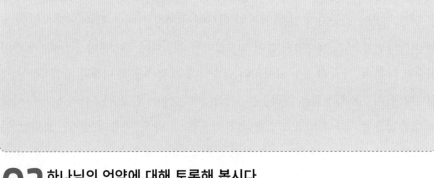

Q2 하나님의 언약에 대해 토론해 봅시다.

Q2. 하나님의 형상이란 무엇인가요?[15]

1. 형상과 모양

인간은 하나님의 형상입니다. '형상'은 창 1:26에 처음으로 나옵니다. 여기엔 인간을 만들기 위해 하나님이 서로 엄숙한 협의를 하는 장면이 함께 곁들여 있습니다. 즉, "우리가 우리의 형상(쩰렘)을 따라, 우리의 모양(데무트)대로 사람을 만들자"라고 되어 있습니다. 초기 기독교 신학자들은 '형상과 모양'이라는 두 단어를 구별하였는데 70인 역LXX도 '형상과 모양'(에이코나 카이 호모이오신)으로 번역하여 이후 교부들과 신학자들은 하나의 뜻에 대한 두 단어의 결합으로 보았습니다. 그러나 중세 스콜라 신학자들은 이 둘의 구별을 뚜렷이 하고 '형상'은 이성과 지성의 능력들을 의미하고 '모양'은 소위 추가적 은사라고 불리는 원시적 거룩과 의로움을 가리키는 것으로 해석하였습니다. 로마 카톨릭은 사람이 타락으로 말미암아 '모양'은 잃어버렸으나 '형상'은 여전히 지니고 있다고 했습니다. 그러나 이것은 인간이 죄의 상태에 있는 것이 아니라 범죄할 성향의 상태에 있는 것이기 때문에 성경의 가르침에서 벗어난 것입니다.

반면에 종교개혁가들은 둘의 구별을 거부하였습니다. 칼빈은 "하나님의 형상은 자연적 재능 뿐 아니라 원시적 의로움의 영적 자질들 곧 지식과 의로움과 거룩을 포함한다"고 하였습니다. 오늘날 개혁신학은 칼빈의 해석을 전적으로 신뢰하면서 몇 가지 이유를 추가합니다. 첫째, 히브리어에는 둘 사이에 접속사and가 없습니다. 칠십인 역과 벌게이트 역에 접속사가 들어있는 것은 히브리 문학의 사용에 대한 부족한 지식으로 두 단어가 다른 의미를 가진 것으로 보았기 때문입니다. 둘째, 창세기 1:27과 9:6은 '형상'만을 사용합니다. 그리고 창세기 5:1은 '모양'만을 사용합니다.

---

15 로버트 레이몬드, <최신 조직신학>, 546-551p을 참조하라.

그러므로 두 단어는 언제든지 서로 교환되는 것임을 알 수 있습니다.

2. 형상의 본질

그렇다면 참된 형상은 무엇을 의미합니까? 학자들 간에 이견이 상당합니다. 버스웰Buswell 같은 학자는 형상이 '피조물에 대한 지배권'이라고 주장합니다. 그러나 그 지배권은 하나님의 형상 그 자체가 아니라 형상을 지닌 자에게 주어진 권세라는 해석이 더 올바릅니다. 신정통주의의 창시자로 인정되는 바르트K. Barth는 기독론적인 입장에서 그리스도가 하나님의 형상(에이콘)으로 언급되어 있는 골로새서 1:15과 고린도후서 4:4을 인용하여 그리스도가 참된 사람이고 그의 인성이 원시적인 것이며 우리는 파생적인 것이라고 말합니다. 그러나 그리스도는 그가 하나님이심으로 성육신하실 때 우리의 육체를 취하신 까닭에 하나님의 형상이라는 반론에 부딪혔습니다. 이에 반해 개혁주의 신학자들은 주로 '복원 해석법'을 사용하여 형상에 대하여 인격적 도덕적 해석을 주장하였습니다.[16]

그들은 타락한 인간이 그리스도를 통해서 회복되는 상태가 어떤 것인가를 정확히 알아내어 하나님의 형상이 '참된 의와 거룩과 하나님을 참으로 아는 지식'[17]이라고 주장합니다(참고: 엡 4:21-24, 골 3:10).

3. 결어

인간이 하나님의 형상으로 지음을 받았다는 것은 모든 만물 위에 뛰어난 자질을 부여받았다는 것을 의미합니다. 인간은 하나님이 만드신 작품 중 최고의 걸작품입니다. 시편 기자는 "내가 주께 감사하옴은 나를 지으심이 심히 기묘하심이라 주께서 하시는 일이 기이함을 내 영혼이 잘 아나이다"(시 139:14)라고 노래합니다. 시편의 기자는 인생의 신비로움을 깨닫고 있었습니다. 앞의 13절에서는 내가 "어머니의

---

16 제임스 몽고메리 보이스는 형상의 3요소를 도덕적, 인격적, 영적인 부분으로 살폈다.

17 칠스 핫지는 '에피그논'(골 1:6, 9, 27, 28, 2:2-3)은 '하나님을 아는 지식'이고, '디카이오쉬네'는 이웃에 대한 도덕적 정직 곧 '공의'이고, '호시오테티'는 '하나님을 향한 경건'으로 알려진 하나님에 대한 '관계'를 가리킨다고 해석했다.

모태에서 만들어졌다"고 하면서 14절에서는 "두려울 정도로 기묘하게 만들어졌다"고 고백합니다. 고대인들은 어머니의 자궁에서 태아가 만들어지고 성장하는 것을 신비롭게 여겼습니다. 전도서 기자는 "바람의 길이가 어떠함과 아이 밴 자의 태에서 뼈가 어떻게 자라는지를 네가 알지 못함 같이 만사를 성취하시는 하나님의 일을 네가 알지 못하느니라"고 감탄했습니다. 시편의 기자도 동일한 감탄을 터트립니다. 17절과 18절에서 "주의 생각이 보배롭고 그 수가 모래보다 더 많다"고 하면서 하나님의 놀라운 창조와 그분의 역사에 탄성을 지르고 있습니다. 마빈 윌리암스 Marvin Williams는 '매일 양식' Our Daily Bread에서 "인체의 신비함이 어떻게 하나님에 대한 찬양으로 이어지는가를 묵상하라"고 조언합니다.

더불어 하나님의 '형상'이라는 단어에서 우리가 기억해야 할 것은 우리는 하나님의 인격성을 그대로 물려받았다는 점입니다. 하나님은 인격적인 분이십니다. 하나님의 인격은 우리 인생의 모든 부분에 영향을 끼칩니다. 생각하고 말하고 행동하는 모든 것이 인격 안에서 이루어져야 합니다. 그렇지 않다면 짐승에 가까운 존재가 됩니다. 인류 사회의 법과 규범과 질서를 어지럽히거나 파괴하는 범죄자들의 특징이 인격성을 결여하고 있음을 유의해야 합니다. 성경은 이 인격을 주로 '의'와 '거룩'과 '참된 지식'으로 표현합니다. 이 세 요소는 우리의 '지정의'와 연관됩니다. 다른 피조물에게는 허용되지 않은 이 세 가지 요소가 하나님 형상을 설명하는 명확한 지침이 됩니다. 이것을 잘 갈고 닦아 하나님의 영광을 위한 인생이 되어야 하겠습니다.

학습을 위한
질문과 토론

Q1 제임스 몽고메리 보이스가 분류한 하나님 형상의 3요소는 무엇입니까?

Q2 우주의 구조와 인체의 구조를 비교하면셔 토론해 봅시다.

Q3. 사람의 기원은 어디서 찾나요?

1. 어느 날 우연히?

진화론을 믿는 고고학자들과 역사학자들은 인류의 조상에 대해 성경과 전혀 다른 주장을 합니다. 그들은 중국의 양자강 하류 또는 인도의 인더스강, 이집트의 나일강 하류와 바벨론 평원의 티그리스강 하류 등에서 인류가 최초로 나타났다고 말합니다. 그러나 그들은 인류가 어떻게 해서 존재했는가에 대해서 정확하게 언급하지 않고 단지 단세포에서 다세포로, 원숭이에서 사람으로 진화되었다고 말할 뿐입니다. 이것이야말로 가장 큰 모순이 아닐 수 없습니다. 그들의 말대로라면 인류는 어떤 원인이나 시작도 없이 어느 날 우연히 이 지상에 출현한 결과가 됩니다.

2. 성경의 언급

인간의 기원에 대해 분명하고 확실하게 밝히고 있는 것은 성경뿐입니다. 성경은 하나님이 태초에 천지를 창조하시고 그다음에 인간이 행복하게 살 수 있도록 모든 자연환경과 생물체를 만드신 후에 하나님의 형상대로 인간을 만드셨다고 말합니다.

"하나님이 자기 형상 곧 하나님의 형상대로 사람을 창조하시되 남자와 여자를 창조하시고"(창 1:27)

"여호와 하나님이 흙으로 사람을 지으시고 생기를 그 코에 불어 넣으시니 사람이 생령이 된지라"(창 2:7)

"여호와 하나님이 아담을 깊이 잠들게 하시니 잠들매 그가 그 갈빗대 하나를 취하시고 살로 대신 채우시고 여호와 하나님이 아담에게서 취하신 그 갈빗대로 여자를 만드시고 그를 아담에게 이끌어 오시니 아담이 가로되 이는 내 뼈 중의 뼈요 살 중의 살이라 이것은 남자에게서 취하였은즉 여자라 칭하리라"(창 2:21-23)

3. 진화론자들의 도전

그럼에도 진화론자들은 끊임없이 과학을 앞세워 인간의 기원이 하나님의 창조에 있지 않다고 주장합니다. 그러나 미국 카넬 대학의 진화학자인 윌리엄 프로바인은 진화론, 즉 '다윈주의'Darwinism 로 인해 나타나는 5가지 연속적 상황을 열거하며, 그 결과는 매우 끔찍한 것이라고 경고합니다. 즉, 1) 신이 존재하는 증거는 없다고 하는 주장은 2) 죽은 후 생명은 없다는 것으로 귀결되고, 3) 이것은 윤리의 절대적 토대는 없고, 4) 삶의 궁극적 의미도 없고, 5) 결국 인간에게 진정한 자유의지란 없다는 결론에 이른다는 것입니다.

이렇게 진화론을 믿으면 사람의 존귀와 가치는 아무 의미가 없습니다. 특히 장애를 가진 사람들, 돈이 없는 사람들, 병든 사람들은 더욱 가치가 없는 사람으로 취급됩니다. 사람을 죽이고 폭력을 휘둘러도 '적자생존', '우열법칙' 등을 내세워 강하고 힘 있는 자만 인정하게 됩니다. 이런 무서운 가치관을 받아들이겠습니까? 아니면 인간은 하나님의 은혜 안에서 이성을 가진 인격적 존재로 창조되었으며, 하나님의 형상을 따라 창조된 가장 존엄하고 존귀한 피조물이기에 장애인도, 가난한 사람도 병든 사람도 모두 하나님의 형상으로 대우받아야 하는 창조론의 가치관을 가지고 살아가겠습니까? 우리는 모두 후자를 택할 것입니다.

학습을 위한 질문과 토론

Q1 진화론으로 나타날 5가지 끔찍한 결과는 무엇입니까?

Q2 학교에서 창조론을 가르치지 못하게 하는 것에 대해 그 부당함과 대처 방안에 대해 진지하게 토론해 봅시다.

Q4. 인간은 무엇으로 구성되었나요?

인간은 모든 피조물 가운데 그 위치가 독특한 만큼 그 구성 요소도 특별합니다. 먼저 인간은 다른 피조물처럼 몸을 가지고 있다는 점에서 물질적인 요소를 가지고 있습니다. 그러나 인간은 단순히 몸만 가지고 있는 물질적 존재가 아닙니다. 인간에게 하나님을 인식하는 영이 내재되어 있습니다. 한 마디로 인간은 영혼과 육체가 결합된 존재입니다. 이에 대한 여러 학설을 알아보겠습니다.

1. 3분설

인간은 몸과 혼과 영으로 구성되었다는 학설입니다. 몸은 물질적인 요소이고, 혼은 감각 생활의 주체이고 영은 하나님을 의식하는 불멸적인 요소라 합니다. 특히 이들은 히브리서 4:12을 근거로 영과 혼이 분리될 수 있다고 주장합니다. 그러나 '혼'과 '영'이 '쪼개다'(분리되다)는 분사에 의해 지배를 받는 소유격 명사라는 사실을 간과했습니다. 본 구절이 뜻하는 바는 하나님의 말씀이 혼과 심지어 영까지 '쪼갠다'는 것입니다. 즉, 하나님의 말씀이 사람의 마음 가장 깊은 곳까지 침투하여 그가 지금 말하고 생각하고 있는 것들, 그 깊은 마음의 감추인 뜻까지 감찰할 수 있다는 의미입니다.

3분설을 주장하는 자들이 내세운 성경적 근거는 또 있습니다. 예를 들어 누가복음 10:27은 "네 마음을 다하며 목숨을 다하며 힘을 다하며 뜻을 다하여 주 너의 하나님을 사랑하고 또 네 이웃을 네 자신같이 사랑하라"고 하였습니다. 여기서 마음(카르디아), 목숨(프쉬케), 힘(이스퀴스), 뜻(디아노이아)이 다르게 표현되었으므로 이들을 분리해 다루어야 한다는 것입니다. 그러나 이것은 다른 복음서에서 표현하는 것과 비교해 보면 이 표현들이 하나의 문학적 표현양식에서 기인한다는 것을 알게 됩니다. 즉 마태복음 22:37에서는 "힘을 다하여"가 누락되고 "마음과 목숨과 뜻을 다하여 하나님을 사랑하라"라고 되어 있고, 마가복음 12:30에서는 "마음과 목숨과 뜻과 힘을 다하여 하나님을 사랑하라"고 기술되었고 12:33에서는 '마음과 지혜'(쉬네세오스)와 힘을 다해 하나님을 사랑하라고 되어 있습니다. 이를 종합해 보면 육체에 대한 언급함이 없이 다섯 개의 단어들을 사용하였습니다. 만약 삼분설주의자들처럼 해석한다면 누가는 오분설주의자이고 마태는 사분설주의자이며 마가는 삼분설주의자가 됩니다. 정리하면 이런 구절들이 의미하는 바는 이 병행 구절들에서 우리가 하나님을 우리의 전 존재(전인격성)를 가지고 사랑해야 한다는 것을 권하고 있는 것일 뿐, 그 이상도 그 이하도 아닙니다.

또 데살로니가전서 5:23의 해석에 있어서도 마찬가지입니다. 사도 바울은 데살로니가 교인들에게 편지하기를 성도들의 '영과 혼과 몸'이 흠 없이 보전되기를 기원하는 입장에서 "평강의 하나님이 친히 너희로 온전히 거룩하게 하시고 또 너희의 온 영과 혼과 몸이 우리 주 예수 그리스도 강림하실 때에 흠없이 보전되기를 원하노라"고 말했습니다. 이들은 이 말씀을 3분설의 확실한 근거라고 주장합니다. 즉, 이들은 '영과 혼' 사이에 접속사 '과'(카이, and)가 있는 것으로 보아 둘의 분리가 확실하다는 것입니다. 그러나 부사 '온전히'(홀로텔레이스)와 형용사 '온'(홀로클레온)으로 보아 이 구절이 강조하는 바는 '전인'whole man 으로서 전체적 관점에서 본 그리스도인을 강력하게 시사하고 있는 것이 분명합니다. 다시 말해, 이 표현은 인간의 인성 전체의 특징을 더욱 강조하기 위한 반복 표현이지 사람이 현실적으로 영과 혼과 몸 등 세 가지로 구성되었다는 뜻이 아닙니다.

2. 2분설

이 이론은 인간의 구성 요소가 물질적인 육체와 비물질적인 혼 또는 영으로 되어 있다는 것입니다. 그러나 인간은 순전히 물질만도 아니요 순전히 영만도 아니며 신비하게 둘이면서 하나요 하나이면서 둘입니다. 성경에서 이런 표현은 허다합니다.

"여호와 하나님이 흙으로 사람을 지으시고 생기를 그 코에 불어 넣으시니 사람이 생령이 된지라"(창 2:7)

"흙은 여전히 땅으로 돌아가고 신(영)은 그 주신 하나님께로 돌아가기 전에 기억하라"(전 12:7)

"몸은 죽여도 영혼은 능히 죽이지 못하는 자들을 두려워하지 말고 오직 몸과 영혼을 능히 지옥에 멸하시는 자를 두려워하라"(마 10:28)

주님은 사람에게 죽일 수 있는 실체인 '몸'(소마)과 죽일 수 없는 실체인 '혼'(프쉬케)이 있다고 명시하였습니다. 주님은 인간의 구성요소가 둘, 곧 '몸과 혼'임을 분명하게 가르칩니다. 죽어가는 강도에게 "내가 진실로 네게 이르노니 오늘 네가 나와 함께 낙원에 있으리라"(눅 23:43)고 말씀하셨습니다.

사도 바울도 주님과 같은 입장을 견지했습니다. 그는 고린도후서 5:1-10에서 '땅의 장막 집'을 '몸'으로 비유하고 '하나님이 지으신 집'을 '부활의 몸'이라 했습니다. 또 빌립보서 1:21-24에서 '그리스도에게 속한 삶과 육신의 삶'을 구별해 말하고 있으면서 자신이 '그 두 사이에 끼였다'고 고백합니다.

이 같은 성경의 증거를 가지고 모든 개혁주의 신학은 인간에 대한 이분설을 채택하였습니다. 웨스트민스터 신앙고백서 32장 1항은 "인간의 육체는 사후에 흙으로 돌아가 썩게 되나, 영혼은 결코 죽거나 잠들지 아니하니 불멸적인 본질을 가지고 있기 때문에 그것을 주신 하나님께로 즉시 돌아간다"고 고백합니다. 분명하게 인간에게는 두 실체가 존재한다고 말합니다. 이에 대해 맥도널드 H. D. MacDonald는 "영과 혼은 육체 또는 몸과 대조되는 사람의 내적 본질을 가리키고, 사람의 육체는 시간과 공간 속에서 존재하는 사람의 외적 면을 가리킨다"고 하면서 "영(프뉴마)은 사람의 존재의 내적 깊은 곳, 곧 그의 인격의 고등한 측면이요, 혼은 사람 자신의 특별하고 구별된 개체성을 뜻한다"고 해설합니다.[18]

---

18 H. D. MacDonald, "Man, Doctrine of", Grand Rapids, 1984, 678p. //재인용. 로버트 레이몬드 544p.

3. 영혼의 기원

한편, 인간의 영혼의 출처가 어디인가에 대한 논의도 활발했습니다. 크게 창조설과 유전설 두 가지로 나누어집니다. 먼저 창조설은 모든 인간의 영혼이 각기 하나님에 의하여 직접 창조되어 수태되는 때이든, 출생되는 때이든 아니면 이 사이의 어느 때이든 육체에 결합된다는 것입니다. 이 주장의 근거로는 성경의 다섯 구절이 인용됩니다(창 2:7, 전 12:7, 사 57:16, 슥 12:1, 히 12:9). 찰스 핫지 C. Hodge, 루이스 벌콥 L. Berkhof 등이 이를 지지합니다. 그런데 창조설은 하나님에 의해 직접 창조된 인간의 영혼이 어떻게 악하게 되는가를 설명하는 일에 어려움이 있습니다. 반면에 유전설은 아담이 직접 창조된 이후로는 각 사람의 몸과 영혼이 다 같이 남성과 여성의 성적 결합으로 통한 자연적 출생으로 말미암아 직접적으로 생성되고 번식된다는 것입니다. 성경의 네 구절을 근거로 인용합니다(창 2:2, 21, 롬 5:12, 히 7:9-10). 레이몬드 Robert L. Reymond 등은 유전설을 지지합니다.

카이퍼 A. Kuyper와 바빙크 H. Bavinck는 성경에 충분한 자료들이 없기 때문에 둘 중 어느 하나를 택하는 것은 무리라고 하였습니다. 그런데 실제적으로 이런 논의는 불필요해 보인다는 입장도 있습니다. 벌카우어 Berkouer는 "성경이 하나님 앞에서의 전인의 기원에 관심을 두고 있을 뿐으로 영혼의 기원을 논하는 것 자체가 적절하지 못하다"고 못박습니다. 그러나 사람의 본성을 단지 '하나님 앞에서의 전인'으로만 보는 벌카우어의 부정적인 견해는 개혁주의 신학에서는 비성경적인 입장으로 보고 있습니다.

학습을 위한 질문과 토론

Q1 개혁주의 신학의 입장에서 인간은 어떤 구조로 되어 있습니까?

Q2 죽음 뒤에 우리 영혼은 어떻게 되는 지에 대해 토론해 봅시다.

Q5. 왜 인간은 죄인인가요?

1. 단 하나의 약속

"여호와 하나님이 그 사람에게 명하여 이르시되 동산 각종 나무의 열매는 네가 임의
로 먹되, 선악을 알게 하는 나무의 열매는 먹지 말라 네가 먹는 날에는 반드시 죽으리
라 하시니라"(창 2:16-17)

하나님은 자신의 형상대로 지음을 받은 인간을 너무도 사랑하시어 인간을 위해
모든 좋은 것을 다 선물하였습니다. 인간은 하나님이 주신 것들을 누리기만 하면 되
었습니다. 다만 하나님은 인류의 대표인 아담과 하나의 약속을 하였습니다. 그것이
바로 '선악과'를 두고 맺은 언약으로 하나님이 정하신 명령과 약속을 지키면 영생을
얻고, 그것을 어기면 영원한 벌을 받는다는 것입니다. 즉 하나님은 인간에게 하나님
만을 섬기라는 순종의 의무를 세워 주셨습니다. 이것을 일러 우리는 '행위언약'이라
고 부릅니다.

그러나 인류의 대표자인 아담은 이 약속을 지키지 못했습니다(창 3:11-12). 아담
은 범죄하고 말았습니다. 아담은 하나님의 선한 뜻을 저버렸습니다. 하나님이 원하
시는 방향에서 벗어났습니다. 아담의 행위는 단지 선악과 열매를 따 먹은 작은 죄가
아니라 하나님의 뜻과 명령을 거역하고 불순종하여 하나님을 배반한 무서운 죄를
범한 것입니다.

2. 행위언약과 언약 파기자인 인간

행위언약은 하나님과 언약을 맺은 아담과 그의 후손인 인류 간의 관계에 대한

것으로서, 즉 아담의 죄가 인류의 죄가 된다는 근거가 됩니다. 이에 대한 가장 적절한 성경 구절은 로마서 5:12-19입니다. 이에 대해 웨스트민스터 신학교 조직신학자였던 존 머레이 John Murray는 그의 대표작인 <아담 죄의 전가, The Imputation of Adam's Sin>에서 "한 사람과 모든 사람 간에 존재하는 일종의 연대를 포함하며, 그 결과로 여기서 논하여지는 죄가 '한 사람'의 죄, 또는 '모든 사람'의 죄로 동시에 똑같이 간주될 수 있다"고 했습니다.

이 구절의 요점은 '한 사람' 아담의 '한 죄'(원죄)를 하나님이 '모든 사람'의 죄로 간주하고 있다는 것입니다. 12절에서 "한 사람으로 말미암아 죄가 세상에 들어왔고 그 죄로 말미암아 사망이 왔다"고 하였고, 15절에서 "한 사람의 범죄로 인하여 많은 사람이 죽었다"고 하였고 18절에서는 "한 범죄로 많은 사람이 정죄에 이르렀다"고 증언합니다. 이렇게 바울은 아담의 죄와 인류의 죄와 정죄 간에 관련이 있음을 분명히 하였습니다.

3. 아담의 죄의 본질

한편, 우리는 여기서 아담의 죄의 정확한 본질이 무엇인가를 논해야 합니다. 창세기 3장에 가면 우리는 유혹자인 '뱀'을 만납니다. 버스웰 Buswell 같은 이는 "뱀은 여자적(如字的)인 존재가 아니라 '뱀'으로 지칭된 사탄 자체"라고 주장합니다. 그러나 대다수 개혁주의 신학자들은 "뱀은 사탄의 지배를 받고 있는바 문자 그대로 피조물이다"고 주장합니다. 즉. '말하는 뱀'의 경우 복화술ventriloquism, 즉 자기의 목소리를 내는 사탄의 경우로 볼 수 있습니다. 만일 실제로 뱀이 말을 했다 해도 발람의 나귀보다 더 이상할 것이 없습니다. 발람의 나귀는 발람에게 꾸짖는 말을 했을 뿐 아니라 주의 사자를 보기도 했습니다(민 22:28-30). 우리는 짐승으로 하여금 말을 할 수 있게 만드는 것은 단지 그렇게 할 수 있게 만드는 힘이 존재하기 때문임을 믿어야 합니다. 예컨대 마귀의 힘이 어떤 피조물의 마음을 온전히 지배하여 그것의 입을 통하여 말하게 하는 경우가 성경의 복음서들에도 분명히 나타나 있습니다. 보스 G. Vos는 그의 <성경신학, Biblical Theology>에서 "사탄이 뱀을 통하여 말한다고 불가능한 일이 결코 없다. 복음서에는 마귀에게 사로잡힌 자들의 입을 통해 마귀가 말하는 비슷한 유비가 얼마든지 있다"고 설명했습니다.

이렇게 보면 아담의 죄의 본질이 보입니다. 그는 자신에게 주어진 자유의지를 뱀의 유혹에 이끌려 사용하였습니다. 그것은 하나님과 맺은 언약을 파기하는 죄이고 전 인류의 머리 되는 그의 범죄는 곧 모든 인류의 죄로 전가된 것입니다. 이 죄를 일러 '원죄' Original Sin라 부릅니다.

4. 자범죄

아담의 원죄는 모든 인류에게 죄의 굴레를 씌웠습니다. 이로부터 모든 인간은 죄인으로 태어납니다. 그러므로 의인은 하나도 존재하지 않습니다. 모든 인간은 타락의 길로 들어섰습니다. 모두 하나님의 뜻을 저버리고 각자 제 갈 길로 가고 말았습니다. 그리고 이 원죄의 결과로 우리는 생활 속에서 서로를 미워하고, 살인하고, 폭력을 행사하고, 사기를 치고, 질투하는 등 수많은 범죄를 실행합니다. 이것을 '생활죄'라고 하며, 스스로 죄를 범하는 것들이라고 해서 '자범죄'라고도 합니다. 사도 바울은 아담의 후손인 인류가 범하는 자범죄에 대해 이렇게 기술합니다.

> "기록된 바, 의인은 없나니 하나도 없으며, 깨닫는 자도 없고 하나님을 찾는 자도 없고, 다 치우쳐 함께 무익하게 되고 선을 행하는 자는 없나니 하나도 없도다. 그들의 목구 멍은 열린 무덤이요 그 혀로는 속임을 일삼으며 그 입술에는 독사의 독이 있고, 그 입 에는 저주와 악독이 가득하고, 그 발은 피 흘리는 데 빠른지라. 파멸과 고생이 그 길에 있어, 평강의 길을 알지 못하였고, 그들의 눈앞에 하나님을 두려워함이 없느니라 함과 같으니라"(롬 3:10-18)

**학습을 위한
질문과 토론**

Q1 원죄와 자범죄가 무엇입니까?

Q2 당신은 언제 자신이 하나님 앞에서 죄인이라는 사실을 알고 깨달았
는지 토론해 봅시다.

Q6. 범죄 이후의 인간은 어떻게 되었나요?

1. 범죄의 결과

죄의 결과는 참으로 비참한 것이었습니다. 하나님과의 교제를 잃어버리고 하나님 없는 두려움과 공포에 빠지게 되었습니다. 영원히 살 수 있었던 인간은 이제 죽음을 맛보게 되었습니다. 죄의 삯으로 사망을 받았습니다(롬 6:23). 단순히 죽음으로 모든 것이 끝난 것이 아니라 죽음 이후에 더 이상 죽지도 못하는 영원한 지옥의 형벌을 받게 되었습니다.

그뿐 아니라 죄를 범한 아담과 하와는 약속을 어겼기 때문에 하나님으로부터 무섭고 고통스러운 삶을 살도록 형벌을 받았습니다. 하와와 그 후손인 여자들은 임신의 고통을(창 3:16), 아담과 그 후손인 남자들은 노동의 고통을(창 3:17) 받았고, 이외에도 생활 속에 일어나는 수많은 고통과 아픔, 배고픔, 두려움 등의 비참한 생활에 빠졌습니다. 이에 대해 웨스트민스터 신앙고백서는 이렇게 진술합니다.

> "이 죄로 말미암아 우리의 최초의 조상들은 본래의 의를 잃게 되었고, 하나님과의 교통도 끊어지게 되었다. 그래서 죄로 죽게 되었고, 영과 육의 모든 기능과 기관이 전적으로 더럽혀지고 말았다"(6장 2항)

2. 성경의 언급

그렇다면 좀 더 구체적으로 죄의 결과에 대해 성경은 어떻게 말하고 있는지 알아봅니다.

첫째, 에덴으로부터 추방되어 하나님과 단절되었습니다(창 3:23-24). 이 말은 영원한 생명과의 단절을 뜻합니다. 하나님이 생명의 근원이요 복의 근원인데 이것이 끊어지고 인간에게 사망이 찾아왔습니다. 상수원이 말라버리면 물이 흐르지 못하고 물이 없으면 모든 생명체가 죽는 것과 같은 이치입니다.

둘째, 사람의 성질이 부패해졌습니다. 하나님의 형상으로 받은 인성은 순결하고 거룩했으나 범죄하고 타락한 죄인은 날로 타락하여 부패해진 것입니다. 하나님으로부터 전수받은 '지, 정, 의'가 전적으로 타락하였습니다. 이로 인해 눈이 어두워졌고, 심히 부패한 마음을 가지게 되었고(렘 17:9), 오직 마음속엔 더럽고 추악한 것들만 가득하게 되었습니다(롬 3:10-18, 엡 2:1-3, 4:18).

셋째, 사람이 죽게 되었고 지옥의 형벌을 받습니다(롬 6:23). 성경에서 죽음은 세 종류로 묘사됩니다. 육신의 죽음과 영혼의 죽음, 그리고 지옥의 형벌을 받는 것을 영원한 죽음이라고 합니다.

넷째, 자연이 저주를 받았습니다. 자연은 인간을 위해 가장 좋은 것으로 만들어졌습니다. 그러나 인간의 범죄와 함께 땅도 저주를 받아 날로 오염되어 가고 있습니다. 세상은 온갖 인간들의 탐욕에 의해 하나님이 주신 낙원을 잃어버린 것입니다. 이제로부터 인간은 땅을 기경(起耕)하고 땅의 소산을 얻기 위해 땀을 흘리며 노동을 해야 했습니다. 아담의 두 아들 가인과 아벨은 시작부터 일을 하고 살아야 했습니다. 아벨은 양 치는 자였고 가인은 농사하는 자로 살았습니다(창 4:2).

한편, 조직신학자인 로버트 레이몬드는 일곱 가지의 결과를 소개합니다.[19]

첫째, 최초의 우리 조상은 그들의 법률과 도덕적 무죄성과 본래의 의를 상실하고 죄책과 오염의 주범이 되었습니다. 창세기 3:7에 "그들의 눈이 밝아졌다"는 것은 이전의 선함은 추억 속으로 사라지고 죄책에 대해 눈을 뜨게 되었다는 뜻이 됩니다. 죄책에 대한 이 같은 의식은 신체적인 벌거벗음에 대하여 상대방 앞에서 수치심 혹은 당혹감으로 나타났습니다.

---

19 레이몬드, 569-573p.

둘째, 범죄와 함께 하나님의 형상이 즉각적으로 파쇄되고 왜곡되었습니다. 그들은 양심에 찔려 하나님이 다가오자 숨고 말았습니다. 그런데 3:8에는 남자와 여자가 함께 숨은 것이 아니라 히브리어 성경에는 "남자가 숨고 (또) 여자도 숨었다"고 되어 있습니다. 이것은 죄에 대한 수치심으로 자신만의 안녕에 대한 이기적인 행동입니다. 이후 사람은 생존본능으로 각자 독자적으로 행합니다. 나아가 아담은 자기의 곤경을 회피하기 위해 여자를 비난했습니다(창 3:12). 아름다운 섬김 같은 하나님의 형상이 어느새 사라지고 자기 살길을 택했습니다.

셋째, 하나님과 사람 사이의 교제가 파괴되었습니다. 에덴동산에서 하나님과 함께 거닐던 아담은 더 이상 하나님과 동행하지 못하고 에덴동산으로부터 추방당했습니다. 그뿐 아니라 하나님은 이들이 다시 생명나무의 길로 되돌아가는 것을 막기 위해 화염검과 그룹들Cherubs 로 지키시며 영원히 접근하지 못하도록 하셨습니다(창 3:24, 출 25:18-22, 26:1, 31:36:8, 37:7-9. 민 7:89, 삼상 4:4, 삼하 6:2, 22:11, 시 18:10, 겔 1:5-28). 이사야 선지자는 "오직 너희 죄악이 너희와 너희 하나님 사이를 갈라놓았고 너희 죄가 그의 얼굴을 가리어서 너희에게서 듣지 않으시게 함이니라(사 59:2)"고 한탄했습니다.

넷째, 인간이 거하는 자연환경이 동시에 저주를 받아 가시덤불과 엉겅퀴를 내게 되었습니다(창 3:17-18). 아담은 자연이 생산해 주는 것을 먹되 "종신토록 수고하여야 하고, 얼굴에 땀을 흘려야 한다는 말을 들었습니다(창 3:17, 19). 사도 바울은 이것을 "피조물이 허무한 데 굴복한다... 피조물도 썩어짐의 종노릇을 한다... 피조물이 다 이제까지 함께 탄식하며 함께 고통한다"(롬 8:20-22)고 설명했습니다.

다섯째, 남자와 여자가 각각 형벌을 받았습니다. 조직신학자 존 머레이John Murray 는 이것을 두고 '인간 구조의 해체'라고 풀이했습니다. 하와는 해산의 고통을, 아담은 고통스러운 노동형을 선고받았습니다. 이것은 노동 자체가 아니라 살아 남기 위해 사투를 벌여야 하는 생존 투쟁입니다.

여섯째, 하나님과의 교통을 상실한 모든 인류는 하나님의 진노와 저주 아래 있고 금생(今生)의 모든 불행과 사망과 그리고 영원히 지옥의 고통을 당하게 되어 있습니다.

일곱째, 인류는 사탄의 악의 왕국의 신민이 되어 그의 통치와 지배를 받게 되었습니다. 그러나 바로 이 사실 때문에 멸망에 처한 인류에겐 구속주가 반드시 필요하고, 하나님은 구속주를 통한 구원을 언약하셨습니다. 이것을 우리는 '은혜언약'이라 부릅니다.

3. 타락한 인간의 상태

타락한 인간의 상태에 대해 성경은 주로 세 가지로 나누어 말씀합니다.

첫째, 전적 타락입니다. 모든 인간은 모태로부터 나올 때 하나님의 형상을 잃어버렸습니다. 즉 인간 존재의 모든 부분, 지성, 의지, 감성, 양심, 육체 등이 죄로 오염되고 부패해졌습니다. 나아가 도덕적이고 영적인 기능들을 상실했습니다. 그리하여 하나님을 의식하지 못하고 살게 되었습니다. 그의 마음은 하나님과 원수가 되고, 오히려 하나님에 대하여 반동하고 대적하는 존재가 되었습니다. 그의 감성과 감정은 선하고 거룩한 것에 이끌리는 것이 아니라 악하고 불경건한 것에 더 매력을 느끼고 이끌려 가게 되었습니다. 성경은 곳곳에서 인간의 타락상을 증언합니다.

"여호와께서 사람의 죄악이 세상에 관영함과 그 마음의 생각의 모든 계획이 항상 악할 뿐임을 보시고... 한탄하사"(창 6:5-6)

"여호와께서... 그 중심에 이르시되... 이는 사람의 마음의 계획하는 바가 어려서부터 악함이라"(창 8:21)

"내가 죄악 중에 출생하였음이여 모친이 죄 중에 나를 잉태하였나이다"(시 51::5)

"악인은 모태에서부터 멀어졌음이여 나면서부터 곁길로 나아가 거짓을 말하는도다"(시 58:3)

"주의 목전에는 의로운 인생이 하나도 없나이다"(시 143:2)

"선을 행하고 죄를 범치 아니하는 의인은 세상에 아주 없느니라"(전 7:20)

"우리는 다 양 같아서 그릇 행하여 각기 제 길로 갔거늘"(사 53:6)

"만물보다 거짓되고 심히 부패한 것은 마음이라 누가 이를 능히 알리요"(렘 17:9)

"다만 하나님을 사랑하는 것이 너희 속에 없음을 알았노라"(요 5:42)

- 기타 롬 1:29-32, 3:9-23, 갈 3:22, 엡 4:17-19, 요일 1:8, 10, 5:19 등을 참조하세요.

둘째, 전적 무능력입니다. 오염된 것으로부터는 건강하고 제대로 된 결실을 기대할 수 없습니다. 예를 들어 '말기 암'에 걸려 침상에 누워 죽을 날을 기다리고 있는 환자에게 운동장에 나가서 뛰어보라고 하는 것은 불가능한 일입니다. 그 환자는 달리기를 할 수 없는 무능력한 존재입니다. 또 타락한 인간의 성정은 악할 뿐입니다. 그는 자기의 성격을 변화시키지 못합니다. 자기의 오염된 성격대로 행할 뿐입니다. 그가 아무리 선한 모습을 보인다 할지라도 결국 그의 모든 목적은 자기의 영광을 위함이고 하나님의 영광에 이르지 못하는 것들입니다. 그에겐 하나님의 영광을 위한 여지가 남아 있지 않습니다.

"못된 나무가 아름다운 열매를 맺을 수 없느니라"(마 7:18)

"사람이 거듭나지 않으면 하나님 나라를 볼 수 없느니라... 사람이 물과 성령으로 나지 아니하면 하나님 나라에 들어갈 수 없느니라"(요 3:3, 5)

"육신의 생각은... 하나님의 법에 굴복치 아니할 뿐 아니라 할 수도 없음이라 육신에 있는 자들은 하나님을 기쁘시게 할 수 없느니라"(롬 8:7-8)

"육에 속한 사람은 하나님의 성령의 일을 받지 아니하나니 저희에게는 미련하게 보임이요 또 깨닫지도 못하나니 이런 일은 영적으로라야 분별함이니라"(고전 2:14)

"혀는 능히 길들일 사람이 없나니"(약 3:8)

셋째, 죄책입니다. 죄를 지으면 벌을 받는 것이 이치입니다. 사람의 전적 타락과 무능력 때문에 인간은 죄인으로 태어나 죄인으로 살게 됩니다. 죄인은 죄를 짓고 사는 사람입니다. 그러므로 당연히 죄인은 자신이 짓는 죄의 값을 치루어야 합니다. 그것이 곧 죄책이자 형벌입니다. 분명히 죄에 대해 하나님은 진노하십니다. 하나님은 거룩하신 분이시기에 거룩을 해치는 죄악을 미워하시고 심판하십니다. 일부 사람들이 하나님을 가혹한 분으로 묘사하고 어떻게 사람들을 지옥에 보낼 수 있느냐고 항의합니다. 이에 대해 존 머레이는 "어떻게 지옥에 보낼 수 있느냐고 묻지 말고, 어떻게 그런 죄인을 구원하실 수 있느냐고 물어야 한다"고 대답했습니다. 모든 사람이 오염되어 부패했기에 십자가의 구원의 은총이 절대적으로 필요한 것입니다.

<참고> 도르트 총회(1618~1619)

도르트 총회는 1618-1619년에 네덜란드의 남부 도시인 도르트레히트Dordrecht에서 열린 개혁교회의 국제 총회이다. 이 종교회의에서는 5가지의 중요한 교리를 정리하여 도르트 신조를 작성하였다. 도르트 총회는 라이든 대학교의 신학 교수였던 야코부스 아르미니우스Jacobus Arminius, 1560~1609의 인본주의적 가르침을 추종했던 사람들이 5가지의 교리를 반대하여 개최되었다. 그들은 개혁교회가 믿는 "하나님의 무조건적 선택", "그리스도의 죽음과 제한적 구원", "인간의 전적 부패", "불가항력적 은혜", "성도의 견인" 등의 교리를 반대했다. 이 5가지 교리는 개혁교회 신앙의 핵심들이다. 이것은 보통 칼빈주의의 5대 교리로 알려져 있으며 영어의 첫 글자를 따서 "튤립"Tulip 교리 라고 부르기도 한다.

학습을 위한
질문과 토론

Q1 도르트신조(1619)는 아담의 범죄와 함께 모든 인류는 '전적 타락'
(Total Depravity)했다고 말합니다. 이것은 무엇을 뜻합니까?

Q2 내가 지금 시급히 회개하고 교정해야 할 나쁜 습관이나 가치관 등이
무엇인지 토론해 봅시다.

Q7. 이 죄인을 하나님은 어떻게 하시나요? / 은혜언약

1. 하나님의 사랑

하나님의 위대하심은 죄인을 심판하시는 분이시지만 동시에 죄인을 불쌍히 여기시고 그들에게 구원의 기회를 제공하신다는 점입니다. 아담의 후손은 모두 죄 아래에 태어나 모두 지옥에 가도록 되었습니다. 그러나 하나님은 그들 모두를 멸망에 처하도록 하지 않으시고 창세 전에 택하신 자신의 자녀들을 구원하기로 작정하셨습니다. 이를 위해 하나님은 인간과 두 개의 '언약'Covenant 을 맺으셨습니다.

그 첫 번째 언약은 앞에서 설명한 아담과 맺은 '행위언약' 입니다. 이 언약은 인간의 행위를 통해서 하나님의 말씀을 지키면 복을 받고 어기면 벌을 받는다는 것이 핵심입니다. 인간의 행위를 조건으로 제시해 주셨기 때문에 '행위언약'이라고 합니다.

두 번째는 하나님께서 선택자와 맺은 언약으로 이것을 '은혜언약'이라 부릅니다. 하나님은 창세 전에 이미 구원받을 당신의 백성을 택하여 두셨습니다(엡 1:4, 딤후 1:9). 이 택자는 오직 하나님이 선택하신 것이며 하나님만 아시는 것이며, 또 성부에 의해 성자에게 주어졌습니다(요 6:37-40). 이 택자가 그리스도의 양이며 성령의 역사로 그의 음성을 듣고 하나님의 부르심에 응하는 것입니다.

그런데 이 은혜언약을 이루기 위해선 반드시 하나의 조건이 필요했습니다. 그것은 바로 모든 죄 값을 치룰 수 있는 대속자의 절대적 희생입니다. 그리하여 하나님은 이 대속을 담당하실 분을 예정하셨는데 바로 그분이 주 예수 그리스도이십니다. 그러므로 은혜언약은 언약의 주체이신 하나님께서 그 상대인 인간(택자)과 더불어 그리스도를 중보자(대속자)로 하여 맺으신 언약입니다. 따라서 하나님은 그리스도의 희생을 통하여 아무 조건 없이 우리의 아버지가 되시며, 우리를 하나님의 자녀로 삼으시겠다는 은혜로운 언약을 세우셨습니다(창 17:7-8).

2. 은혜언약의 특징과 내용[20]

첫째, 구원에 관해서 인간의 희생과 노력을 요구하지 않는 언약입니다.

둘째, 구원의 계획과 성취와 적용에 있어서 삼위 하나님께서 모두 역사하시는 언약입니다.

셋째, 시간이 지나도 결코 변하거나 폐기되지 않는 영원한 언약입니다.

넷째, 세상 모든 사람을 대상으로 한 것이 아니라 하나님께서 친히 선택하신 사람만을 대상으로 하는 제한적이고 특별한 언약입니다.

다섯째, 인간의 공로를 배제하는 오직 은혜로만 체결된 언약입니다.

여섯째, 인간과의 상의나 사전 협약 없이 하나님 편에서 일방적으로 체결하는 언약입니다.

일곱, 하나님이 우리의 하나님이 되시고 우리는 하나님의 백성이 된다는 언약입니다.

한편, 이 은혜언약은 구원론에서 한 번 더 다룹니다. 하나님의 구속 행위는 모두 이 언약에 따른 것입니다. 하나님은 스스로 하신 약속을 어기지 않으십니다.

---

20 은혜언약은 주로 구원론에서 다루지만 타락한 인간을 위한 하나님의 은혜를 다룬다는 점에서 인간론에서 다루기도 한다.

학습을 위한
질문과 토론

Q1 행위언약과 은혜언약의 차이는 무엇입니까?

Q2 박종호 님이 부른 <하나님의 은혜>라는 노랫말을 음미해 보고 같이
한 번 불러봅시다.

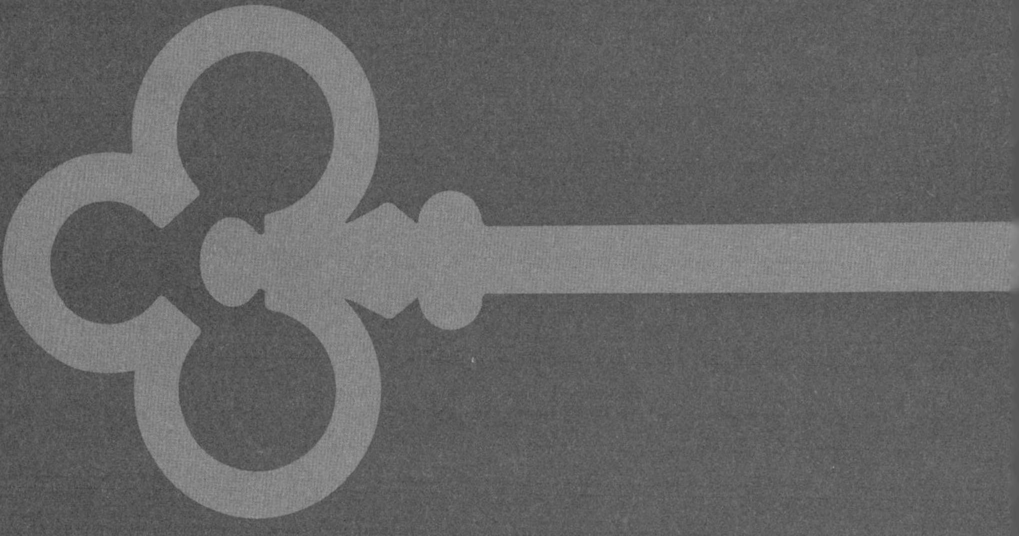

네 번째 창고

예수님은 누구신가요? / 기독론

Q1 예수 이야기의 진실은?

예수 그리스도는 팔레스타인 북부에 위치한 갈릴리 지방의 나사렛이라는 작은 마을에서 태어났습니다. 예수의 출생에 관한 정확한 역사적 기록물은 4복음서 이외엔 찾기 어렵습니다. 그래서 예수의 출생 시기 또한 베일에 가려 있습니다. 그러나 오늘날 '기원전'의 의미로 사용하는 B.C Before Christ와 '기원후'의 의미로 사용하는 A.D Anno Domini는 모두 예수 출생의 때를 기점으로 나누어집니다. 학자들은 예수의 탄생 시기를 대략 기원전 2년에서 4년으로 추정합니다.

예수 탄생에 관한 이야기는 4복음서에 각각 다른 모습으로 기록되어 있습니다. 마태복음 2:1-16에는 예수가 태어난 해에 하늘에 '동방의 별'[21]이 나타나고 동방박사들이 별을 따라 팔레스타인 지방을 방문하는 등 새로운 임금이 탄생했다는 소식이 들려오자 헤롯 왕이 2세 미만의 갓 난 사내아이들을 살해하도록 명을 내려 예수 가족이 이집트로 피신하는 내용이 기록되어 있습니다. 누가복음 2:1-2에는 로마제국의 아우구스투스 황제가 제국 내 모든 신민의 호적을 명하여 요셉이 나사렛에서 베들레헴을 찾는 내용이 실려 있습니다. 다른 역사 기록[22]에 따르면 이 인구조사는 기원전 4년경에 이루어졌다고 하여 일반적으로 예수 탄생 시기를 이때로 간주합니다. 이때 예수는 베들레헴의 말구유에서 탄생하는데 예수와 그 가족이 베들레헴을 찾은 이유는 요셉과 마리아가 다윗 왕의 후손이기 때문에 호적 등록을 하기 위해선

---

21 17세기 독일의 천문학자 요하네스 케플러는 이를 800년 주기로 목성과 토성이 분점에 대해 같은 위치에 놓이는 현상과 연관된 것으로 주장하였고 이로부터 그 시기를 기원전 7년으로 추측하였다.
22 시리아 총독 퀴리니우스(Quirinius) 등

다윗왕의 고향인 베들레헴을 가야 했다는 것입니다.

예수의 아버지인 요셉은 목수였으며, 어머니는 나사렛의 마리아였습니다. 마리아는 천사장 가브리엘로부터 성령으로 아이를 잉태할 것을 고지(告知) 받았습니다. 이에 마리아는 약혼자인 요셉에게 이 사실을 알렸고 신앙심 깊은 요셉은 그 사실을 담담하게 받아들였습니다. 또 누가복음서에 따르면 마리아는 세례 요한을 낳은 엘리사벳과 친족 관계였습니다. 마리아는 예수를 잉태하자 엘리사벳에게 찾아가 출산 직전까지 그녀의 보살핌을 받았습니다.

특별히 마태와 누가는 예수의 육신적 족보를 기록하고 있습니다. 둘 다 예수의 아버지 요셉이 다윗 왕의 후손임을 강조합니다. 다만 마태는 요셉의 조상을 아브라함까지 언급하는 반면에 누가는 아담까지 족보를 끌어올리고 있습니다. 마태는 다윗에서 요셉까지 28대를 거론하는 반면에 누가는 요셉이 다윗의 42대손이라 기록합니다. 신학자들은 두 족보가 다른 이유는 마태는 요셉의 가계도를 중심으로 기록했고, 누가는 마리아의 가계도를 중심으로 기록했기 때문으로 봅니다.

교회사에서는 예수의 가족들, 특히 예수의 형제들이 누구였는지에 대한 관심도 높았습니다. 누가복음 2:7에는 "그녀의 맏아들"이라는 기록과 마태복음 1:25의 "그녀가 맏아들을 낳을 때까지 요셉이 그녀를 알지 아니하였다"는 기록, 그리고 마태복음 13:55-56의 형제들 이름과 누이들 존재가 거론된 점들 두고 예수의 형제자매들이 있었음이 발견됩니다. 그러나 중동지방의 관습에 따라 형제라고 함은 사촌 형제까지를 아우르는 말로 쓰였다는 점을 고려할 때 예수에겐 친형제가 없었다는 설도 있습니다. 요한복음서에서 예수님이 그의 어머니 마리아를 사도 요한에게 맡기는데 그 이유는 친형제들이 없었기 때문으로 해석하는 학자들도 있습니다. 또 누가복음서에는 예수가 12살 무렵에 부모와 함께 예루살렘을 방문하고 뒤늦게 그 부모가 돌아가는 길에 예수가 동행하지 않음을 발견하고 다시 성전으로 가서 예수를 찾았다는 기록이 있는데(눅 2:41-51) 만약 동생이 있었다면 왜 예수만 예루살렘에 데리고 갔느냐는 의문이 발생합니다. 그러나 성경에는 초대교회를 이끌었던 '주님의 형제' 즉 야고보나 요셉 시몬, 유다 등의 이름이 거론됩니다.

한편 예수 탄생 이야기를 하나의 설화로 보는 시각도 있습니다. 예를 들어 마태복음서에 나오는 유아살해와 이집트 피난 기사는 유대 기독교인 마태와 신자들이 예수 그리스도가 자신들에게 익숙한 인물인 모세와 같은 권위를 가진 자임을 강조하기 위해 각색한 기록이라고 주장합니다. 그러나 확실한 근거 없이 그저 막연한 추측으로 일관하는 이들의 태도는 비난받아 마땅합니다.

정통 기독교회는 삼위일체 교리에 따라 예수 그리스도를 하나님의 독생자인 동시에 피조되지 않고 하나님에게서 나신 하나님이시며, 마리아에게 육신을 취하여 사람이 되셨다고 믿습니다. 주후 325년에 작성된 니케아신경은 이것을 확실하게 규정하고 있습니다. 이후 사도신경, 아타나시우스 신조, 하이델베르크 요리문답, 도르트신조, 벨직 신앙고백서, 그리고 웨스트민스터 신앙고백서 등을 통해 이 신앙을 이어받고 있습니다.

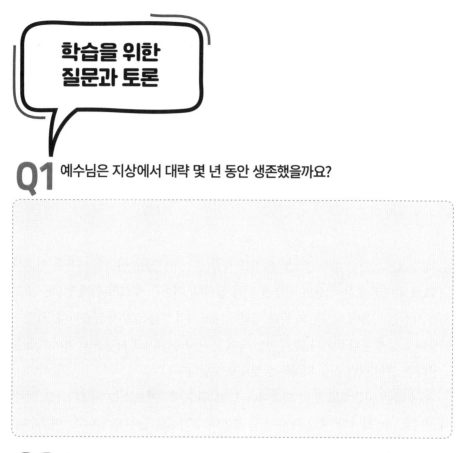

**학습을 위한
질문과 토론**

Q1 예수님은 지상에서 대략 몇 년 동안 생존했을까요?

Q2 니케아신경을 같이 읽고 예수님의 역사적 실재에 대해 토론해
봅시다.

Q2. 예수 그리스도의 이름의 뜻은 무엇이며 다른 호칭들은 무엇인가요?

1. 이름의 의미

성경에서 이름은 매우 중요한 의미를 가집니다. 하나님은 아담의 이름을 지으시고 그로 하여금 모든 생물의 이름을 짓게 합니다. 이름은 부르기 위해 만드는 것이지만 사실은 이름에 하나님의 뜻과 계획이 내포되어 있는 경우가 많습니다. '사람은 이름대로 살게 된다'라거나 '호랑이는 죽어서 가죽을 남기고 사람은 죽어서 이름을 남긴다'는 말이 이런 것을 의미하는 것으로 보입니다.

예수라는 이름에도 뜻이 있습니다. 먼저 예수, 혹 '예수스'는 히브리어로 '예수아', '여호수아'의 축약형인 '예슈아'를 코이네 헬라어로 옮긴 말입니다. '여호수아'의 어원은 접두어 '여'je-와 '호세아'hoshea, 구원를 덧붙여 이루어진 이름으로 예수는 '구원자'란 뜻입니다. 즉 예수님은 '죄에서 우리를 구원하실 자'라는 뜻입니다.

한편, '그리스도'란 히브리어 '메시아'로 표기하는 '마쉬아흐'를 번역한 말이며, 헬라어로는 '크리스토스'인데 이는 '기름 부음을 받은 자'라는 뜻입니다. 구약 시대에는 선지자나 제사장, 그리고 왕을 임명할 때 성령의 상징인 기름을 부어 세웠습니다. 이런 점에서 예수님은 다스리시는 왕이시며 백성들의 모든 죄를 담당하는 제사장이시며, 백성들을 하나님의 말씀으로 가르치시고 의의 길로 인도하는 선지자로 기름 부음을 받으신 분입니다. 그래서 '그리스도'라고 부릅니다.

2. 다른 호칭들

2-1. 하나님의 아들

먼저 예수님은 하나님의 독생자(요 3:16)이자 아들(요 10:37-38)이십니다. 이 표현은 삼위일체를 나타내는 이름입니다. 성부 하나님과 구별된 하나님의 영원한 아들이신 성자 하나님을 이렇게 부릅니다. 예수 그리스도가 하나님의 아들이라는 사실은 신약 성경에 무려 40회 정도 등장합니다.

2-2. 주님

예수 그리스도는 우리의 '주'이시며, '주님'이십니다. 주님이란 다른 말로 주인을 뜻합니다. 예수 그리스도는 창조주이시며 구속주이시며 심판주이시며 교회의 주인이시고, 만유의 통치자이십니다.

2-3. 인자

예수님은 자신을 일러 자주 '인자(人子)'라고 말했습니다(마 16:27). 구약에서는 이 표현이 장차 오실 메시아와 구원자에 대한 상징적 표현으로 사용됐습니다. 신약에서 예수님은 하나님이시면서 죄인을 구원하기 위해 성령으로 잉태하사 동정녀 마리아의 몸을 취한, 즉 '성육신' Incarnation 하신 인간으로 나타납니다. 그래서 예수님은 자신을 '인자'라고 호칭하였습니다. 이 '인자'는 죄인을 위하여 우리의 죄를 담당하시고 십자가에 못 박혀 피 흘려 죽으셨습니다. 그러므로 '인자'는 십자가의 고통을 생각하게 하는 호칭이기도 합니다.

2-4. 임마누엘

임마누엘(마 1:23)은 '하나님이 우리와 함께 계신다'는 뜻입니다. 천상에 계실 때에도 우리와 함께 하셨고, 지상에 계실 때에도 죄인들과 함께 하셨고, 부활 승천하신 후에는 성령님으로 오시어 이제 믿는 자 안에 거하시며 함께 하시는 분이십니다. 이 비밀을 아는 자가 바로 하나님으로부터 택함을 받은 '택자' a selected man 이며 이를 위해 성령님이 지금도 일하고 계십니다.

2-5. 기묘자

예수 그리스도는 인간으로 오셨지만 인간을 초월한 신성한 분이십니다. 예수님은 인성과 신성을 동시에 지니신 분이십니다. 이것을 예수님의 '양성'(兩性)이라 부르는데 사실 예수님의 모든 삶이 신비스럽고 기묘한 것입니다. 어떠한 인간도 자연적인 상태에서 이 신비를 이해하거나 정확한 지식을 가질 수 없습니다. 오직 성령의 은혜를 입어야만 기묘자(사 13:18)로서의 예수님을 만나게 되는 것입니다. 세상 사람들이 예수님을 바로 알지 못하는 까닭도 바로 성령의 능력을 입지 못했기 때문입니다.

2-6. 알파A 와 오메가Ω

알파와 오메가는 헬라어의 처음과 마지막 철자입니다. 이 말은 예수님이 '처음이요 나중'(계 1:17, 22:12-13)이라는 뜻이며 이 세상의 모든 것의 출발과 마침이 되시는 창조주요 심판자라는 뜻입니다. 예수님은 하나님이시기에 영원하신 분이십니다. 그는 이제도 계시고 전에도 계시며 장차도 계십니다. 그는 어제나 오늘이나 영원토록 동일하신 분이십니다. 물론 그의 말씀도 영원하고 한 점도 그릇되거나 모순이 없습니다. 그래서 성경의 말씀을 한 자라도 더하거나 빼는 자는 저주를 받는다고 하였습니다(계 22:18-19).

Q1 우리 주 예수 그리스도에 대한 6가지 호칭이 무엇입니까?

Q2 당신이 주님의 이름을 부를 때 어떤 느낌인지 이야기해 봅시다.

Q3. 예수님은 신인가요 아니면 인간인가요?

웨스트민스터 8장은 예수님의 본질에 대해 이렇게 고백합니다.

"삼위 중에 제2위이신 하나님의 아들은 참되시고 영원하신 하나님이시오, 성부와 한 본체이시며 또한 동등하신 분으로서 때가 차매 인간의 본성을 입으셨다. 또한 인간의 본성에 속한 모든 본질적인 성질들과 일반적인 연약함들을 아울러 취하셨으나 죄는 없으시다. 그는 성령의 능력으로 동정녀 마리아의 몸에 잉태되시고 그녀의 피와 살을 받아 태어나셨다"(2항)

이렇게 하나님의 영원하신 아들이신 주님은 성삼위의 제2위로서 가지셨던 또 지금도 갖고 계신 그 모든 위상을 조금도 감하는 일이 없이, 이전에는 결코 소유하지 않았던 자신과 성삼위의 한 분 신격과의 연합을 취하셨습니다. 그 결과 그는 우리 인간을 위해서 또 우리의 구원을 위해서 사람으로서 갖추어야 할 인성을 충분히 갖춘 진정한 사람, 즉 나사렛 예수는 과연 '신인'God-man이셨고 또한 지금도 그러합니다.

예수님 스스로도 친히 자신을 '사람'(안드로포스)이라 칭하신 적이 있고(요 8:40), 다른 사람들에 의해서 수차례 그렇게 불리셨습니다(마 8:27, 26:72, 74, 막 14:71, 15:39, 눅 23:4, 6, 14, 47, 요 4:29, 5:12, 7:46, 9:11, 24, 10:33, 11:47, 18:17, 19:5). 또 예수님을 일러 '남자'(아네르)라는 표현도 등장합니다(요 1:30, 행 2:22, 17:31). 히브리서 기자는 "한 모양으로 혈육에 함께 속하였고"(히 2:14)라고 했습니다. 마태복음과 누가복음서는 예수님의 육신적 족보를 기록하고 있습니다.

1. 예수님은 성자 하나님

예수님은 삼위 하나님 가운데 제2위이신 성자 하나님이십니다. 어떤 이단은 성자가 성부보다 낮은 존재이며, 피조물이라고 주장하기도 합니다. 그러나 성자 하나님은 성부 하나님과 신적인 본질에서 동일하시며, 동등하신 하나님이십니다. 그는 하나님의 독생자이시며, 온 우주에 앞서 나셨고, 참 신이시며, 참 빛이시며, 참신 가운데 신이시며, 하나님에게서 나셨고, 창조함을 받지 않으셨고, 성부 하나님과 동일 본질(본체)이시며, 그는 모든 만물을 창조하신 창조주이십니다.

예수님의 신성에 대한 성경적 근거는 광범위합니다.

1) 구약 성경의 대표적인 근거는 시 2:6-12(히 1:5), 45:6(히 1:8-9), 110:1(히 1:13), 사 9:6, 렘 23:6, 단 7:13, 미 5:2, 슥 13:7, 말 3:1 등이 있습니다.

2) 사도 요한의 글과 사도 바울 서신에도 수많은 증거 구절이 있습니다. 요 1:1-3, 14, 18, 2:24-25, 3:16-18, 35-36, 4:14, 5:18, 20-22, 25-27, 11:41-44, 20:28, 요일 1:3, 2:23, 4:14-15, 5:5, 10-13, 20, 그리고 롬 1:7, 9:5, 고전 1:1-3, 2:8, 고후 5:10, 갈 2:20, 4:4, 빌 2:6, 골 2:9, 딤전 3:16 등입니다.

3) 기타 공관복음서 즉, 마 5:17, 9:6, 11:1-6, 14:33, 16:1-17, 28:18과 막 8:38 등이 있습니다.

가장 분명한 신성의 근거는 예수님 스스로 자신이 하나님의 참 아들 되심을 의식하고 계셨다는 것입니다(마 11:27, 21:37-38, 22:41-46, 24:36, 28:19, 막 12:6, 13:32, 13:35-37, 눅 10:22, 20:13, 20:41-44 등). 또 복음서에는 예수님이 하나님을 일러 "내 아버지"라고 부른 장면이 숱하게 등장합니다. 또 요한복음에는 하나님의 아들 됨의 의식이 더욱 뚜렷하게 나타납니다(3:13, 5:17-18, 19-27, 6:37-40, 8:34-36, 10:17-18, 30, 35-36 등).

2. 그리스도의 인성

예수님은 실제로 인간으로 태어나셨고, 인간의 성장 과정을 동일하게 겪으셨으며, 인간이 가진 희로애락의 삶을 사셨습니다. 우리는 예수님을 하나님으로만 인식한 가운데 그분이 인간적 그리스도라는 사실을 망각하기 일쑤입니다. 우리는 그의 참된 인성을 가릴 만큼 신성에 지나치게 집착하지 말아야 합니다. 예수님은 자신을 사람으로 칭하셨고 다른 사람들도 그같이 부르고 있습니다(요 8:40, 행 2:22, 롬 5:15, 고전 15:21).

가장 일반적인 예수님의 자기 호칭인 '인자'는 그의 진정한 인성을 명시합니다. 더구나 '육신'은 인성을 의미합니다. 성경은 예수께서 인성의 근본 요소인 물질적 몸과 이성적 정신을 소유하셨음을 보여줍니다(마 26:26, 28, 38, 눅 23:46, 24:39, 요 11:33, 히 2:14). 나아가 예수님은 지상에 사는 동안 인간의 일반적인 경험을 똑같이 겪으셨습니다.

한편 우리는 인성을 논함에 있어서 자연적 완전성뿐 아니라 도덕적 완전성 즉 무죄성도 함께 돌립니다. 이 말은 그리스도께서 범죄를 피하실 수 있었고, 실제로 피하셨습니다. 이것은 인성과 신성의 근본적인 결합으로 인해 그리스도는 범죄할 수 없으시다는 것을 뜻합니다. 그러므로 우리는 그리스도의 '양성-인성과 신성'에 대한 바른 지식을 가지는 것이 매우 중요합니다.

3. 예수님의 성품(性品) 논쟁(2성 1인격)

예수님은 한 인격을 가지고 계시지만 사람이시면서 하나님이신 인성과 신성의 두 가지 성품을 갖고 계신 분입니다. 이것을 '2성 1인격'이라고 표현합니다. 예수님은 한 분이시며 동시에 두 가지 성품을 가지고 계시다는 것은 삼위일체처럼 신비로운 교리입니다. 왜냐하면 이것은 '2=1'이라고 말하는 것과 같기 때문입니다. 교회 역사 속에서는 '2성 1인격'을 잘못 이해하여 수많은 이단이 등장했습니다. 오늘날도 많은 이단이 과거처럼 '2성 1인격'을 잘못 주장하고 있기 때문에 역사 속에서 이 교리를 변질시켰던 대표적인 형태 3가지를 소개해 보겠습니다.

1) 신성을 부정함

아리우스Arius, 250-336라는 사람이 대표적입니다. 그는 성부의 신성만 강조했습니다. 신성은 고귀하여 어떤 피조물의 모습으로 나타날 수 없다고 생각하고, 예수님과 같은 인간은 결코 하나님이 될 수 없다고 강조했습니다. 그는 예수님의 신성을 부정하였으며, 예수님은 모든 피조물 중에 가장 으뜸된 피조물로서 가장 훌륭하고 모범적인 인물이라 했습니다. 오늘날도 자유주의들은 예수님을 단지 4대 성인 중 한 사람으로 높이어 공경한다고 주장합니다.

2) 인성을 부정함

아폴리네리우스 Apollinarios, 310-390라는 이단이 있습니다. 그는 성자 하나님이 신성을 소유한 하나님이심을 인정했습니다. 그러나 이 신성은 거룩하고 영광스러운 것이기 때문에 인간의 모습을 가질 수 없다고 생각하여 인성을 부정했습니다. 단지 예수님의 경우, 신성을 소유한 성자 하나님이 나사렛 예수라는 인간의 몸을 잠시 빌려서 사용했다고 합니다. 또는 성자 하나님이 인간에게 자신을 나타내시기 위해서 인간의 몸처럼 보이는 이상한 모양을 나타낸 것이라고 합니다. 진짜 인간의 몸이 아니라 가짜 인간의 몸으로 나타난 것처럼 말하여 예수님의 인성을 부정했습니다. 오늘날 신비주의자들도 자신의 몸에 예수님이 들어와서 하나님의 음성을 직접 듣고 환상을 보고 예언도 하는 것처럼 사람을 유혹합니다.

3) 2성 2인격을 주장함

네스토리우스 Nestorios, 미상-451라는 이단이 있습니다. 그는 인간 예수에게 신이 임하여 '신의 아들' 예수 그리스도가 되었다며 예수의 신성과 인성을 구분하는 이성설을 주장하였습니다. 즉 신성과 인성이 한 몸 안에 유기적, 기계적으로 연합되어 있다고 하였습니다. 그리스도는 완전한 인간으로서 그저 도덕적으로 이어져 있을 뿐이며 예수는 '신인'이라기 보다는 신을 담당하는 사람이었다고 주장했습니다. 마찬가지로 마리아도 인간으로서 예수의 어머니일 뿐이라고 주장했습니다. '하나님의 어머니'라는 용어는 신보다 우월한 존재로서 마리아를 오해할 여지가 있다고 하였습니다.

이처럼 '2성 1인격'의 가르침은 여러 방면으로 공격을 받았습니다. 정통교회는 이 교리를 바르게 가르치기 위해서 예수님이 참 하나님이시며, 참 사람이신 '2성 1인격'의 존재임을 칼케돈 신조(451년)에서 다음과 같이 고백했습니다.

"우리는 이 한 분의 유일하신 그리스도-성자, 주, 두 가지 성품을 타고 나신 독생자를 인정하며, 이 두 가지 성품이 혼동되거나, 한 본성이 다른 본성으로 변하거나, 두 다른 분리된 모습으로 갈라지거나, 양성의 영역과 기능에 따라 각각 대립되지 않는 것을 인정한다. 각 성의 특성은 연합으로 인하여 무효가 되지 않는다. 오히려 각 성의 고유성이 보존되고 양성이 한 인격과 한 신격으로 일치를 이룬다. 양성은 갈라지거나 두 품성으로 분리될 수 없고 오직 합하여 하나님의 한 분이시며 유일하게 독생하신 하나님, 주 예수 그리스도가 되셨다. 옛 예언자들도 이렇게 증거하였고 주 예수 그리스도도 우리에게 이렇게 가르치셨고, 교부들의 신조도 이렇게 우리에게 전달되었다."

Q1 동일본질(homousios)과 유사본질(homoiusios)의 차이는 무엇입니까?

Q2 사도신경을 각자 암송하고 느낀 점을 발표해 봅시다.

Q4. 예수 그리스도는 어떤 신분을 가지셨나요?

예수님은 어떤 모습일까요? 많은 사람들이 예수님의 얼굴 모습을 다양하게 그렸고 지금도 그리고 있습니다. 예수님의 키는 얼마나 클까요? 예수님의 피부 색깔은 어떤가요? 그러나 전부 다른 모습입니다. 또한 예수님은 어렸을 때 어떤 모습으로 자랐을까요? 청년이 되어서는 무슨 일들을 하셨을까요? 많이 궁금하지만 성경에서는 이런 내용들에 대해서 침묵하고 있습니다. 왜냐하면 이런 내용이 우리의 구원을 위해서 별로 중요한 지식들이 아니기 때문입니다. 다만 우리가 죄에서 구원받기 위해서는 반드시 알아야 하는 예수님의 모습들이 있습니다. 이제 그 내용을 소개합니다. 예수님의 모습, 즉 실존을 말할 때 보통 5단계로 나누어 살핍니다.

1. 다섯 가지 낮아지심(비하)의 모습

이는 인간 구속 사역을 위하여 우주의 주권적 통치자이신 그리스도께서 신적 위엄을 스스로 버리고 인성을 취하여 율법의 요구와 저주 아래에 놓인 상태를 가리킵니다. 다시 말해 그리스도는 하나님이시므로 굳이 인간으로 오실 필요가 없지만 오직 죄인을 구원하기 위해 스스로 비천한 신분을 취하여 하늘에서 이 땅으로 내려오신 것입니다. 그리고 이 땅에서 인간이 당하는 모든 희로애락을 꼭 같이 당하는 처지가 되었습니다.

이렇게 주님의 낮아지심은 하나님이 인간을 정말로 사랑하지 않고선 불가능한 일입니다. 마치 부모가 자식을 대신해 자기 목숨을 희생할 수 있는 것은 자식을 자기 목숨보다 더 사랑하기 때문에 가능한 것처럼 우리를 향한 하나님의 사랑도 이런 것입니다. 하나님은 우리의 구원을 위해 스스로 목숨을 희생하였습니다. 예수님의 낮아지심과 높아지심을 사도신경의 내용을 따라서 소개하겠습니다.

1) 성육신

성육신은 하나님이신 예수님께서 우리를 구원하시기 위해서 인간의 몸을 취하셔서 이 땅에 태어나셨다는 것입니다. 하나님께서 인간의 몸을 가지신 것보다 더 큰 '비하'卑下, humiliation는 없습니다. 가장 위대하신 하나님이 낮고 연약한 인간이 되신 것입니다. 하이델베르그 요리문답은 이 성육신의 은혜를 다음과 같이 고백합니다.

> **"제35문**: '성령으로 잉태하사 동정녀 마리아에게 나시고'라는 말은 무엇을 뜻합니까?
> **답**: 하나님의 영원하신 아들이 참되시고 영원하신 하나님의 본질을 그대로 지니신 채 성령의 사역을 통하여 처녀 마리아의 혈육으로부터 진정한 인간의 본질을 취하셔서 죄를 제외하고는 모든 것이 우리와 같은 형체가 되어 다윗의 후손으로 나셨다는 뜻입니다."

> **"제36문**: 예수님의 거룩한 잉태와 탄생으로 말미암아 우리가 얻는 유익은 무엇입니까? **답**: 그가 우리의 중보자가 되셔서 흠 없고 완전한 성결로써 잉태될 때부터 가지고 있는 우리의 죄를 하나님 앞에서 제하여 주시는 것입니다."

2) 고난 받으심

예수 그리스도는 율법을 만드신 분입니다. 그럼에도 스스로 율법에 순종하는 삶을 살았습니다. 율법의 주인이 율법에 복종해야 하는 위치로 낮아지신 것입니다. 예수님은 전 생애를 통해 육체적인 고통뿐 아니라 영적으로도 심한 고통을 받았습니다. 예수님의 고난은 우리 죄로 인한 하나님의 진노를 홀로 다 받으신 것입니다. 그리고 하나님의 진노에서 벗어나게 하시사 우리를 죄와 사망의 권세로부터 해방시키셨습니다. 하이델베르그 요리문답을 계속해서 봅니다.

"**제37문**: '고난을 받으사'라는 말은 무엇을 뜻합니까? **답**: 예수님께서 전 생애를 특히 그의 마지막 순간에 전 인류의 죄에 대한 하나님의 진노를 친히 몸과 영혼으로 받으셨다는 것입니다. 그리스도의 고난은 우리의 몸과 영혼을 영원한 정죄로부터 해방시켜서 하나님의 은혜와 의와 영생을 주시기 위한 유일한 구속 제사였습니다."

3) 십자가에 죽으심

예수님은 실제로 십자가 형벌을 받고 죽으셨습니다. 십자가 처형은 수치와 저주의 죽음입니다(갈 3:13). 그러나 이 죽음은 돌발적인 사건이 아니라 우리의 구원을 위해서 반드시 필요한 과정이었습니다. 예수님이 죽지 않으셨다면 우리의 죄는 영원히 남아 있는 것입니다. 그러나 예수님은 그의 죽으심으로 우리를 대신하여 죄의 형벌을 받으셨습니다.

"**제39문**: 예수님께서 다른 방법이 아니라 '십자가에 달려 죽으셨다'는 것이 그렇게도 중요합니까? **답**: 그렇습니다. 십자가의 죽음은 하나님의 저주의 죽음이기 때문에 그의 죽음은 내가 받아야 할 저주를 대신 짊어지셨다는 확신을 줍니다."

"**제40문**: 왜 그리스도께서는 죽음의 길로 가셔야만 했습니까? **답**: 하나님의 공의와 진리가 그것을 요구하기 때문입니다. 즉, 오직 하나님의 아들의 죽음을 통하는 방법 외에는 우리의 죄에 대한 값을 지불할 수 있는 다른 방법이 있을 수 없기 때문입니다."

4) 장사(葬死) 되심

예수님은 참 인간이셨기 때문에 죽으신 다음에 인간처럼 장사되셨습니다. 무덤에 묻히심으로 완전히 죽으셨음이 확증되었습니다. 우리를 위해서 십자가에 죽으신 예수님은 실제로 죽으셨고 장사되셨습니다.

"**제41문**: 왜 그리스도는 '장사'되었습니까? **답**: 그의 장사는 그의 죽음이 실제적으로 사실이라는 것을 증거해 줍니다."

5) 지옥에 내려가심

"지옥에 내려가시고"라는 사도신경의 표현은 지금은 없습니다. 그러나 장로교회의 초기 고백에는 이 내용이 담겨 있었습니다. 후에 타 교단과 '통합신앙고백'을 만들면서 사라졌습니다. 그러나 개혁교회에서는 전통적으로 초기 고백의 내용을 가감없이 보존하고 지켜왔습니다. 다만 예수님이 지옥에 내려가셨다는 것은 실제적으로 지옥에 내려가셨다는 의미가 아님을 주의해야 합니다. 지옥에 가서서 승리를 외치거나 복음을 전파하거나 한 것이 아니라 예수님의 십자가 죽으심과 고난은 지옥의 형벌을 맛보는 정도의 엄청난 고통과 괴로운 일임을 상징적으로 가르쳐 주는 표현임을 유의해야 합니다.

> **제44문: 왜 사도신경에는 '음부에 내려가셨다가'라는 구절이 덧붙여져 있습니까?**
> **답:** 내가 개인적인 유혹과 위기에 처해 있을 때마다 주 그리스도께서 그 삶을 통하여 특히 십자가상에서 말로 다 할 수 없는 영혼의 슬픔과 고통을 겪으심으로써 지옥의 고통과 슬픔으로부터 나를 구원하셨다는 것을 확신시켜 주기 위해서입니다."

2. 4가지 높아지심(승귀)의 모습

예수 그리스도는 인간으로 이 땅에 오시어서 모든 구원의 사역을 완성하신 후 다시 원래의 자리로 돌아가셨습니다. 예수님의 겉모습은 비록 초라하고 연약한 인간의 모습이었지만 그분은 영원한 하나님이시기 때문에 하나님이 가지시는 영광과 존귀를 다시 회복하셨습니다. 이것을 우리는 높아지심승귀, ascension이라고 부릅니다. 그리고 이 높아지심을 통해서 연약한 우리 인간도 부활하고 영화롭게 되어 하나님의 보좌 앞에 나아갈 수 있는 엄청난 은혜를 가지게 되었음을 배우게 됩니다.

1) 부활하심

높아지심의 첫 번째 일은 죽은 지 3일 만에 부활하신 것입니다. 이 부활이 있었기에 기독교가 탄생한 것입니다. 예수님의 제자들인 사도들은 모두 부활의 증인들입니다. 그들은 죽음을 각오하고 예수님의 부활을 온 땅에 증거하였습니다. 부활로 인해 인간 구원의 조건이 만족되었고, 성도들도 부활에 대한 소망을 가지게 되었으며 부활이 있었기에 구원의 길이 실제로 펼쳐진 것입니다.

> **"제45문:** 그리스도의 부활이 우리에게 주는 유익은 무엇입니까? **답:** 첫째, 그리스도께서 죽음을 이기고 부활하심으로써 성취하신 의에 우리로 참여하게 하십니다. 둘째, 그의 능력으로 말미암아 우리도 이제 새로운 생명으로 다시 살아났습니다. 셋째, 그리스도의 부활은 영광스러운 우리의 부활에 대한 확실한 보증입니다."

2) 승천하심

예수님은 제자들이 보는 가운데 부활하신 모습 그대로 하늘로 승천하셨습니다. 이것은 원래 계셨던 영광의 자리로 돌아가는 것이었습니다. 예수님은 자신이 하늘로 돌아가야만 약속한 성령을 보내줄 수 있으며 그것이 우리에게 유익이라고 말했습니다(요 16:7). 예수님의 승천은 더 이상 우리가 예수님을 눈으로 볼 수 없다는 것을 의미하기도 하지만 예수님께서 승천하심으로 하나님께로 갈 수 있는 길을 열어두신 것입니다.

> **"제46문:** '하늘에 오르사'라는 말의 의미는 무엇입니까? **답:** 그리스도께서는 제자들이 보는 가운데서 지상으로부터 하늘로 올라가셨으며 장차 산 자와 죽은 자를 심판하기 위해 다시 오실 때까지 우리를 위해 그곳에 계신다는 것입니다."

3) 하나님 보좌 우편에 앉으심

이제 하늘로 돌아가신 예수님은 아버지 하나님의 보좌 우편에 앉아 계십니다. 여기서 '우편'이란 어떤 장소적인 개념이 아니라 하나님으로부터 부여받은 모든 권세를 가지신 상태에 대한 상징적인 말씀입니다. 이곳에서 예수 그리스도는 지금도 죄인의 구원을 위해 중보 기도하시고, 우리를 친히 보호하시고, 도와주시는 일을 계속 수행하고 계십니다.

> "**제50문**: 왜 그 다음 구절은 하나님 우편에 앉으시고 입니까? **답**: 그리스도께서는 하늘에 오르셔서 하나님 우편에 앉으셨는데 그곳은, 그분이 교회의 머리이시고 성부께서 그를 통하여 만물을 다스리시고 계심을 보여주는 곳입니다."

4) 심판하기 위해서 다시 오심

예수님은 최후 심판 때 심판주로 이 땅에 다시 오실 것입니다. 따라서 예수님을 무시하고 외면했던 많은 사람은 죄와 형벌을 받게 될 것입니다. 그러나 예수님을 구주로 영접하고 섬겼던 우리는 예수님의 재림이 가장 큰 위로와 소망이 될 것입니다.

> "**제52문**: "산 자와 죽은 자를 심판하기 위한" 그리스도의 재림은 당신에게 어떤 위안을 줍니까? **답**: 박해와 고통 가운데 처해 있을 때에도 나는 하늘을 보며 나 대신 하나님의 심판대 앞에 서심으로써 나에게 미칠 모든 저주를 없애 주신 심판의 주를 확신 있게 기다립니다. 그리스도께서는 모든 원수에게 영원한 형벌을 내리실 것입니다. 그러나 나를 비롯한 모든 성도는 하늘의 기쁨과 영광으로 인도하실 것입니다"

학습을 위한 질문과 토론

Q1 예수님의 다섯 가지 낮아지심의 모습과 네 가지 높아지심의 모습이 무엇입니까?

Q2 예수님의 중보의 기도를 생각하면서 우리가 무엇을 위해 기도해야 하는지 토론해 봅시다.

Q5. 그리스도의 3중직이란 무엇인가요?

예수님은 이 땅에 오셔서 수많은 일을 하셨습니다. 그러나 성경은 그 모든 것을 다 기록해 놓지 않고 몇 가지만 정리해서 소개해 주고 있습니다. 다시 말해 우리의 구원을 위해서 꼭 필요한 내용만을 정리해서 가르치셨는데, 그 내용을 제사장, 선지자, 왕의 일로 나누어 볼 수 있습니다.[23]

1. 제사장직

제사장코헨, priest은 레위 지파에 속한 사람들로서 이스라엘 백성이 가져온 희생 제물을 제단에서 불에 태워 번제로 드림으로써 백성을 대신해 죄를 용서받고 하나님으로부터 화평을 얻게 하는 사역을 수행했습니다. 즉, 이 제사를 통해서 백성들과 하나님의 사이를 연결해 주는 구원의 일을 담당했습니다. 이처럼 예수님도 십자가에 죽으심으로 죄인의 구속을 위한 제물이 되심으로 단절되었던 하나님과 우리의 관계를 회복하시고 연결시켜 주셨습니다.

이렇게 하나님이신 예수님이 성육신하여 이 땅에 오신 가장 큰 목적은 죄인의 죄를 대신 짊어지고 그 죄값을 홀로 치루시고 죄인의 영혼을 구원하기 위함입니다. 이것을 일러 '속죄'atonement의 사역 혹은 '대속'redemption의 사역이라 부릅니다. 즉, '속죄'는 어떤 사람이 지은 죄에 대하여 그 대가를 치르고 속량을 받는 일입니다. 예수님이 바로 이 일을 하신 것입니다. 예수님은 모든 인류의 죄에 대하여 그 대가를 홀로 치루시고 죄인들에게 영원히 살 수 있는 길을 열어주셨습니다. 이 일은 하나님의 사랑에서 비롯된 것이며 하나님의 기쁘신 뜻에 따라 이루어진 일입니다.

---

23 레이몬드는 이 모든 사역을 '그리스도의 십자가 사역'이라 규정하고 그리스도의 전 생애는 '순종의 한 의로운 행위'였다고 설명한다. // 로버트 레이몬드, <최신조직신학>, 17~19장.

일반적으로 속죄에는 네 가지 의미가 있습니다. 첫째, 제물이 되신 그리스도의 죽음 속에 포함된 제사의 의미가 있고 둘째, 하나님의 진노를 가라앉히는 의미가 있으며 셋째, 하나님과 인간 사이의 담을 허무는 화목의 의미, 그리고 죄와 비참에 처한 자를 그 가운데서 건지시는 구속의 의미가 있습니다.

특히 그리스도는 영원하신 대제사장으로서 직무를 수행하시면서 먼저, 하나님의 의를 충족 시켜드리고 교회와 하나님을 화목케 하는 희생제물로서 자신을 하나님께 드렸습니다(롬 3:26, 히 2:17, 9:14, 28). 다음으로 그리스도는 지금도 하나님에게 나오는 모든 사람을 위해 끊임없이 중보의 사역을 하고 계십니다(요 17:6-24, 히 7:25, 9:24).

한편, 이 속죄는 그리스도의 죽음으로 생겨난 역사적이며 객관적인 사건이며, 단 한 번으로 성취된 사건입니다. 그러나 속죄의 대상은 모든 사람에게 미치지만 그 효력은 모든 사람에게 적용되는 것이 아니라 하나님께서 영원 전부터 특별히 선택하셔서 사랑한 자에게만 해당되고 적용됩니다.[24]

2. 선지자직

구약의 선지자나비, prophet는 백성에게 하나님의 뜻을 전달해 주고 율법의 뜻을 해석하고 가르쳐서 하나님이 누구신지를 깨닫게 해주는 사람이었습니다. 예수님도 우리에게 하나님이 누구신지, 하나님의 뜻이 무엇인지, 성경의 바른 의미가 무엇인지를 자세히 가르쳐 주시는 선지자 사역을 하셨습니다. 선지자 직분을 수행하시면서 그리스도는 먼저, 아버지의 메시지를 전하신다고 말씀하셨고(요 8:26-28, 12:49-50), 다음으로 백성들과 우리와 사도들에게 하나님의 메시지를 선포하셨으며(마 4:17), 그리고 미래의 일들을 예고하시거나 예언하셨습니다(마 24:25, 눅 19:41-44). 오늘날에도 그리스도는 "그의 말씀과 성령"으로 우리의 구원을 위한 하나님의 뜻을 계시하십니다(참조: 소요리문답 24문).

특히 예수님은 지상 사역을 하시는 동안 사람들에게 천국에 대해 많은 이야기

---

24 도르트신조(1619)는 이것을 '제한적 속죄'(Limmited Atonment)라 정의하였다.

를 들려주었습니다. 그리고 예수님은 자기가 하늘에서 이 땅에 온 목적은 하나님이 자신에게 주신 자신의 백성들을 천국으로 데려가기 위함이라고 말씀했습니다. 대신에 사람들이 천국에 대해 한 번도 들어보지도 못하였고, 보지도 못하였기 때문에 예수님은 천국 이야기를 할 때 주로 비유를 통해 설명해 주셨습니다. 예수님은 사람들에게 하나님의 뜻을 알리고 하나님이 어떤 분이신가를 가르치셨으며, 그리고 천국 백성으로서 살아가야 할 도덕과 윤리에 대해 가르치시고 회개를 촉구하셨습니다. 특히 완악한 바리새인들을 향해서 진노하시고 그들이 위선적인 신앙을 가지고 있다고 책망했습니다.

3. 왕직

구약에서 왕멜렉, king은 백성들의 생명을 적으로부터 보호하고 백성의 생계를 위해 양식을 공급하고 백성들의 지식을 위해 교육에 힘쓰는 임무를 지닌 권세자이자 지도자입니다. 이처럼 예수님도 인간을 파괴하고 멸망시키고자 온갖 악행을 일삼는 사단의 무서운 공격으로부터 왕처럼 우리를 보호해 주시고 막아주셨습니다.

왕의 직분을 수행하시면서 그리스도는 자신의 택하신 백성을 세상에서 불러내시어 자신의 백성이 되게 하십니다(사 55:5, 요 10:16, 27). 다음으로, 그들 가운데 관리들과 법을 세워 견책하게 하시고 이로써 그들을 통치하십니다(고전 5:4-5, 엡 4:11-12, 딤전 3:1-13, 5:20). 그리고 모든 시험과 고난으로부터 백성들을 도와주시고 그들이 곤경에 처하지 않도록 지켜주시고(롬 8:35-39, 고후 12:9-10), 모든 대적을 물리쳐 주시며(행 12:17, 18:9-10, 고전 15:25), 자신의 영광을 위하여 만물을 다스리시며, 불순종하는 그의 대적들에게 보복하십니다(시 2:9, 살후 1:8).

학습을 위한 질문과 토론

Q1 예수 그리스도의 3중직 사역이 무엇입니까?

Q2 그리스도인은 그리스도의 3중직 사역을 어떻게 믿고 실천해야 하는지 토론해 봅시다.

Q6. 예수 그리스도의 지상에서의 사역
– 속죄는 무엇인가요?

1. 속죄의 교리

예수 그리스도의 사역은 크게 지상 사역과 천상 사역으로 나눕니다. 지상 사역을 '속죄의 사역'이라 하고 천상의 사역을 '중보의 사역'이라 부릅니다. 지상 사역 중 속죄의 사역에 관한 교리를 '복음의 정수'라 부릅니다. 그만큼 그리스도의 속죄 사역은 그리스도 사역의 핵심 중의 핵심입니다. 지상에서의 그의 희생적 사역은 하늘 성소에서의 중보의 사역과 함께 상호 보완적인 부분입니다.

속죄라는 말은 히브리어 '키페르'에서 유래합니다. 이 단어는 죄나 죄인을 가림 covering 으로써 죄를 속한다는 개념을 나타냅니다. 즉 희생제물의 피가 하나님과 죄인 사이에 개입하여 이를 보시고 하나님의 진노가 비켜 지나가신다는 의미입니다. 신약성경에서는 헬라어 '힐라스코마이' 혹은 '힐라스모스'를 사용합니다. 이 단어는 '(화를)진정시키다' 혹은 '하나님께 호의를 얻다'는 뜻입니다. 한편, '카탈라쏘' 혹은 '카탈리게'라는 말은 '화해하다', '화해'를 뜻하는데 이는 적의敵意, hostility를 호의好意, goodwill로 변화시키는 행위를 가리킵니다. 즉 가해자가 그 피해를 당한 피해자와 화해한다는 뜻입니다. 예수님은 "그러므로 예물을 제단에 드리다가 거기서 네 형제에게 원망 들을 만한 일이 있는 줄 생각나거든 예물을 제단 앞에 두고 먼저 가서 그 형제와 화목하고"(마 5:23-24)고 말씀하셨습니다.

2. 속죄의 동인動因, Moving Cause

하나님은 그리스도로 하여금 왜 속죄의 사역을 담당케 하셨을까요? 주로 두 가지 동인을 꼽습니다.

1) 하나님의 기쁘신 뜻

성경에 따르면 자애롭고 선하신 하나님은 죄인들이 아무런 희망도 갖지 못한 채 버림받는 것을 몹시 싫어하셨습니다. 하나님은 영원 전에 대리적 속죄로서 죄인을 구원하시려는 기쁘신 뜻을 가지셨습니다. 예수 그리스도를 보내시어 그를 희생제물로 삼아 죄인의 영원한 구원을 성취하고자 하신 것은 하나님의 기쁘신 뜻의 소산입니다. 하나님은 이 사실을 여러 선지자를 통해 예고하셨습니다.

"그의 손으로 여호와의 뜻을 성취하리로다"(사 53:10)

"지극히 높은 곳에서는 하나님께 영광이요 땅에서는 기뻐하심을 입은 사람들 중에 평화로다"(눅 2:14)

사도 바울도 이 속죄가 하나님의 기쁘신 뜻으로 말미암았다고 하였습니다.

"아버지께서는 모든 충만으로 예수 안에서 거하게 하시고 그의 십자가의 피로 화평을 이루사 만물 곧 땅에 있는 것들이나 하늘에 있는 것들을 그로 말미암아 자기와 화목케 되기를 기뻐하심이라"(골 1:19-20)

2) 사랑과 공의의 결합

대리적 속죄로써 죄인을 구원하시려는 하나님의 기쁘신 뜻은 하나님의 사랑과 공의에 근거하고 있습니다. 루이스 벌콥은 이 두 가지 하나님의 속성의 적용을 이렇게 해설합니다. "첫째, 버림받은 죄인들에게 피할 길을 제공한 것은 하나님의 사랑이었습니다(요 3:16). 그리고 이 길이 하나님도 의로우시며 또한 예수 믿는 자를 의롭다 하려(롬 3:26) 하기 위해서 본질상 율법의 요구를 충족시키도록 요청된 것은 하나님의 공의 때문이었습니다."[25]

3. 속죄의 필요성

하나님의 속죄를 두고 속죄가 불필요했다고 주장하는 사람도 있고, 상대적으로 혹은 가설적으로 필요했다는 주장도 있습니다. 그러나 성경은 하나님의 속죄가 절대적으로 필요했음을 증거합니다. 예수 그리스도에 의한 속죄의 사역이 없었다면 죄인들에게 구원의 길이 열리지 않았을 것입니다. 초대교회의 이레니우스와 중세 교회의 안셀무스와 수많은 종교개혁가와 그들의 신학과 사상을 이어받은 오늘날의 개혁주의 신학자들은 하나같이 이 속죄 사역의 절대 필요성을 강조하였습니다.

하나님은 죄인에게 최우선적으로 필요한 것이 무엇인지 잘 알고 계셨고 다른 조건 없이 주권적으로 죄를 용서하기로 결정하셨습니다. 만약에 속죄를 행함에 있어서 인간에게 어떤 조건이나 요구사항을 주기로 했다면 어떤 인간도 죄의 비참한 상태에서 그것을 수용하거나 요구를 만족시킬 수 없었을 것입니다.

한편, 속죄의 필요성은 진리의 신이시며 거짓말할 수 없는 하나님의 정직성에 기인합니다. "하나님은 인생이 아니시니 식언치 않으시고 인자가 아니시니 후회가 없으시도다 어찌 그 말씀하신 바를 행치 않으시며 하신 말씀을 실행치 않으시랴"(민 23:19)고 말씀하셨습니다. 사도 바울은 "사람은 다 거짓되되 오직 하나님은 참되시다"(롬 3:4)고 증언하였습니다. 반대로 하나님은 인간과 행위언약을 맺으셨을 때 불순종의 대가는 죽음이 될 것을 정하셨습니다. 하나님의 신실성은 이 불순종에 대한 형벌의 집행을 요구하고 만일 죄인이 이 형벌의 집행을 면하려면 대리자에 의한 속죄가 있어야만 했습니다. 죄는 가증한 것입니다. 죄는 불법적이고 하나님에 대한 불순종이고 하나님 나라를 오염시키는 주범입니다. 그러므로 속죄는 모든 죄의 문제를 해결하는 유일한 방편입니다.

---

[25] 루이스 벌콥, 권수경/이상원 역, <조직신학>, 크리스찬 다이제스트, 2000, 607p.

4. 다양한 속죄론

그리스도의 속죄 사역에 대한 여러 이론이 있습니다. 대표적으로 1) 형벌 대속설 2) 속죄 만족설 3) 도덕 감화설 4) 모범설 5) 통치설 6) 신비설 7) 대리 회개설 등이 있습니다. 이중 앞의 세 가지 주요 이론을 살펴보기로 하겠습니다.

1) 형벌 대속설

이것은 속죄는 객관적이며 대속적이라는 것입니다. 이 말은 죄를 지은 당사자가 속죄를 하는 것이 아니라 대리자가 대신 속죄를 한다는 뜻입니다. 그 결과, 속죄의 1차적 영향은 속죄를 받은 당사자에게 임합니다. 만일 어떤 사람이 잘못을 저지르고 그 대가로 보상을 한다면 이 보상은 그 피해자에게 지불하고자 의도한 것이지 가해자인 죄인을 향한 것이 아닙니다. 그러므로 속죄는 죄를 지은 죄인이 아니라 하나님의 마음을 누그러뜨리고 그로 하여금 죄인과 화목케 하려고 의도되었음을 의미합니다. 이를 위해 하나님은 그리스도에 의한 객관적 속죄를 준비하시고 성취하셨습니다. 이제는 죄인들로 하여금 그 속죄를 받아들이고 하나님께 대한 반동과 적의를 멈추도록 인도하는 것이 우리에게 맡겨진 사명입니다.

2) 속죄 만족설

이 이론은 중세교회의 안셀무스 Anselmus, 1033-1109가 제창한 것입니다. 그는 속죄의 절대 필요성을 하나님의 본성 자체에 둠으로써 강조하였습니다. 그에 따르면 죄는 피조물이 하나님께 마땅한 영광을 돌리지 않는 데 있습니다. 또 인간의 범죄로 인해 하나님은 당신의 영광을 도둑질당했고 따라서 이를 요구할 필요성이 발생했다는 것입니다. 그러므로 속죄를 하기 위해선 두 가지가 요구되는데 하나는 형벌에 의하거나 다른 하나는 보상으로 말미암은 '만족' satisfaction에 의한 것입니다. 그런데 자비하신 하나님은 만족의 방편을 추구하셨는데 그것은 구체적으로 그의 아들을 내어주심으로써 이루어졌다는 것입니다. 다시 말해, 그것이 유일한 방도가 된 것은 요구되는 만족이 무한대임으로 무흠하고 무한하신 그리스도로 말미암은 만족이 유일한 만족의 방편이 된다는 것입니다.

아쉬운 점은 이 이론은 그리스도께서 고난을 당하심으로 죄의 형벌을 감내하셨으며 그의 고난은 엄밀하게 대리적이었다는 개념을 받아들일 여지가 없다는 것입니다. 그리스도의 죽음은 단순히 성부의 영광을 위하여 자발적으로 바쳐진 선물입니다. 그것이 타인의 과오를 보상하는 차원에서만 이루어진 것이 아니라는 것입니다. 안셀무스의 진술에는 그리스도와 신자 사이의 신비한 연합이나 그리스도의 의를 받아들이는 행위로서의 신앙에 대해서는 아무런 암시가 없다는 점에서 속죄 사역의 필요성을 완전히 표현하고 있지 않습니다.

3) 도덕 감화설

이것은 아벨라르 Pierre Abelard, 1079-1142가 안셀무스에 대한 반론으로 처음 제창한 이래 많은 지지자를 확보하였습니다. 이 이론은 죄인들에게 필연적으로 보상을 요구하는 그런 신성의 원리는 존재하지 않으며 그리스도의 죽음을 죄에 대한 보상으로 간주하면 안 된다는 것이 골자입니다. 즉, 그리스도의 고난은 신적 공의를 만족시키는 것이 아니라 인간의 마음을 유화시키고 회개로 이끄시는 하나님의 사랑을 계시하는 역할을 했다는 것입니다.

그러나 이 이론은 성경의 교훈과 명백하게 배치됩니다. 성경은 그리스도의 속죄 사역을 1차적으로 하나님의 사랑을 나타내기 위함이 아니라 그의 공의를 만족시키기 위해 필요한 것으로 기록하고 있으며 그의 고난과 죽음을 화해적이고 형벌적인 것으로 간주하고 죄인은 믿음으로 그리스도의 의를 자신의 것으로 삼기까지는 그리스도의 희생 사역의 도덕적 감화를 입을 수 없다고 가르칩니다. 물론 그리스도의 십자가가 의심의 여지 없이 하나님 사랑의 최고의 계시임이 사실이지만 도덕적 감화설은 단지 인간에게 감화를 주기 위한 목적에서 행해진 것이므로 필연적인 속죄가 아닌 것이 됩니다. 이것은 속죄의 객관적인 성격을 박탈하고 더 이상 실제적인 속죄설이 되지 못합니다. 그리스도의 고난과 죽음은 그것이 죄인을 구원할 유일의 길이었어야 비로소 하나님의 사랑의 현현이 됨을 성경은 분명하게 가르치고 있습니다.

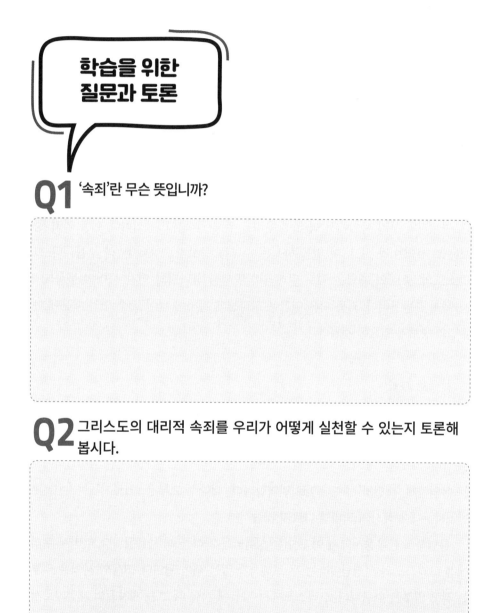

학습을 위한 질문과 토론

Q1 '속죄'란 무슨 뜻입니까?

Q2 그리스도의 대리적 속죄를 우리가 어떻게 실천할 수 있는지 토론해 봅시다.

Q7. 예수 그리스도의 하늘에서의 사역 – 중보는 무엇인가요?

그리스도의 지상 사역은 십자가상에서 자신을 희생제물로 바치신 일에만 국한되지 않습니다. 그리스도는 지상에서의 사역을 완료하신 것으로 자신의 사역을 중단하신 것이 아니라 하늘에 가서도 우리를 위한 사역을 계속하고 계십니다. 그리스도는 지상에서 자신의 사역을 시작하셨다면 천상에서 이 사역을 완성하고 계십니다. 아버지와 우리 사이에서 쉼 없이 우리를 위해 일하시고 계십니다. 이를 일러 '중보(中保) 사역'이라 하고, 이 일을 하시는 주님을 '중보자' Intercessor라 부릅니다. 그리스도의 '중보'의 개념은 죄로 말미암아 발생한 하나님과 인간 사이의 불화(딤전 2:5)에서 출발합니다. 죄를 지은 인간은 하나님께 가까이 나아갈 수 없기 때문에 예수님의 중보가 필요한 것입니다.

1. 중보 사역

'중보'에 해당하는 신약성경의 단어는 '파라클레토스'(요 14:16, 26, 15:26, 26:7, 요일 2:1)입니다. 요한복음서는 이 단어를 '보혜사' Comforter로 번역하지만 요한 1서에서는 유일하게 '대언자' Advocate로 번역합니다. 대다수 교부는 '위로자' Comforter로 번역하는데 보혜사의 의미와 다르지 않습니다.

특별히 요한복음서에서 이 단어는 성령님을 가리킬 때 사용됩니다. 따라서 우리에겐 그리스도와 성령님이라는 두 보혜사가 있는 셈이 됩니다. 그들의 사역은 일부는 같고 일부는 다릅니다. 그리스도께서 지상에 계실 때 그는 제자들의 대언자로서 세상에 대해 그들을 변호하셨고 그들에게 현명한 조언을 베푸셨는데 이제는 성령께서 교회 안에서 그 일을 계속하고 계십니다. 또 우리의 보혜사이자 대언자이신 그리스도는 참소자^{讒訴者, accuser}인 사탄에 맞서 신자들을 변호하시는 반면, 성령님은 세상에 대해 신자들을 변호하실 뿐 아니라 신자들에게 그리스도의 큰 뜻을 신자들에게 간곡히 부탁하시고 그들에게 지혜로운 조언을 베푸십니다. 조직신학자 루이스 벌콥은 "그리스도는 하나님께 우리의 소송을 변호하시지만 성령님은 우리에게 하나님의 대의를 변호하신다"고 말했습니다.

2. 중보의 방법

구약의 대제사장이 대속죄일에 딱 한 번 지성소에 들어간 것처럼 그리스도도 그의 온전하고 흠이 없는 희생과 함께 하늘의 지성소로 들어가서 아버지 하나님께 자신을 드렸습니다. 대제사장이 가슴에 이스라엘 지파를 상징하는 열두 보석을 안고 하나님 존전(尊前)으로 나아갔듯이 그리스도 또한 그의 백성의 대표로서 하나님 존전에 나아갔습니다. 이에 대해 히브리서 기자는 "그리스도는 참 것의 그림자인 손으로 만든 성소에 들어가지 아니하시고 오직 참 하늘에 들어가사 이제 우리를 위하여 하나님 앞에 나타나시고"(히 9:4)라고 증언하였습니다.

3. 성화의 길

그리스도의 중보 사역은 우리의 법적 지위에 관계될 뿐 아니라 우리의 도덕적 상태 즉, 점진적 성화^{sanctification}와도 관련됩니다. 우리가 하나님 아버지께 그리스도의 이름으로 기도할 때 그리스도는 먼저 우리의 미흡하고 피상적이며 불완전하고 불성실한 기도를 거룩하게 하십니다. 그리하여 우리의 기도를 하나님께서 받으실 만한 기도로 만드십니다. 베드로 사도는 "예수 그리스도로 말미암아 하나님이 기쁘게 받으실 신령한 제사를 드릴 거룩한 제사장이 될지니라"(벧전 2:4-5)고 말했습니다.

4. 누구를 중보하시는가?

중보 사역에 있어서 중보 사역의 대상이 누구인가에 대해선 논쟁이 뜨겁습니다. 개혁주의 신학은 오직 성경의 기준에 따라 성경의 지시만을 따릅니다. 성경은 영생을 주시기로 작정한 사람들에게 그리스도의 중보 사역이 해당된다고 증언합니다. 그리스도는 그가 대속하신 모든 사람을 위해 중보하십니다. 이는 속죄의 제한을 말합니다. 로마서 8:34 혹은 히브리서 7:25, 9:24 등에 나오는 '우리'는 한결같이 '믿는 자'를 가리킵니다. 주님은 요한복음 17장에 기록된 마지막 대제사장적 기도에서 "나를 믿는 사람들"을 위해 중보의 기도를 하신다고 밝히셨습니다. 9절에서 "또 저희 말을 인하여 나를 믿는 사람들"이라 하셨고 20절에서 "내가 저희를 위해 비옵나니 내가 비옵는 것은 세상을 위함이 아니요 내게 주신 자들을 위함이니이다"고 하셨습니다.

5. 중보의 특징

그리스도의 중보 사역은 다음의 특징들이 있습니다. 첫째, 그리스도는 우리의 모든 소원과 기도를 놓치지 않으십니다. 주님은 항상 깨어 계시고 어제나 오늘이나 앞으로도 동일하신 분으로서 지금도 우리를 위해 일하십니다. 둘째, 그리스도의 중보는 피조물의 자격으로 창조주께 드리는 것이 아니라 아들이 아버지께 행하는 당당한 요구입니다. 아들은 아버지와 동등한 권위로서 아버지로부터 위탁받은 모든 권세를 행하십니다. 그러므로 그리스도는 가장 권위있는 중보자이십니다. 셋째, 그리스도의 중보의 효력은 결코 실패가 없습니다. 나사로의 무덤 앞에서 그는 아버지 하나님께서 항상 그의 기도를 들으신다는 확신을 표명하셨습니다(요 11:42). 나아가 주님은 그의 속죄 사역을 근거로 아버지께 당당하게 우리의 요구사항을 아뢰고 관철하십니다. 우리의 우리 됨은 중보자 그리스도로 말미암아 하나님 아버지로부터 인정받고 그 결과 아버지 하나님의 응답을 받는 수혜자가 됩니다. 이보다 더 큰 은혜는 없을 것입니다.

**학습을 위한
질문과 토론**

Q1 중보의 뜻이 무엇이며, 그리스도는 왜 우리를 위해 지금도 중보 사역을
하고 계십니까?

Q2 나는 누구를 위해 중보의 기도를 하고 있는지 토론해 봅시다.

다섯 번째 창고

예수님을 어떻게 만나나요?

/ 구원론(성령론)

Q1. 예수님을 만나는 방법은 무엇인가요?

1. 만남

인간은 홀로 존재하지 못합니다. 인간은 타자와 늘 관계 속에서 존재해야 하는 운명적 존재입니다. 인간은 세 가지 만남을 가지고 살아야 합니다. 하나님과의 만남이 첫째이고, 다음으로 이웃과의 만남, 그리고 셋째 자신과의 만남을 가져야 합니다. 이중 모든 만남과 관계의 열쇠는 하나님과의 만남과 관계에 달려 있습니다. 누구든지 하나님과의 올바른 관계를 맺지 못하고서는 다른 존재와 바른 관계를 가질수 없습니다. 그렇다면 우리는 하나님을 어떻게 만나고 관계를 맺어야 하는 것일까요? 바로 이 해답이 예수 그리스도에게 있습니다. 성경은 오직 예수님을 통해서만하나님을 만나고 하나님과 화목한 관계를 유지하고 행복을 누린다고 증언합니다. 그러므로 우리 인생에 예수님을 구원자로 믿고 알고 모시고 사는 사람보다 더 행복한 사람은 없습니다. 그렇다면 예수 그리스도는 어떻게 만나고 알고 교제를 나누어야 하는 것일까요?

예수님을 모르는 사람들이 가장 많이 하는 질문 중 하나는 "예수님이 누구세요?"이고, 또 다른 하나는 "예수님을 어떻게 만나요?"라는 것입니다. 보통 사람들은 예수님을 만나는 방법을 이렇게 생각하곤 합니다. "꿈에서 만나나요?", 아니면 "환상 중에 보이나요?", "예수님 만나면 쓰러져서 몸을 막 떠나요?", "이상한 소리를 내나요?", "목사님이 기도해 주면 예수님이 보이나요?" 등등을 생각합니다. 그러나 이런 생각들은 잘못된 것입니다. 이번에 배울 '구원론'에서는 바로 '예수님을 만나는 참된 방법'을 올바르게 가르쳐 줍니다.

성경은 예수님이 십자가에 죽으신 후 3일 만에 부활하시고 제자들이 보는 앞에서 하늘로 승천하여 가셨다고 말합니다. 또한 삼위일체 하나님은 영이신 하나님이시기에 우리 눈에 보이지 않는다고 말합니다. 또 이제는 예수님을 우리의 눈으로 보거나, 만질 수 있거나, 소리로 듣거나, 감각으로 느낄 수 없습니다. 오늘날 이단들은 예수님을 마치 눈으로 볼 수 있고 만질 수 있는 것처럼 이상하게 말하는데, 이런 말에 속지 말아야 합니다. 예수님은 친절한 분이시긴 하지만 근본적으로 하나님이시기 때문에 옆집 아저씨나 부모님처럼 아무 때나 내가 원하면 언제든지 찾아가서, 전화로, 편지로 쉽게 만날 수 있는 분이 아닙니다. 그래서 많은 사람이 예수님을 만나지 못했으면서도 만난 것처럼 착각하기도 하고, 이상한 귀신을 만나고 마치 예수님을 만난 것처럼 오해하기도 합니다. 예수님을 만나기 위해 우리는 성경이 정한 규례를 지켜야 합니다.

2. 예수님을 만나는 방법

성경은 예수님을 만나는 바른 방법으로 간단히 두 가지를 소개합니다. 첫째는 성령 하나님이 우리를 도와주시는 방법이고, 둘째는 성경의 내용을 믿는 믿음을 통해서 일어납니다. 자! 이제 이 두 가지를 자세히 살펴봅시다.

1) 성령 하나님이 도와주십니다.

예수님은 하나님이시기 때문에 요한복음 1장 13절의 "이는 혈통으로나 육정으로나 사람의 뜻으로 나지 아니하고 오직 하나님께로서 난 자들이니라"라는 말씀처럼 인간적인 방법으로는 그분을 만나는 것이 불가능합니다. 또한 우리의 힘과 노력으로 만날 수 있는 분이 아닙니다. 그래서 성경은 성령 하나님께서 우리의 연약함을 이해하시고 우리가 예수님을 만날 수 있도록 도와주신다고 말합니다. 따라서 구원론은 성령 하나님께서 우리가 예수님을 만날 수 있도록 어떻게 도와주시는지를 가르치는 성령 하나님에 대한 이야기라고 말할 수 있습니다.

그러면 성령님은 우리가 예수님을 믿을 수 있도록 어떻게 도우실까요? 신비한 현상만을 강조하는 이상한 교회에서는 성령님이 임하시면 몸이 막 떨리고, 쓰러지고, 이상한 소리를 하며, 정신 나간 사람처럼 변한다고 말합니다. 하지만 요한복음 16장 13절에서 "진리의 성령이 오시면 그가 너희를 모든 진리 가운데로 인도하시리니 그가 자의로 말하지 않고 오직 듣는 것을 말하시며 장래 일을 너희에게 알리시리라"라고 말씀하듯이 성령 하나님께서는 하나님을 싫어하고 성경을 가까이하지 않으려는 우리의 마음을 먼저 변화시켜 주십니다. 악한 죄에 빠져서 삐뚤어진 우리의 마음을 바꾸어 성경을 읽고 싶어하고 예수님에 대해서 알고 싶은 마음을 갖게 하여 하나님을 사랑하도록 도우십니다. 만약 당신이 성경을 읽고 싶어한다면 그것이야말로 성령의 역사가 당신의 마음 안에서 일어났다는 증거가 됩니다.

2) 두 번째 방법은 믿음을 통해 만납니다.

로마서 1장 17절은 "복음에는 하나님의 의가 나타남으로 믿음에 이르게 하나니 기록된바 오직 의인은 믿음으로 말미암아 살리라 함과 같으니라"라고 말합니다. 예수님을 믿고 새사람이 되기 위해서는 꼭 믿음을 가져야 한다고 말합니다. 그러나 이 '믿음'이라는 표현이 오늘날에는 이상스럽게 변질되어서 엉뚱한 의미로 소개되고 있습니다. '믿음'이라는 말은 무슨 의미인가요? 어떤 사람은 자기가 환상 속에서 본 이상한 경험을 믿는다고 말합니다. 다른 사람은 병 고침이나 기적을 믿는다고 말합니다. 또는 자기 소원이 이루어지는 것을 믿는다고 말합니다. 이런 믿음으로는 구원을 얻지 못합니다.

참된 믿음은 성경에서 가르치는 삼위일체 하나님을 믿는 것입니다. 하나님이 천지를 창조하셨음을 믿는 것입니다. 하나님이 창세 전에 구원할 자기 백성을 택하셨음을 믿는 것입니다. 나아가 예수님이 우리 죄를 위해서 이 땅에 오셨고, 십자가에 죽으셨으며, 부활하셨다는 내용을 믿는 것입니다. 이것은 "사도신경"이라는 신앙고백에 요약되어 있습니다. 결국 믿음이란 사도신경의 내용에서 소개되는 성경의 중요한 내용(교리)을 배우고, 이해하며, 의지하고 사랑하는 것입니다. 바로 이 믿음만이 우리를 죄에서 구원하는 방법입니다.

3. 구원의 은혜

정리하면 그리스도는 죄인을 구원하기 위해 죄인에게 먼저 다가와 죄인을 만나주십니다. 그리고 믿을 수 있는 믿음의 은혜를 베푸시어 그를 구원으로 인도하십니다. 죄인은 하나님이 은혜의 선물로 주신 믿음으로 구원을 받습니다(엡 2:8). 로마 카톨릭교회는 이 성경에 계시된 구원의 교리를 왜곡하여 1천 년 동안 백성들을 미혹하고 구원은 믿음만 가지고 되는 것이 아니라 믿음에 합당한 행위가 뒤따라야 한다며 구원의 교리를 잘못 가르쳤습니다. 이것을 일러 소위 '행위 구원론'이라 부릅니다.

이제 우리는 믿음으로 구원을 받는다는 사실을 확고히 알게 되었습니다. 알다시피 이 구원의 은혜는 예수 그리스도의 속죄 사역을 기초로 발생합니다. 이제 영원히 받은 이 구원의 은혜가 각자에게 어떻게 적용되는가를 배워야 합니다. 신학적으로 이것은 그리스도의 구속 사역의 효과적인 적용에 해당합니다.

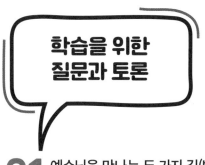

Q1 예수님을 만나는 두 가지 길(방법)이 무엇입니까?

Q2 예수 그리스도를 만난 경험에 대해 토론해 봅시다.

Q2. 예수 그리스도는 자신이 성취한 구원의 효과를 어떻게 적용시키시나요?

1. 웨스트민스터 표준문서

웨스트민스터 신앙고백서 8장 8항은 "그리스도께서는 값을 치루시고 구속하신 모든 사람에게 바로 그 구속을 확실하고도 효과있게 적용하시고 전달해 주신다"고 선언합니다. 또 소요리문답 25문은 "예수 그리스도는 하나님의 공의를 만족시키고 우리를 하나님과 화목시키기 위하여 자신을 화목제물로 단번에 드림으로 제사장의 직분을 행하셨다"고 하고, 또 29문에서 "그리스도는 이 십자가 사역으로 속죄를 성취하셨고, 또 그는 십자가 위에서 '다 이루었다'라는 승리를 외치셨다"고 말하고 있습니다.

2. 구원의 순서와 적용

많은 그리스도인은 "주 예수 그리스도를 믿으라 그리하면 네가 구원을 받으리라"(행 16:31)는 가장 핵심적인 말씀을 기억하고 여기에 만족합니다. 물론 구원에 있어서 제일 중요한 것은 그리스도와 구원을 위해 행하신 그리스도의 사역에 대한 믿음입니다.

그러나 구원의 성취와 함께 그리스도께서 이루신 구원의 효과가 어떻게 각 개인에게 적용되는가도 매우 중요합니다. 이것을 순서적으로 가르치기 위해 교회는 구원의 순서를 마련하였습니다. 구원의 순서ordo salutis란, 그리스도 안에서 행해진 구원의 사역이 죄인들의 심령과 삶에 주관적으로 실현되는 과정을 서술하는 것입니다. 즉 구원의 순서는 구속 사역의 적용에 있어서 성령의 다양한 활동들을 논리적인 순서로 서술하는 것을 목적으로 합니다.

주의해야 할 것은 이 구원의 순서는 실제 구원을 받는 당사자에겐 동시적으로 단번에 적용되는 것이지 하나씩 따로따로 발생하여 구원의 효력을 당사자에게 적용하는 것이 아닙니다. 다시 말해, 다음에 소개하는 구원의 순서(서정)는 계단처럼 단계가 정확히 구분되어 일어나는 것이 아니라, 어떤 것은 동시적으로, 어떤 것은 단 한 번, 어떤 것은 죽을 때까지 다양하게 나타납니다. 따라서 이 구분은 성령님이 일하시는 구원의 과정들을 잘 이해할 수 있도록 설명하는 구분으로 이해해야 합니다. 다시 말해, 구원의 순서에서 우리가 명심해야 할 것은 이 일들은 인간이 구원을 얻기 위해, 하나님의 은혜를 얻기 위해 무엇을 행하는 것이 아니라 하나님께서 택한 자를 위해 그리스도께서 이루신 구원의 효력을 각 개인에게 효과적으로 적용한다는 점입니다. 이것을 주의하면서 구원의 순서, 혹은 구원의 서정으로 펼쳐지는 하나님의 은혜를 배우고 익힌다면 놀라운 축복이 임할 것입니다.

3. 반론에 대한 해명

그러나 성경이 과연 명확한 구원의 순서를 제시하고 있는가라는 질문이 제기됩니다. 물론 성경은 명확한 구원의 순서를 제시하는 것은 아닙니다. 대신에 성경은 질서를 추론할 만한 두 가지 사항을 지니고 있습니다.

1) 성경은 그리스도의 사역을 개별적 죄인들에게 적용하는 데 있어서 성령의 활동과 이들에게 부여되는 구원의 복들을 매우 풍부하게 나열하고 있습니다. 성경은 '중생', '부르심', '회개. 혹은 회심', '중생'과 같은 단어로 하여금 인간의 총체적인 변화를 지칭하고 있습니다.

2) 성경은 여러 점에서 다양한 방식으로 구속 사역에 있어서의 상이한 활동들의 상호 관계를 지시해 주고 있습니다. 즉, 성경은 우리가 의롭다함을 얻는 것이 믿음에 의한 것이요 행위에 의한 것이 아니라는 것을 확언해 줍니다(롬 3:30, 5:1, 갈 2:16-20). 또 칭의된 자로서 우리는 하나님과 화평을 누리고 그에게 나아가게 되었다고 증

언합니다(롬 5:1-2). 또 우리는 의의 종이 되기 위해 그리고 거룩함의 열매를 거두기 위해 죄로부터 해방되었고(롬 6:18, 22), 우리가 양자 되었을 때 우리는 우리에게 확신을 주시는 성령을 받고 그리스도와 함께 상속자가 되었다고 말하고(롬 8:15-17, 갈 4:4-6), 믿음으로 하나님의 의를 얻었으므로 우리가 그리스도의 고난과 부활의 권능에 참여한다고 말하고 있습니다(빌 3:9-10).

　이외에도 구원의 순서와 적용에 대한 언급들이 부지기수입니다. 이로 미루어 구원의 순서에 대한 명확한 언급이 없다는 이유만으로 이를 무시하는 것은 참으로 어리석은 일이 아닐 수 없습니다.

학습을 위한 질문과 토론

Q1 성경은 구원의 순서에 대해 어떻게 지지하고 있습니까?

Q2 나에게 가장 뚜렷한 경험이 될 만한 구원의 순서가 무엇인지 토론해 봅니다.

Q3. 구원의 서정이란 무엇인가요?

앞에서 우리는 예수님을 만나는 두 가지 방법과 구원의 은혜의 적용, 즉 구원의 순서가 있고 그것들에 대해 주의할 점들이 무엇인지 알아보았습니다. 이제 이것을 좀 더 자세하게 알아봅니다.

성경에는 성령 하나님께서 우리를 도와주셔서 구원에 이르도록 하시는 일들을 좀 더 자세하게 소개하고 있습니다. 이것은 '소명→ 중생→ 회개→ 신앙→ 칭의→ 양자→ 성화→ 견인→ 영화'의 9가지로 나누어집니다. 개혁주의 일각에서는 맨 앞에 '예정'교리를 앞세워 10개의 순서를 정하기도 합니다. 그렇다면 이 구원의 서정은 어떤 것을 근거로 삼습니까?

1. 기초: 로마서 8:29-30

구원의 서정의 기초가 되는 성경 구절은 로마서 8장 29절-30절입니다.

"하나님이 미리 아신 자들로 또한 그 아들의 형상을 본받게 하기 위하여 미리 정하셨으니 이는 그로 많은 형제 중에서 맏아들이 되게 하려 하심이니라. 또 미리 정하신 그들을 또한 부르시고 부르신 그들을 또한 의롭다 하시고 의롭다 하신 그들을 또한 영화롭게 하셨느니라"

여기서 우리는 구원의 서정을 받치고 있는 네 가지 핵심 교리를 발견합니다. 먼저 "미리 정하신 그들"에서 '예정'의 교리를 발견합니다. 다음으로 "부르시고"에서 '소명'을, "부르신 그들을 의롭다 하시고"에서 '칭의'를, "의롭다 하신 그들을 또한 영화롭게 하셨다"에서 '영화'의 교리를 발견합니다. 이제 남은 순서는 이 네 가지 교리를 중심으로 그 사이사이마다 곳곳에 계시된 다른 성경의 기록을 찾아 채우고 다듬으면 됩니다.

2. 구원의 서정

1) 소명(召命, 부르심)

구원의 첫 시작은 하나님께서 우리를 구원으로 초대하시며 인도해 주시는 '소명' 부르심, calling에서 시작합니다. 예수님을 만날 수 있는 것은 이와 같은 하나님의 부르심이 먼저 시작되어야만 일어날 수 있습니다. 죄인 된 인간은 자기 스스로 먼저 하나님을 찾을 수 없기 때문입니다. 죄인을 사랑하시는 하나님께서는 아무 조건 없이 죄인을 찾아오셨고, 그들을 구원으로 초대하시는 부르심을 시작하셨습니다. 웨스트민스터 신앙고백서 10장 1절에서는 이런 하나님의 은혜를 이렇게 고백합니다.

> "하나님께서는 생명에 이르도록 예정하신 모든 사람을, 그리고 그들만을, 자신이 정하시고 적당하다고 생각하시는 때에, 효과적으로 부르시되, 그의 말씀과 성령으로 하시며, 그들이 태어나면서부터 처해 있는 죄와 사망의 상태에서 불러내어 예수 그리스도로 말미암은 은혜와 구원으로 인도하신다."

이것은 하나님께서 스스로 하시는 일이며 우리의 마음속에서 일어나는 것이기 때문에 우리가 알 수 없는 시간에, 알 수 없는 장소에서 일어납니다. 그래서 우리는 부르심의 현상을 느끼거나 볼 수 없습니다. 다만 회개와 믿음을 고백한 후에야 이 사실을 깨닫게 됩니다. 하나님은 우리의 구원을 위해서 이렇게 오래전에, 또한 신비로운 방법으로, 그리고 놀라운 은혜로 준비해 주시고 시작해 주셨습니다. 이것을 에베소서 1장 4절-5절에서 "창세 전에 그리스도 안에서 우리를 택하사 우리로 사랑 안에서 그 앞에 거룩하고 흠이 없게 하시려고, 그 기쁘신 뜻대로 우리를 예정하사 예수 그리스도로 말미암아 자기의 아들들이 되게 하셨으니"라고 말합니다.

2) 중생(重生, 거듭남)

'중생' regeneration은 무엇일까요? 죄 때문에 죽은 영혼이 성령 하나님의 도우심으로 다시 살아나는 것을 말합니다. 우리 몸과 영혼은 살아있는 것 같지만 하나님을 찾지도, 예배하지도 않기 때문에 영적으로는 죽은 상태입니다. 따라서 영혼은 새롭게 태어나지 않으면 절대로 하나님을 만날 수도 없고, 예수님을 영접할 수도 없습니다.

영혼이 이렇게 다시 태어난 것을 '거듭남' 즉, '중생'이라고 합니다. 요한복음 3장 3-5절에서 예수님과 니고데모의 대화 속에 이 거듭남이 소개됩니다. "진실로 진실로 네게 이르노니 사람이 거듭나지 아니하면 하나님 나라를 볼 수 없느니라 니고데모가 가로되 사람이 늙으면 어떻게 날 수 있사옵니까? 두 번째 모태에 들어갔다가 날 수 있사옵니까? 예수께서 대답하시되 진실로 진실로 네게 이르노니 사람이 물과 성령으로 나지 아니하면 하나님 나라에 들어갈 수 없느니라"고 하였습니다. 니고데모는 다 큰 어른이 새롭게 태어나야 한다는 말을 이해할 수 없었습니다. 그래서 엄마 뱃속에 다시 들어갔다가 나오는 것인가를 물었습니다. 그러나 예수님은 거듭남이란 성령님의 도우심으로 우리의 강퍅하고 죄악 된 마음이 새롭게 되어 하나님과 성경을 사랑하는 마음의 변화라고 가르쳐 주셨습니다. 웨스트민스터 신앙고백 10장 1절에서는 중생을 이렇게 고백합니다.

> "그들의 마음을 영적으로, 그리고 구원에 관하여 깨우쳐서 하나님의 일들을 이해하게 하시며, 그들의 돌같이 굳은 마음을 제하시고 그들에게 살 같이 부드러운 마음을 주시며, 그들의 의지들을 새롭게 하시고, 그의 전능하신 능력으로 그들이 선한 것을 결심하게 하시며, 그리고 효과적으로 그들을 예수 그리스도에게로 이끄신다."

'중생'도 '부르심'처럼 성령님께서 전적으로 하시는 일이기 때문에 우리가 느끼거나 만질 수 있는 것이 아닙니다. 우리도 모르는 사이에 성령님께서는 죄악 속에 있던 우리를 다시 태어나게 하시는 것입니다. 그래서 어느 날부터인가 우리의 마음이 성경을 읽고 싶어 하고, 예수님에 대해서 배우고 싶게 되며, 하나님을 좋아하는 마음으로 변화되어 가는 것을 알 수 있습니다.

3) 회개(悔改, 뉘우침)

어떤 사람이든지 제일 하기 어려운 말 중 하나가 "제가 잘못했어요", "미안해요", "용서해 주세요"라는 말이라 합니다. 자기 잘못을 인정하고 용서를 구하는 것이기 때문에 정말 자존심 상하고 창피합니다. 어렸을 때는 부모님이 야단치면 잘 뉘우칩니다. 그러나 점점 어른이 될수록 나의 잘못을 인정하고 용서를 구하는 것은 너무나 힘든 일입니다.

'회개' repentance란 이처럼 창피한 일이고 자존심 상하는 일이지만 자신의 잘못을 깊이 반성하고 뉘우치는 것을 말합니다. 회개의 내용에는 하나님이 없다고 생각했던 것, 예수님은 나의 죄를 위해서 십자가에 죽으신 것이 아니라 그저 4대 성인 중 한 분이라고 생각했던 것, 성경은 소설같이 믿을 수 없는 얘기라고 거부했던 것, 교회 다니는 것이 시간 낭비라고 생각했던 것 등과 같이 하나님을 싫어했던 모든 생각과 행동이 포함됩니다.

사도행전 2장 36-38절에서 베드로는 회개에 대해서 "이스라엘 온 집이 정녕 알지니 너희가 십자가에 못 박은 이 예수를 하나님이 주와 그리스도가 되게 하셨느니라 하니라. 저희가 이 말을 듣고 마음에 찔려 베드로와 다른 사도들에게 물어 가로되 형제들아 우리가 어찌할꼬 하거늘, 베드로가 가로되 너희가 회개하여 각각 예수 그리스도의 이름으로 세례를 받고 죄 사함을 얻으라 그리하면 성령을 선물로 받으리니"라고 말합니다.

즉 예수님을 영접하지 않고 자기 혼자 힘으로 살 수 있는 것처럼 살았던 모습이 죄이며, 이 죄를 뉘우치고 하나님께 나와서 용서를 구하라고 지적합니다. 백성들은 마음이 찔려서 그동안 하나님이 없다고 부인했던 것을 뉘우치고 이제는 하나님을 인정하고 예배하기로 회개합니다.

4) 신앙(信仰, 믿음)

회개와 신앙 faith은 동시에 일어나기도 합니다. 예수님을 거부하고 하나님을 예배하지 않고 나 혼자 힘으로 살려고 했던 잘못을 회개하고 이제는 하나님을 인정하고 예수님이 나의 죄를 위하여 십자가에 죽으시고 부활하신 것을 받아들이겠다고 마음의 결단을 내립니다. 이 후자의 고백이 바로 "믿음"입니다. 로마서 10장 9-10절에서는 믿음을 이렇게 표현합니다.

> "네가 만일 네 입으로 예수를 주로 시인하며 또 하나님께서 그를 죽은 자 가운데서 살리신 것을 네 마음에 믿으면 구원을 얻으리니, 사람이 마음으로 믿어 의에 이르고 입으로 시인하여 구원에 이르느니라."

예수님을 나의 구원자로 인정하고 받아들이며, 이제는 하나님을 의지하고 신뢰하겠다는 마음의 고백이 믿음입니다. 믿음이란 어떤 초자연적인 체험이나 기적, 환상 등을 경험하는 것이 아닙니다. 우리의 마음이 예수님을 구원자로 인정하지 않던 것이 단숨에 이제는 예수님 때문에 내가 지옥에 가지 않고 하나님의 자녀가 되었음을 인정하는 우리 마음의 변화를 말하는 것입니다.

또한 믿음이란 예수님을 4대 성인 중의 한 분으로 아는 그런 역사적인 지식도 아닙니다. 로마 카톨릭처럼 신부들이 가르치는 것을 그대로 따라 하는 것도, 그리고 여러 가지 조각들과 종교 물품을 소유하면 잘 될 것이라는 마음도 믿음이 아닙니다. 그리고 "나는 행복해질 거야, 나는 잘 될 거야"라고 자기 마음의 소원을 확신하는 심리적인 현상도 아닙니다. 참된 믿음은 성경이 가르치는 내용을 이해하고 받아들이는 것입니다. 이 내용이 사도신경이나 웨스트민스터 신앙고백에 담겨 있기 때문에 이런 교리들을 믿고 의지하는 것이 바로 믿음입니다. 이 믿음만이 우리를 죄에서 구원합니다.

회개와 믿음은 성령 하나님께서 도와주시어 일어나는 구원의 은혜입니다. 누구도 성령님이 변화시켜 주지 않으면 자신의 잘못을 뉘우치고 예수님을 의지하려고 하지 않습니다. 그러나 이것은 우리 자신이 느끼거나 만질 수 없는 부르심과 거듭남과는 달리 나의 마음과 행동으로 내 잘못을 뉘우치고 하나님을 의지하며 살겠다는 자신의 결단을 통해서 이루어집니다. 왜냐하면 잘못한 사람은 우리 자신이기 때문에 우리가 회개하고 믿음의 결단을 내려야 합니다. 물론 하나님은 우리가 스스로 잘못을 인정하고 회개할 수 있도록 은혜를 먼저 주십니다.

5) 칭의(稱義, 의롭다 함)

'칭의'justfication는 죄인인 우리를 더 이상 죄인이라 하지 않고 "죄가 없는 의로운 자로 인정해 주시는 것"입니다. 의롭다고 인정되지 않았을 때는 "모든 사람이 죄를 범하였으매 하나님의 영광에 이르지 못하더니"(롬 3:28)라는 상태에 있음을 나타냅니다. 이 상태는 다른 말로 하나님의 진노 아래에 있는 것을 말합니다. 그러나 로마서 3장 24절에서는 "예수 그리스도로 말미암아 하나님의 은혜의 선물인 믿음으로 값없이 의롭게 되었느니라"라고 언급하듯이 하나님은 오직 믿음 때문에 죄인의 모든 죄를 용서하시고 이제는 의롭고 깨끗한 자처럼 여기십니다. 이것을 '이신칭의'(以信稱義)라고 합니다.

종교개혁을 시작한 마르틴 루터는 로마 카톨릭의 행위를 통한 구원의 교리를 비판하고 오직 믿음으로만 의롭게 되는 '이신칭의' 교리를 회복했습니다. 이처럼 '이신칭의' 교리는 1000년 동안 타락의 핵심이 되었던 로마 카톨릭의 '행위 구원'을 무너뜨리는 종교개혁의 결정적인 무기였습니다. 실상 중세시대 내내 많은 사람은 돈을 많이 내면 의롭게 된다고 생각해서 죄를 면해 주는 증명서인 면죄부를 사기도 했습니다. 또한 착한 일을 많이 하면 되는 줄 알았습니다. 아니면 믿음도 없이 단지 성만찬의 빵만을 열심히 받아먹으면 되는 줄 알았습니다. 그것도 아니면 성인들의 유물과 종교 물품을 많이 가지고 있으면 의롭게 되는 줄 알았습니다. 오늘날에도 교회에 다니는 대부분은 헌금을 제일 많이 하면, 환상과 신비체험을 하면, 선행을 많이 하면 의롭게 되는 줄 오해하고 있습니다. 이것을 기복주의, 물질만능주의, 신비주의적 기독교라고 합니다. 어둠에 처한 중세교회가 '이신칭의' 교리를 통해서 회복되었듯이 오늘날 교회의 세속적인 타락도 이신칭의 교리로 막아낼 수 있습니다. 웨스트민스터 신앙고백서 11장 1항은 이신칭의를 다음과 같이 아주 멋있게 고백하고 있습니다.

"하나님께서는 능력 있게 부르신 자들을 또한 값없이 의롭다고 칭하신다. 이 칭의(稱義)는 의를 그들에게 주입해 줌으로써가 아니라, 그들의 죄들을 용서해주시고 그들의 인격을 의로운 것으로 간주하여 용납해 주심으로서 되는 것이다. 또한 그들 안에서 이루어진 어떤 것이나, 또는 그들에 의해서 되어진 어떤 것 때문이 아니라, 오직 그리스도 때문이며, 믿음 자체, 믿는 행위, 또는 어떤 다른 복음적인 순종을 그들의 의로 돌림으로서가 아니라, 그리스도의 순종과 속량을 그들에게 돌림으로써, 부르심을 입은 그들은 그리스도와 그의 의를 믿음으로 받아들이고 의존할 때 의롭다 함을 받는 것이다. 그 믿음은 그들 자신에게서 나온 것이 아니고, 그것은 하나님이 주시는 선물이다."

6) 양자(養子, 아들됨)

'양자'아들됨, adoption는 하나님의 자녀가 되는 은혜를 말합니다. 고아원의 아이들은 부모가 없습니다. 그런데 어느 날 새로운 부모가 나타나서 고아를 입양하면 더 이상 고아가 아니라 부모가 있는 자녀로 인정됩니다. 이것을 양자, 곧 아들됨이라고 합니다. 이처럼 하나님은 우리의 아버지가 되어주셔서 사탄의 자녀이며 고아였던 우리를 예수님의 피로 입양하셨습니다.

우리는 죄 때문에 하나님을 거부하고 사탄의 종이 되어 하나님과 원수가 되었습니다. 이 죄는 인간의 힘으로 제거할 수 없는 무섭고 영원한 형벌이었습니다. 그러나 예수님의 피로 우리 죄를 없애 주시고, 더 나아가 하나님은 요한복음 1장 12절에서 "영접하는 자 곧 그 이름을 믿는 자들에게는 하나님의 자녀가 되는 권세를 주셨으니"라고 말하듯이 우리를 하나님의 자녀로 입양해 주시는 은혜를 베풀어 주셨습니다.

하나님의 자녀가 되면 어떤 혜택이 주어질까요? 고아로 있던 아이가 새로운 가정에 자녀로 받아들여지면 친자녀가 누릴 수 있는 모든 혜택을 누립니다. 마음대로 먹고, 입고, 공부하고 놀 수 있습니다. 부모님은 자녀를 위해서 아낌없이 모든 도움을 베풀어 주십니다. 이같이 하나님의 자녀가 되면 하나님의 보호하심과 도우심을 얻습니다. 배가 고플 때, 아플 때, 도움이 필요할 때 하나님은 항상 자녀들을 지켜주십니다. 사탄이 자녀를 공격하면 하나님은 무섭게 사탄을 호통치며 보호하십니다. 마치 자녀들이 도둑이나 강도들에게 위협을 받으면 우리 부모님들이 힘을 다해 지켜 주시는 것처럼 하나님은 모든 악한 영으로부터 우리를 지켜 주십니다. 또한 하나님의 나라를 물려받습니다. 하나님의 나라는 하나님과 함께 통치하는 천국을 말합니다. 하나님 나라의 모든 좋은 것을 하나님께서는 자녀들에게 물려주십니다. 왜냐하면 우리는 고아가 아니라 하나님의 자녀가 되었고, 하나님은 우리의 부모가 되셨기 때문입니다.

7) 성화(聖化, 거룩함)

'성화' sanctification는 연약하고 부족한 우리가 계속해서 예수님처럼 거룩하고 완전해지는 것을 말합니다. 어떤 사람들은 "예수님의 피로 죄가 없어지고 의롭게 되었는데 아직도 거룩해져야 합니까?"라고 묻습니다. 비록 예수님의 피로 죄가 없어지고 의롭게 되는 '칭의'를 선물로 받았지만 우리의 마음과 육체는 여전히 연약하고 더러운 것들이 남아 있기 때문에 계속 거룩해져야 합니다. 청교도 신학자인 존 오웬John Owen, 1616-1683은 죄를 짓는 이 상태를 '죄의 경향성' a tendency toward sin이라 칭했습니다. 즉, 구원을 받은 신자라 해도 지난날 죄를 짓는 습관이나 경향이 몸에 남아 있기에 언제든지 그에 따라 죄를 지을 수 있다는 것입니다. 즉, 예수님 믿기 전의 부족한 인격이나 말, 행동, 습관 등은 여전히 옛날 모습 그대로 남아 있는 것입니다. 마치 미국에 이민을 간 한국 사람이 법적으로는 미국 시민이 되었고 미국의 법을 지키고 살아야 하지만 여전히 한국인의 관습과 문화에 익숙하여 미국 시민으로 사는 것이 어색하고 적응이 잘 안되는 것과 마찬가지입니다.

그러므로 신자는 매일 거룩한 삶을 살기 위해 노력해야 합니다. 이제는 하나님의 자녀가 되었기 때문에 함부로 행동해서는 안 됩니다. 우리가 악한 말과 행동을 하면 우리 자신뿐만 아니라 하나님의 명예와 영광이 더럽힘을 받습니다. 그 이유는 하나님과 우리는 이제 한 가족이 되었기 때문입니다. 어떤 자녀가 자신의 부모가 자기 때문에 사람들에게 창피를 당하는 것을 좋아하겠습니까? 마찬가지로 하나님의 자녀가 된 이상 우리는 하나님의 영광과 명예가 우리의 부족한 인격과 행동 때문에 창피를 당하지 않도록 계속 더 거룩해질 필요가 있는 것입니다. 예수님을 믿는 사람이 여전히 믿지 않을 때처럼 욕하고, 도둑질하고, 폭력적이고, 미워하고, 음란하다면 세상 사람들이 우리의 믿음을 비웃을 것입니다. 그리고 그런 사람을 거룩하고 존귀한 하나님의 자녀로 인정하신 하나님도 비웃을 것입니다. 비록 우리의 말과 행동과 습관이 하루아침에 고쳐지지 않는다고 할지라도 조금씩 나아지면 됩니다. 성령 하나님께서는 이런 변화를 도와주시겠다고 약속하셨습니다.

자, 그러면 성화의 범위에 대해서 알아볼까요? 어떤 사람은 성도들이 거룩해져 간다고 하는 의미를 종교 생활만 잘하는 것으로 오해하기도 합니다. 예를 들면 주일 날 교회 잘 나가고, 헌금 잘하고, 기도와 전도와 찬양 등을 잘하면 많이 거룩해졌다고 생각합니다. 물론 교회 생활을 잘 지켜나가는 것도 거룩함의 한 부분입니다. 그러나 놓치지 말아야 하는 부분은 우리의 인격과 행동의 거룩함입니다. 성도가 거룩해진다는 것은 폭력적이고 거친 말과 행동 등이 인격적으로 좋아진다는 것입니다. 예의가 있고, 바른말과 착한 행동이 계속되면 좋은 습관이 만들어지고 좋은 습관은 그 사람의 인격을 만듭니다. 이처럼 우리의 말과 행동, 습관 등을 좀 더 인격적이고 예의를 갖춘 모습으로 만들어 가는 것도 거룩함에 해당됩니다. 교회 생활이 신앙적 거룩함이라면, 우리의 가족, 사회, 직장 속에서 인격적으로 자라가는 것은 생활의 거룩함이라 할 수 있습니다.

우리말 속담에 사람이 '술을 많이 먹으면 개가 된다'고 합니다. 옛적에 TV 광고에서 "떡은 사람이 될 수 없지만, 사람은 떡이 될 수 있다"라는 장면을 보고 얼마나 웃었는지 모릅니다. 이처럼 사람은 자신의 말과 행동, 약속, 옷차림, 습관 등이 올바르지 않고 천박하면 '개'가 될 수도, '떡'이 될 수도, '양아치'(깡패)가 될 수도 있음을 명심해야 합니다. 성경에서 이와 같은 생활의 거룩함을 "성령의 열매"라고 다음과 같이 소개합니다.

> "육체의 일은 현저하니 곧 음행과 더러운 것과 호색과 우상 숭배와 술수와 원수를 맺는 것과 분쟁과 시기와 분냄과 당 짓는 것과 분리함과 이단과 투기와 술 취함과 방탕함과 또 그와 같은 것들이라 전에 너희에게 경계한 것 같이 경계하노니 이런 일을 하는 자들은 하나님의 나라를 유업으로 받지 못할 것이요, 오직 성령의 열매는 사랑과

희락과 화평과 오래 참음과 자비와 양선과 충성과 온유와 절제니 이 같은 것을 금지할 법이 없느니라."(갈 5:19-23)

8) 견인(堅忍, 붙잡아 줌)

'견인'은 '성도를 보호하심'perseverance of the saints에 대한 약속입니다. 하나님께서 우리를 천국에 이르기까지 악의 세력과 모든 어려움으로부터 끝까지 지켜 주고 돌보시고 붙잡아 주시겠다고 약속합니다. 이 약속은 요한복음 10장 28-29절에서 "내가 저희에게 영생을 주니 영원히 멸망치 아니할 터이요 또 저희를 내 손에서 빼앗을 자가 없느니라. 저희를 주신 내 아버지는 만유보다 크시매 아무도 아버지 손에서 빼앗을 수 없느니라"라고 말씀하시는 것처럼 모든 성도에게 주신 강력한 약속입니다.

신앙생활을 하다 보면 어떤 때는 하나님께 기도하고 도움을 요청하면 정말 필요할 때 하나님이 도와주시는 것을 체험합니다. 그러나 어려움 속에서 아무리 기도해도 응답이 없을 때가 있습니다. 정말로 하나님이 우리를 도와주지 않으시는 것 같습니다. 오히려 믿지 않는 사람들이 더 잘되고 행복한 것처럼 느껴집니다. 이럴 때 많은 성도가 시험에 들어 낙심하고 주저앉게 됩니다. 하지만 염려하지 마세요! 하나님은 우리의 머리털까지도 셀 수 있는 분이며, 풀 한 포기도 날아가는 새도 하나님의 허락 없이는 절대 움직일 수 없다고 성경은 말합니다. 또한 하나님은 전지전능하시기 때문에 성도의 모든 형편과 어려운 일이 무엇인지 모두 알고 계시며 도와줄 수 있다고 약속하십니다. 그래서 하나님은 힘들고 어려운 일들도 우리에게 필요하다고 판단하시면 허락하시기도 합니다. 때와 장소 모두 하나님이 원하실 때 이루어지는 것이지 우리가 원하는 시간과 장소를 고집해서는 안 됩니다. 아이가 칼을 달라고 하면 그걸 그냥 주는 부모는 없습니다. 철부지 아이에게 백만 원, 천만 원을 마음껏 선물하는 부모도 없습니다.

우리 속담에 "젊어서 고생은 사서도 한다"라는 말이 있습니다. 세상 사람들도 젊어서 다양하게 경험해 볼 수 있는 어려움은 그 사람의 인생에 큰 도움이 된다는 것을 알고 있습니다. 어려움과 시련은 사람을 더욱 성장시켜 크고 위대한 지도자로 만들기도 합니다. 마찬가지로 하나님께서는 우리를 더욱 훌륭한 성도로 만들어 가기 위해서 때론 시련과 환란도 주시고, 도움의 시간도 연기하실 때가 있습니다. 우리의 모든 삶은 하나님의 놀라운 계획안에 있음을 믿어야 합니다. 하나님은 지금도 길이 참으시고 우리의 성장을 고대하십니다.

9) 영화(榮化, 영광됨)

구원의 마지막 단계는 영광스럽게 변화되는 은혜입니다. 예수님의 피로 의롭게 되었고, 성화를 통해서 우리의 말과 행동도 점점 거룩해져 갑니다. 그리고 마지막에는 우리의 몸과 영혼 모두가 완전히 거룩해지고 영화롭게 변화되어 천국에서 하나님과 함께 영원히 행복하게 살게 됩니다. 이 최종 단계를 '영화'Glorification라 부릅니다. 이때엔 죄의 유혹도 없고, 질병과 아픔과 배고픔 때문에 고통받지 않고, 미움과 시기와 폭력의 유혹도 받지 않는 완전함을 얻게 될 것입니다.

이런 영화로움은 이 세상에서 완성되는 것이 아닙니다. 왜냐하면 우리의 육체는 죽을 때까지 연약함을 가지고 있기 때문입니다. 온갖 질병과 배고픔에 시달리며, 시기와 질투, 미움과 분노에 흔들립니다. 이것은 세상 종말이 이루어지는 최후 심판 때 이루어집니다. 예수님이 이 땅에 다시 오실 때 우리는 영광스러운 '새 부활의 몸'을 받게 됩니다. 그리고 우리의 영혼도 완전한 거룩함으로 변화될 것입니다. 고린도전서 15장 51-53절은 이런 영광스러운 변화를 다음과 같이 아름답게 표현합니다.

"보라 내가 너희에게 비밀을 말하노니 우리가 다 잠잘 것이 아니요 마지막 나팔에 순식간에 홀연히 다 변화하리니, 나팔소리가 나매 죽은 자들이 썩지 아니할 것으로 다시 살고 우리도 변화하리라. 이 썩을 것이 불가불 썩지 아니할 것을 입겠고 이 죽을 것이 죽지 아니함을 입으리로다."

<참고> 성화와 십계명

성화의 범위 2가지는 "십계명"에서 좀 더 자세하게 가르칩니다. 그래서 십계명을 성화의 기준, 원칙이라고 합니다. 신명기 5장 7-21절에서 말하는 십계명에 대해 알아봅시다. 이를 다시 두 부분으로 나누면 1-4계명은 하나님에 대한 계명이자 교회 생활과 관련된 것이며, 5-10계명은 인간관계에 대한 계명이자 개인 생활과 관련되어 있습니다.

(1계명) "나 외에는 위하는 신들을 네게 있게 말지니라"

1계명은 기독교의 심장과 같은 교리입니다. '오직 하나님만'을 섬기고 예배해야 한다는 명령입니다. 이 세상에는 수많은 신이 존재합니다. 각각의 종교마다 자신들의 신들을 갖고 있습니다. 그러나 성경은 온 세상을 창조하시고 다스리는 분은 유일하신 하나님뿐이라고 말씀합니다. 하나님 외에 다른 신들은 거짓이며, 가짜입니다. 사탄과 악한 영들이 온갖 신들을 만들어 내어 사람들에게 진짜 신처럼 유혹한 것이라고 성경은 말합니다. 이 고백에는 "오직 예수", "오직 성경"이라는 의미도 포함됩니다. 하나님께로 갈 수 있는 길은 오직 예수 그리스도밖에 없습니다. 예수님을 통하지 않고는 절대로 구원받을 수 없기 때문에 오직 예수만을 우리의 구원자로 제시합니다. 그리고 예수님을 영접하기 위해서는 오직 성경을 배우며 이해하고 의지할 때 가능합니다. 그래서 기독교는 성경을 사랑하고 실천하는 데서 시작하는 독특한 종교입니다.

(2계명) "너는 자기를 위하여 새긴 우상을 만들지 말고 위로 하늘에 있는 것이나 아래로 땅에 있는 것이나 땅 밑 물속에 있는 것의 아무 형상이든지 만들지 말며, 그것들에게 절하지 말며 그것들을 섬기지 말라 나 여호와 너의 하나님은 질투하는 하나님 인즉 나를 미워하는 자의 죄를 갚되 아비로부터 아들에게로 삼사 대까지 이르게 하거니와 나를 사랑하고 내 계명을 지키는 자에게는 천대까지 은혜를 베푸느니라."

2계명은 '우상 숭배하지 말라'라고 간단히 요약할 수 있습니다. 하나님은 영이시기 때문에 눈으로 보거나 만질 수 없습니다. 그래서 성경은 하나님을 눈에 보이는 것처럼 조각이나 그림으로 만들어 섬기지 말라고 명령합니다. 하나님의 형상을 만들면 곧바로 우상 숭배에 빠지게 된다고 경고합니다. 여기에는 겉으로 만질 수 있는 우상 숭배도 있지만 마음 속에서 만드는 우상 숭배도 포함됩니다. 골로새서 3장 5절에서 "땅에 있는 지체를 죽이라 곧 음란과 부정과 사욕과 악한 정욕과 탐심이니 탐심은 우상 숭배니라"라고 지적하듯이 우리 마음 안에 일어나는 온갖 욕심과 악한 소망이 우상 숭배일 수 있다고 말합니다. 결국 마음 속에서 하나님보다 더 좋아하는 것이 있으면 그 모든 것은 우상 숭배가 될 수 있다는 것입니다.

(3계명) "너는 너의 하나님 여호와의 이름을 망령되이 일컫지 말라 나 여호와는 나의 이름을 망령되이 일컫는 자를 죄 없는 줄로 인정치 아니하리라."

3계명은 예배와 신앙 생활하는 '자세와 태도'를 가르칩니다. 하나님의 이름은 하나님 자신을 의미합니다. 우리가 누구인지는 우리의 이름을 통해서 사람들이 알 수 있듯이 하나님의 이름은 하나님 자신을 소개하는 방법입니다. 그러면 하나님의 이름을 드러내는 다양한 방법은 어떤 것이 있을까요? 그것은 하나님의 이름 자체뿐만 아니라 예배, 성경, 기도, 찬송, 교회 봉사. 헌금, 교회 생활, 교회 직분, 성만찬, 세례 등 우리가 하나님을 예배하거나 배우기 위해서 사용하는 다양한 신앙 활동들을 모두 포함합니다. 이 모든 것을 사용할 때 우리는 경건한 마음으로 예의를 갖추고 질서 있고 품위 있게 행동해야 합니다. 왜냐하면 이 모든 것을 통해서 우리는 하나님을 배워가기 때문입니다.

(4계명) "여호와 너의 하나님이 네게 명한 대로 안식일을 지켜 거룩하게 하라. 엿새 동안은 힘써 네 모든 일을 행할 것이나 제 칠일은 너의 하나님 여호와의 안식일인즉 너나 네 아들이나 네 딸이나 네 남종이나 네 여종이나 네 소나 네 나귀나 네 모든 육축이나 네 문 안에 유하는 객이라도 아무 일도 하지 말고 네 남종이나 네 여

종으로 너같이 안식하게 할지니라. 너는 기억하라 네가 애굽 땅에서 종이 되었더니 너의 하나님 여호와가 강한 손과 편 팔로 너를 거기서 인도하여 내었나니 그러므로 너의 하나님 여호와가 너를 명하여 안식일을 지키라 하느니라."

4계명은 요즘 말로 '주일성수'라고 요약할 수 있습니다. 이것은 예배하는 시간을 가르칩니다. 우리는 365일 항상 예배하며 살아야 하지만 여러 가지 어려운 환경 때문에 그렇게 할 수가 없습니다. 따라서 성경은 적어도 7일 중 하루라도 하나님을 반드시 예배해야 한다고 명령합니다. 예배 시간은 구약에서 '안식일'로 불렸습니다. 하나님께서 6일 동안 창조하신 후 7일에 쉬셨기 때문에 안식일이라 불렀습니다. 우리의 영혼과 몸이 안식을 누릴 수 있도록 배려해 주신 것입니다. 그러나 이 영적인 안식이 신약에서는 예수님의 죽으시고 부활하심을 통해서 완성되었기 때문에 주님의 날인 '주일'로 변경되었습니다. 주일은 현재 보통 '일요일'이라는 날로 지켜지고 있고, 이날은 24시간을 말합니다. 그렇기 때문에 오전 예배만 드리고 집으로 돌아가는 것이 아니라 오전, 오후 예배, 성경공부 등 24시간 전체를 예배하고 이웃을 섬기는 일로 보내야 합니다.

(5계명) "너는 너의 하나님 여호와의 명한 대로 네 부모를 공경하라 그리하면 너의 하나님 여호와가 네게 준 땅에서 네가 생명이 길고 복을 누리리라."

5계명은 하나님의 '창조질서'를 존중하라는 명령입니다. 하나님께서는 인류를 한꺼번에 만들지 않고 부모를 통해서 차례로 태어나도록 하셨습니다. 그래서 우리에게는 부모도 있고, 형제도 친척도 존재합니다. 이런 모든 인간관계의 질서를 존중하고 보호하라는 것입니다. 특히 부모는 자기 부모만을 의미하지 않고 학교 선생님, 교회 목사님, 국가의 지도자들, 사회의 어른들 등 윗사람 모두를 포함합니다.

(6계명) "살인하지 말지니라."

6계명은 '생명존중'의 명령입니다. 인간은 아담과 하와의 타락 이후 죄 때문에

서로를 미워하고 죽이는 무서운 살인의 마음을 갖게 되었습니다. 그래서 인간은 가만 놔두면 서로를 죽이려고 하고 상처를 줍니다. 이런 폭력과 살인을 막기 위해서 가정이나 직장이나, 교회나, 국가에서 법이나 제도, 문화 등을 만들기도 합니다. 인간은 짐승과 다르게 "하나님의 형상으로 창조되었기 때문에 반드시 보호되고 존중받아야 한다고 말합니다. 장애인이라 할지라도 무시하면 안 되고, 남을 비방하는 인터넷 사용이나 조금 부족하다고 '왕따'시키거나 마음속으로 욕을 해서도 안 됩니다. 이 모든 것은 살인에 해당됩니다.

(7계명) "간음하지 말지니라."

7계명은 '결혼'에 대한 법칙입니다. 즉 자신의 순결함과 깨끗함을 유지하여 행복한 가정을 지켜가라는 명령입니다. 인간은 짐승이 아니기 때문에 아무하고 성관계를 갖거나 음란한 행동을 해서는 안 됩니다. 성경은 한 남자와 한 여자만이 결혼하는 '1부 1처제'를 하나님이 원하시는 결혼제도라고 말합니다. 간혹 특수한 경우에 다윗이나 솔로몬 등에게 여러 명의 여자를 임시적으로 허락하기도 했지만 기본 원칙은 '1부 1처제'입니다. 요즘 사회적으로 미성년자 성폭행이 심각한 문제를 일으키고 있습니다. 또한 여러 계층에서 성추행 문제로 힘들어합니다. 동성애 문제도 점점 심각해지고 있습니다. 이것은 모두 성에 대한 바른 교육을 받지 못해서 일어나는 일들입니다. 속도위반이라 해서 결혼 전 임신하는 것도, 인터넷을 통한 다양한 야한 동영상 관람도, 지나친 노출 패션도 모두 자신의 순결함을 위협하는 음란한 행동이라는 것을 우리는 주의해야 합니다.

(8계명) "도적질하지 말지니라."

8계명은 게으름 피우지 말고 열심히 일하여 먹고 살라는 '노동명령'입니다. 하나님의 창조질서를 통해서 우리에게 양식을 공급하시는 은혜를 베풀어 주셨습니다. 그러나 이 양식의 축복은 게으름 피울 때 주시는 것이 아니라 열심히 최선을 다하여 일할 때 주시겠다는 말씀입니다. 따라서 일하지 않고 게으름을 피우는 것도, 남의 것을 몰래 훔치는 것도, 도박이나 복권 등 비정상적인 방법으로 돈을 벌려고 하는 것도 모두 도적질에 해당합니다. 그리고 번 돈을 이웃에 나눠주는 기부나 구제도 이 계명에 포함됩니다. 하나님이 주신 양식은 나 혼자만 잘 먹고 잘살라고 주신 것이 아니라 우리 가족과 이웃 모두에게 나눠주라고 주신 선물입니다.

(9계명) "네 이웃에 대하여 거짓 증거 하지 말지니라."

9계명은 '신용'을 지키며 살아야 한다는 명령입니다. 거짓말은 지금 당장 위기를 넘기기에 좋은 수단처럼 보입니다. 그러나 계속 거짓말을 하면 습관이 되고, 습관은 곧 그 사람의 인격이 됩니다. 거짓말하는 사람과는 아무것도 할 수 없습니다. 도무지 믿을 수 없는 사람으로 취급받습니다. 우리 사회는 결혼도, 직장도, 학교도 모두 약속을 서로 지킬 때 유지할 수 있습니다. 만약 약속을 깨고 거짓말과 위선적 행동을 하면 모든 것이 무너집니다. 신용은 나 자신과 우리 사회 전체를 지켜 주는 기둥입니다.

(10계명) "네 이웃의 아내를 탐내지도 말지니라 네 이웃의 집이나 그의 밭이나 그의 남종이나 그의 여종이나 그의 소나 그의 나귀나 무릇 네 이웃의 소유를 탐내지 말지니라."

10계명은 '절제'하며 비전을 갖고 살라는 명령입니다. 하나님께서는 우리 각 사람을 창조하셨고, 각자에 알맞은 역할과 삶을 허락해 주셨습니다. 그렇기에 각자가 가지고 있는 몸, 돈, 사회적 지위, 나이, 형편은 하나님이 주신 것으로 알고 감사하며 살아야 합니다. 올바르게 노력하지 않고 더 많은 것을 가지려는 욕심은 하나님이 주신 것에 만족하지 못하고 불평하며 원망하는 것이며 절제하지 못하고 욕심만 부리는 것입니다. 정말 가지고 싶다면 꿈과 비전을 갖고 열심히 노력하여 준비해야 합니다. 하나님께서는 이렇게 준비하는 사람에게 더 높고 큰 역할과 형편을 허락해 주십니다.

학습을 위한
질문과 토론

Q1 9가지 구원의 서정은 무엇입니까?

Q2 십계명을 암송하고 토론해 봅시다.

Q4. 구원과 은혜언약의 관계는 무엇인가요?

1. 언약론

　　프린스턴 신학교의 유명한 성경신학자였던 게할더스 보스G. Vos, 1862-1949는 "언약론은 개혁주의 신학의 특유한 교리"라고 말했습니다.[26] 종교개혁은 신학의 분야에서도 혁신적인 시기였습니다. 특히 칼빈을 중심으로 개발된 '언약신학'은 개혁주의 신학의 핵심적인 내용이었습니다. 칼빈은 <기독교강요> 등에서 언약의 개념을 광범위하게 설명하고 있습니다. 이어 하인리히 불링거Johann Heinlich Bullinger, 1504- 1575는 교회사에서 언약에 관한 최초의 논문[27]을 작성했습니다. 불링거는 "성경의 완전성은 하나님이 아브라함과 그의 후손에게 큰 복을 주시겠다고 약속하고 그 대가로 그들이 그의 앞에서 행하며 완전하라고 요구하시며 아브라함과 맺으신 언약에 비추어보지 않으면 안 된다"고 주장했습니다.

　　'언약신학'이 대중화된 것은 하이델베르그의 작성자인 올레비아누스Casper Olevianus, 1536-1587의 공헌이 큽니다. 그는 제네바에서 칼빈에게 수학하며 그의 신학을 사사받아 취리히에서 종교개혁에 가담했습니다. 나중에 그는 '하나님과 피택자 사이에 맺어진 은혜언약의 본질'The Substance of the Covenant of Grace between God and the Elect을 저술했습니다. 그리고 하이델베르그의 공동 적성자인 우루시누스Zacharias Ursinus, 1534-1583는 언약론을 자신의 '대요리문답(1612)'에 반영했습니다. 이후 언약 신학은 네덜란드의 코케이우스Coceius, 1603-1669, 잉글랜드의 로버트 폴록R. Pollock, 1856-1920과 청교도 신학자인 토마스 카트라이트Thomas Cartwright,

---

26 Gerhardus Vos, "The Doctrine of the Covenant in Reformed Theology", ed, Richard B. Gaffin Jr. / Phillipsburg, N, J: Presbyterian and Reformed, 1980, 234p.
27 논문 제목은 '하나님의 영원한 언약에 관하여'(Of thr One and Eternal Testmant or Covenant of God)이다.

1536-1603와 존 프레스톤J. Preston, 1587-1628 및 아일랜드의 제임스 어셔James Ussher, 1581-1656로 이어져 계속 발전하였습니다.

그러나 언약론에 대한 가장 모범적인 규범은 '웨스트민스터 신앙고백서'에서 찾을 수 있습니다. 이 고백서의 입안자들은 언약의 개념을 행위언약과 은혜언약으로 구분하여 언약론을 새롭게 하였습니다. 7장 2항과 3항을 봅니다.

"인간과 맺은 첫 번째 언약은 행위언약이었다. 그 행위언약으로 아담과 그 안에서 그의 후손에게 생명이 약속되었다. 그 언약의 조건은 완전하고 개별적인 순종이었다. / 인간이 타락함으로 말미암아 행위언약으로는 생명을 얻을 수 없게 되었기 때문에 주께서 두 번째 언약 맺기를 기뻐하셨다. 이 언약은 일반적으로 은혜언약이라고 불린다. 그 언약에 의하여 주님은 죄인들에게 예수 그리스도로 말미암아 생명과 구원을 값없이 주셨다. 그러나 그들이 구원받도록 하기 위해서 그리스도를 믿는 모든 자에게 그의 성령을 주시어 그들로 하여금 기꺼이 그리스도를 믿을 수 있게 하실 것을 약속하셨다"

그리고 7장 5항에서는 "이 언약은 율법 시대와 복음 시대에 각기 다르게 집행되었다"고 말하고 6항에서는 "그리스도께서 나타나시자 이 (은혜)언약은 말씀과 선포와 세례와 주의 만찬인 성례 의식으로 집행되었다"고 진술합니다. 이렇게 함으로써 은혜언약은 구원에 있어서 가장 중요한 성령의 역사를 보증하고 선도합니다. 즉, 그리스도의 십자가 이전의 방식이었던 구약의 약속들과 예언들, 제물들, 할례와 유월절, 그리고 그 밖의 모형들과 의식들 모두가 그리스도를 예표한 것임을 알게 하고 나아가 구원을 향한 성령의 사역으로 이끌어 갑니다. 다시 말해, 모든 그리스도의 구속 사역은 하나님이 친히 반포하신 은혜언약에 근거하고 이 언약에 따라 집행한 것입니다. 그러므로 은혜언약 없이 그리스도의 구원이 없고 은혜언약에 따른 성령의 사역도 없는 것입니다.

2. 아브라함 언약

은혜 언약은 일찍이 아브라함 언약에서 표현되었고 그 언약은 구속적인 면에서 다음 세대를 위한 것으로 명확히 세워진 것입니다. 알다시피 하나님은 아담의 범죄 후에 일명 '원시복음'이라 불리는 창세기 3:15를 통해 최초로 은혜언약을 반포하셨습니다. 하나님은 '여인의 후손'이 뱀(사단)을 멸할 것이라고 약속하셨습니다. 하나님은 이후 이 약속을 근거로 노아와 언약을 맺었고(창 6:8-10), 셈의 후손들에게 약속을 하셨고(창 9:26-27), 드디어 아브라함의 부르심과 함께 미래의 모든 세대를 위해 구원적 복을 보증하고 확실히 해주는 언약을 맺는데 이 언약은 아브라함의 삶의 여정에 따라 무려 다섯 번이나 갱신되고 보충되고 확대됩니다(창 12:1-3, 13:14-16, 15:18-21, 17:1-16, 22:16-18).

이후의 계시는 모두 하나님께서 아브라함의 언약 안에서 구원적으로 행하신 일들입니다. 다시 말해, 창세기 12장 이후부터 그려진 구원의 프로그램들은 모두 아브라함 언약 속에 포함된 구원적 약속들의 이행입니다. 이것을 일러 '은혜언약의 통일성'이라 부릅니다.

3. 신약 시대의 성취

은혜언약의 통일성이라는 입장에서 보면 하나님이 반포하신 약속들은 시대를 불문하고 언제나 동일한 원칙 안에서 실행되고 적용됨을 알게 됩니다. 그 대표적인 사례들을 소개합니다.

1) 신약 시대의 마리아와 사가랴는 예수 그리스도의 성육신 자체의 행위를 포함하여 첫 번째 강림이 아브라함에게 하신 하나님의 은혜로운 언약의 성취를 보여주는 결정적인 사건이 됨을 선언했습니다.

"찬송하리로다 주 이스라엘의 하나님이여... 그 거룩한 언약을 기억하셨으니 곧 우리 조상 아브라함에게 맹세하신 맹세라"(눅 1:68-73)

2) 예수님은 "이 성경이 내게 대해 증거하는 것"(요 5:39)이라고 하셨고, "모세가 내게 대하여 기록하였다"(요 5:46)고 직접적으로 언급하셨습니다. 또 이사야 53장이

"내 안에서 이루어져야 하리라", "내게 관한 일이 이루어감이니라"고 선포하셨습니다(눅 22:37, 마 26:24, 31, 54, 56). 또 예수님은 부활 후 엠마오로 가는 두 제자에게 "모세와 및 모든 선지자의 글로 시작하여 모든 성경에 쓴바 자기에 관한 것을 자세히 설명하시니라"(눅 24:25-27, 요 13:18, 19:24, 28, 20:9)고 말씀하셨습니다.

3) 베드로는 예루살렘에 있는 형제들에게 "하나님이 모든 선지자의 입을 의탁하사 자기의 그리스도의 해 받으실 일을 미리 알게 하신 것을 이와 같이 이루셨느니라"(행 3:17-18)고 선언함으로 하나님의 은혜언약의 성취를 증거하였습니다.

4) 바울의 증거는 너무 많습니다. 그는 그의 선교여행 중 규례대로 "성경을 가지고 강론하며 뜻을 풀어 그리스도가 해를 받고 죽은 자 가운데서 다시 살아야 할 것"을 증명하였습니다(행 17:2-3). 그는 또 "이 복음은 하나님이 선지자들로 말미암아 그의 아들에 관하여 성경에 미리 약속하신 것이라"(롬 1:2-3)고 말했습니다. 아그립바왕 앞에서 자신을 변호할 때에도 바울은 "하나님이 우리 조상에게 하신 약속하신 것"에 따라 발언을 하였습니다(행 26:6-7).

이와 같이 모든 그리스도인은 하나님이 친히 맺으신 약속의 자녀들입니다. 무엇보다 구원을 위한 약속이기에, 이 구원은 오직 하나님의 은혜에 기인한다는 점에서 은혜언약이라 하는 것입니다. 그러므로 우리는 늘 가슴에 하나님의 은혜언약을 품고 살아야 합니다. 우리의 구원이 여기서 나왔기 때문입니다.

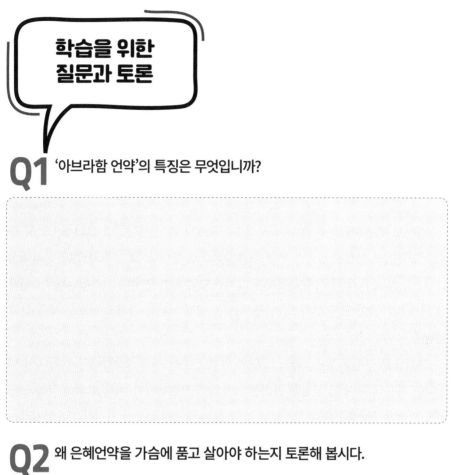

학습을 위한 질문과 토론

Q1 '아브라함 언약'의 특징은 무엇입니까?

Q2 왜 은혜언약을 가슴에 품고 살아야 하는지 토론해 봅시다.

Q5. 구원의 복이란 무엇인가요?

1. 개혁파 구원론

개혁교회의 구원론은 성부께서 그리스도에게 주신 사람들과 그리스도와의 구원의 언약에서 성립된 신비한 연합을 출발점으로 합니다. 그 구원의 언약에 의해서 그리스도의 소유가 된 사람들에게는 그리스도의 의가 영원히 전가됩니다. 이 전가된 의로 말미암아 모든 그리스도인은 새로운 법적 지위를 가지고 새로운 삶을 살게 됩니다.

그러므로 구원을 받은 그리스도인의 법적 신분이 매우 중요합니다. 감옥에서 해방되어 자유의 몸이 된 사람은 완전한 자유를 보장받습니다. 비록 그의 도덕성은 여전히 비난받기에 충분하다 할지라도 그의 신분은 이제 죄수가 아니라 자유인이라는 것입니다. 하나님이 그에게 가장 큰 복이라 할 수 있는 이 자유를 주신 것은 더 이상 자유를 남용하지 말고 자신에게 주신 자유를 가지고 남은 인생을 하나님의 영광을 위해 살라는 깊은 뜻이 있습니다. 사도 바울은 자유에 대해 이렇게 논했습니다.

"그리스도께서 우리를 자유롭게 하려고 자유를 주셨으니 그러므로 굳건하게 서서 다시는 종의 멍에를 메지 말라"(갈 5:1)

"형제들아 너희가 자유를 위하여 부르심을 입었으나 그러나 그 자유로 육체의 기회를 삼지 말고 오직 사랑으로 서로 종 노릇하라"(13절)

2. 세 가지 복[28]

20세기 네덜란드의 대표적인 교의학자인 헤르만 바빙크 Hermann Bavinck, 1854-1921는 구원의 복을 세 부류로 분류하였습니다. 그는 죄는 1) 행위언약의 파기 2) 하나님 형상의 상실 3) 타락의 힘에 대한 복속 4) 그 결과로서 죄책 guilt과 부패(오염)와 비참으로 보았습니다. 이러한 인간의 상태에서 그리스도는 자신의 고난과 율법의 모든 요구의 성취와 사망에 대한 섭리를 통해 우리를 구원하셨으며 우리에게 다음의 세 가지 복을 주셨다고 진술합니다.

1) 그리스도는 칭의에 의해 인간과 하나님과의 관계, 인간과 다른 피조물과의 관계를 회복시키셨습니다. 여기에는 죄의 용서, 양자됨, 하나님과의 화목, 영광스러운 자유가 포함됩니다. 2) 그리스도는 중생, 내적 부르심, 회심, 갱신 renewal, 성화에 의해 하나님의 형상으로 인간을 새롭게 하십니다. 3) 그리스도는 자신의 영원한 기업을 위해 인간을 보호하시며, 인간을 고통과 사망에서 구원하시고, 보존, 견인, 영화에 의해 인간이 영원한 구원을 소유하게 하십니다.

이어 바빙크는 이 세 가지 복을 다양한 관점에서 구별하고 논의합니다. 첫째 복은 성령의 조명에 의해 분여分與, impartation되고, 믿음에 의해 수용되고, 우리의 양심을 자유롭게 합니다. 둘째 복은 성령의 중생 사역에 의해 분여되며, 우리를 새롭게 하시고, 죄의 세력에서 우리를 구속하십니다. 셋째 복은 우리의 완전한 구속의 보증으로서 성령의 보호하시고 인도하시며 인印, seal 치시는 사역에 의해 우리에게 분여되며, 우리의 몸과 영혼을 비참과 사망의 권세에서 구원하십니다. 또 주의 3중직이라는 관점에서 이 세 복을 분석하면 첫째 복은 우리를 선지자로, 둘째 복은 우리를 제사장으로, 셋째 복은 우리를 왕으로 기름 부음받도록 한다고 설명합니다. 또 첫째 복은 우리로 하여금 십자가에서 우리의 죄를 대속하신 그리스도의 완성된 사역을 돌아보게 하시고, 둘째 복은 대제사장으로서 아버지 우편에 앉아 계신 하

---

28 루이스 벌콥, <조직신학>, 663-664p.

늘에 계신 주님을 바라보게 하시고, 셋째 복은 모든 대적을 복종시키시고 자신의 나라를 아버지에게 양도할 예수 그리스도의 재림을 소망하게 한다고 말합니다.

중요한 사실 하나는 우리는 그리스도의 구속 사역의 모든 혜택을 누리고 있음을 명심해야 한다는 것입니다. 비단 세 가지 복만이 아니라 천만 가지 복을 동시에, 그리고 영원히 누리게 되었음을 믿고 하나님께 감사와 영광을 올려야 할 것입니다.

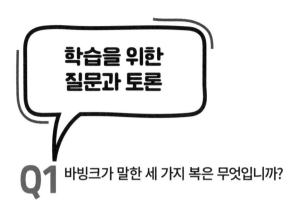

Q1 바빙크가 말한 세 가지 복은 무엇입니까?

Q2 그리스도의 3중직을 우리가 어떻게 적용하고 살아야 하는지에 대해 토론해 봅시다.

Q6. 구원을 위한 성령의 사역은 무엇인가요?

1. 불필요한 성령의 사역?

성경은 모든 구속 사역이 그리스도 안에서 완결되어 인간이 행해야 할 일은 아무것도 없다고 가르침과 동시에 실제적으로 결정적인 일은 인간 안에서 인간을 통해 성취되어야 한다고 가르칩니다. 이 가르침에는 '자력 구원'과 '타력 구원'의 요소가 모두 포함된 것처럼 보입니다. 구원에 있어서 이 두 요소에 대한 오해가 많습니다. 일반적으로 반(半)펠라기우스주의자와 알미니안주의자 등 '자력 구원론자'들은 하나님의 은혜의 도움 없이도 인간 스스로 구원을 성취할 수 있다고 봅니다.

또 율법 폐기론자들은 우리의 죄가 그리스도에게 전가될 때는 그리스도는 개인적으로 죄인이 되고, 그리스도의 의가 우리에게 적용될 때는 우리가 개인적으로 의롭게 되어 하나님은 더 이상 우리 안에서 죄를 찾지 않으신다고 주장합니다. 즉, 죄인의 구속이 이미 십자가상에서 완성되었기 때문에 성령의 사역은 매우 피상적인 것이며, 이후 구속의 서정도 불필요하다고 봅니다. 그들은 이미 성취된 구속 안에서 행위언약의 조건뿐 아니라 생활의 규범으로서의 율법에서 해방되었으므로 율법 자체가 필요치 않다고 말합니다. 그들은 나아가 실제적인 성령의 인격과 사역, 그리고 경우에 따라서는 그리스도를 통한 객관적 속죄까지도 부정합니다.

그러나 하나님은 언약의 하나님으로서 우리와 맺은 구속의 은혜언약을 변경하지 않으십니다. 성령님은 구속 받은 각 개인에게 구속의 효력을 적용시키는 큰 임무를 부여받으신 분이십니다. 모든 구속 받은 신자는 각자 성령의 사역에 의해 새로운 삶을 사는 것입니다. 성령 없이는 새 삶도 보장되지 않습니다.

2. 구속 사역의 일정한 경륜

성경은 우리에게 창조와 구속의 사역에는 일정한 경륜, 즉 불변의 통일성이 있다는 것을 가르칩니다. 이 경륜은 시대가 달라진다고 해서 변하는 것이 아닙니다. 우리가 하나님을 믿는다는 것은 영원하시고 무한하시며 언제나 거룩하시고 신실하시며 불변하시는 하나님의 약속을 믿는 것입니다.

한편으로 이 약속은 하나님이 정하신 규칙과 순서와 질서 안에서 우리에게 나타나고 성취되고 적용됩니다. 하나님은 무질서하신 분이 아니시며 자신의 규칙을 벗어나 불법적인 사역을 하시는 분이 아닙니다. 성경은 창조의 사역은 성부 하나님이, 구속의 사역은 성자 하나님이, 구속의 적용과 새로운 사람을 인도하시는 사역은 성령 하나님이 주관하심을 증언합니다. 그러므로 이 놀라운 삼위 하나님의 구별된 위격과 본질과 속성 안에서 하나님의 구원 사역의 경륜에 순종하는 마음으로 임해야 할 것입니다.

무엇보다 우리는 구원에 합당한 공로를 세우신 그리스도의 사역과 이를 적용하는 성령의 사역을 구별해야 합니다. 그리스도는 하나님의 모든 공의의 요구를 성취하셨습니다. 그렇지만 그리스도의 사역은 아직 끝나지 않았습니다. 그리스도는 자신이 생명을 바친 사람들로 하여금 자신이 공로로 세운 모든 은택을 소유하게 하기 위해 지금도 하늘에서 중보의 사역을 계속하십니다.

다만 이제는 그리스도께서는 성령을 매개로 일하십니다. 그래서 구속을 적용하는 사역이 구속의 경륜에서는 성령의 사역이 되는 것입니다. 이 사역은 오직 예수 그리스도의 구속 사역에 근거하여 이를 완성하며, 구속의 주체들의 협력을 통해 수행하십니다. 예수 그리스도는 지상에 계실 때 이 사역의 주체가 되실 성령님을 언급하신 바 있습니다.

> "그러하나 진리의 성령이 오시면 그가 너희를 모든 진리 가운데로 인도하시리니 그가 자의로 말하지 않고 오직 듣는 것을 말하시며 장래 일을 너희에게 알리시리라 그가 내 영광을 나타내리니 내 것을 가지고 너희에게 알리겠음이니라"(요 16:13-14)

학습을 위한
질문과 토론

Q1 '자력구원론'을 주장하는 대표적인 사람들이 누구입니까?

Q2 왜 모든 인간은 스스로 구원을 이룰 수 있는 능력이 없는지 토론해
봅시다.

Q7. 성령의 일반 사역과 특별 사역은 무엇인가요?

성령은 두 가지 방면에서 크신 사역을 감당하십니다. 하나는 특별한 사역이고 다른 하나는 일반적인 사역입니다. 전자는 '특별은혜' Particular Grace이고 후자는 '일반은혜' General Grace 로 구별합니다.

1. 은혜

'은혜'라는 단어는 성경에서 다양한 의미로 사용됩니다. 구약 성경에는 '카난'이라는 어근에서 나온 '켄'이라는 단어가 있습니다. 이 명사는 '자비로움', '아름다움'을 의미하기도 하지만 다른 곳에서는 '은혜' favour, 또는 '호의' good-will라는 의미로 사용하기도 합니다. 노아는 하나님의 '은혜'를 입은 사람으로 구원을 받았습니다. 이때 영어 성경은 은혜를 'favour'로 번역합니다. 이후 구약 성경에는 하나님이나 사람 앞에서 은혜를 입는다는 표현이 반복적으로 나타납니다.

신약 성경에는 '카이레인'에서 파생된 '카리스'란 단어가 사용되고 이것은 '사랑스러움', '호감', '흡족함' 등의 뜻으로 사용됩니다. 이것은 먼저 우리를 향한 주님의 친절이나 덕행을 의미하고(고후 8:9), 또 하나님에 의해 현현(懸懸)되고 베풀어지는 은혜를 의미합니다(벧전 5:10). 고린도후서 8:9에서는 물질적인 복도 언급됩니다. 우리 입장에서 볼 때에는 은혜를 받은 자들의 마음에서 일어나는 감정을 표현하는 데 사용되어 '감사', '사의'(謝意)라는 뜻으로 표현됩니다. 하지만 '카리스'라는 단어는 인간의 심령 안에서 성령을 매개로 하여 일어나는 하나님의 값없는 사역을 의미합니다. 실제로 은혜는 성령의 내재적 사역에 의해 전달되는 하나님의 복입니다. 사도 바울은 이것을 "은혜와 진리가 충만하다"고 표현합니다(롬 3:24, 5:2, 15, 17, 6:1, 고전 1:4,

고후 6:1, 엡 1:7, 2:5, 3:7, 벧전 3:7, 5:12).

2. 구속 사역에서의 하나님의 은혜: 특별은혜

하나님은 모든 은혜를 죄인의 구속을 위해 베푸시는 수단이자 목적으로 삼았습니다. 당신이 택하신 주의 자녀가 죄의 상태에 머물러 있는 것은 하나님에겐 견디지 못할 고통이라는 점에서 하나님은 이들에게 즉시 구원의 은혜를 베푸시기로 작정하셨습니다. 이 구속사적 특별은혜는 다음 세 가지 특징을 가집니다.

첫째, 은혜는 죄와 허물의 상태에 있는 인간에 대해 베풀어지는 하나님의 자유롭고 주권적이며 무한한 호의 혹은 사랑으로 죄의 용서 및 죄의 형벌로부터의 구원이라는 의미를 가집니다. 이 은혜는 하나님의 공의적 속성에 대비되는 하나님의 자비하심을 드러냅니다. 하나님은 자신이 택하신 모든 백성이 한 사람도 잃어버리지 않고 구원받기를 원하십니다. 이는 가장 근본적인 하나님의 구속적 은혜입니다.

둘째, 은혜는 하나님이 그리스도 안에서 행하시는 모든 구원의 활동을 다 포함하는 말입니다. 모든 은혜는 예수 그리스도 안에서 행해집니다. 그러므로 그리스도는 하나님 은혜의 중보자이자 화신입니다. 사도 요한은 이것을 "말씀이 육신이 되어 우리 가운데 거하시며... 은혜와 진리가 충만하더라"(요 1:14)고 표현합니다. 또 바울은 "모든 사람에게 구원을 주시는 하나님의 은혜가 나타나"(딛 2:11)라고 말했습니다. 바울은 시종일관 그리스도가 은혜의 공로적 요인이 된다는 점을 강조했습니다.

셋째, 특별히 은혜는 성령의 사역과 밀접한 관계가 있습니다. 즉, 성령에 의한 구속 사역의 적용이라는 차원에서 은혜가 작용됩니다. 우리가 의롭다 함을 받을 때 우리는 하나님에 의해 값없이 주어진 용서함을 받는 데 이 자체가 하나님의 은혜이고 성령의 역사입니다. 이런 점에서 은혜는 성령과 동의어가 됩니다. 사도행전 6장에서는 '성령 충만'과 '은혜와 권능의 충만'이 거의 구별없이 사용됩니다(5, 8절). 또 히브리서 10:29에서는 성령을 '은혜의 영'이라 부릅니다. 지금 당신이 하나님의 은혜를 입었다면 당신은 성령의 충만함을 경험한 것입니다. 이로 인해 당신의 믿음이 자신도 모르게 장성해집니다. 은혜는 당신을 구원시키고자 하시는 하나님의 선한 호의이자 당신의 잠자던 영혼을 깨워 더욱 갱신하고 장성한 믿음의 분량에 이르도록 이끄시는 하나님의 감동입니다.

3. 일반은혜

루이스 벌콥은 일반은혜를 '보통은혜'Common Grace 로 부릅니다. 그러나 후기 개혁파 신학에서는 화란의 전통을 따라 '일반은혜'로 호칭합니다. 하지만 루이스 벌콥은 "엄격히 말해서 '보통'이라는 단어가 어떤 의미에서는 '일반'이라는 의미도 지니고 있지만 은혜에 적용될 때에는 이 은혜가 공유적이라는 사실, 즉 모든 피조물이나 모든 인간 혹은 복음의 통치 아래에 있는 사람들이 공통적으로 소유하고 있다는 사실을 강조한다"[29]고 말했습니다.

일반은혜는 모든 피조 세계를 향하신 하나님의 역사하심을 다룹니다. 다른 말로 성령의 일반 사역을 총칭합니다. 구약 성경에선 성령은 '하나님의 영' 혹은 '하나님의 숨결'(욥 32:8, 시 33:6)로 표현됩니다. 즉, '생명의 힘'으로서 피조물이 살아가게 하는 하나님의 고유한 원리를 독특한 방식으로 지칭할 때 사용됩니다. 다시 말해, 피조물 안에 거하며 피조물의 존재 기반인 '숨'은 하나님으로부터 유래하며 피조물을 하나님과 결합하게 합니다.

> "주께서 낯을 숨기신즉 그들이 떨고 주께서 그들의 호흡을 거두신즉 그들은 죽어 먼지로 돌아가나이다. 주의 영을 보내어 그들을 창조하사 지면을 새롭게 하시나이다"
> (시 104:29-30)

> "하늘을 창조하여 펴시고 땅과 그 소산을 내시며 땅 위의 백성에게 호흡을 주시며 땅에 행하는 자에게 영을 주시는 하나님 여호와께서 이같이 말씀하시되"(사 42:5)

하나님은 모든 육체의 영의 아버지이십니다(민 16:22, 27:16, 히 12:9). 성령은 세상의 시작부터 생명을 부여하는 일을 하십니다. 땅이 혼돈하고 흑암이 깊었던 태초에 하

---

29 그의 <조직신학>, 681p.

나님의 영은 수면 위에 운행하였습니다(창 1:2). 그리고 창세기 2:7에서는 인간의 창조에 삼위일체 하나님으로서 개입하였습니다. 이처럼 하나님의 영은 피조물에게 생명을 부여하고 하나님의 창조 사역을 완성시킵니다. 즉, 생명의 기원, 유지, 발전이 모두 성령의 일반 사역에 의존합니다. 그러므로 성령이 떠난다는 것은 곧 죽음을 의미합니다. 죽는다는 것은 그 코에서 '숨'이 떠나간다는 의미와 같습니다. 이것을 우리는 일반은혜라 말합니다.

일반은혜가 신학적으로 중요한 이유는 특별은혜와 직간접적으로 연관이 있기 때문입니다. 모든 사람은 일반은혜의 세계에 살아갑니다. 그중 몇몇을 하나님이 택하시어 구원으로 부릅니다. 그러나 구원을 받은 사람이라 해도 성령에 의한 모든 일반은혜를 받고 살아야 합니다. 일반은혜 없이는 특별은혜도 적용되지 못합니다. 하나님은 세상을 사랑하십니다.

학습을 위한 질문과 토론

Q1 성령을 다른 말로 어떻게 표현합니까?

Q2 생명의 근원인 '숨, 혹은 호흡'이 내게 어떻게 주어졌는지 생각하고 토론해 봅시다.

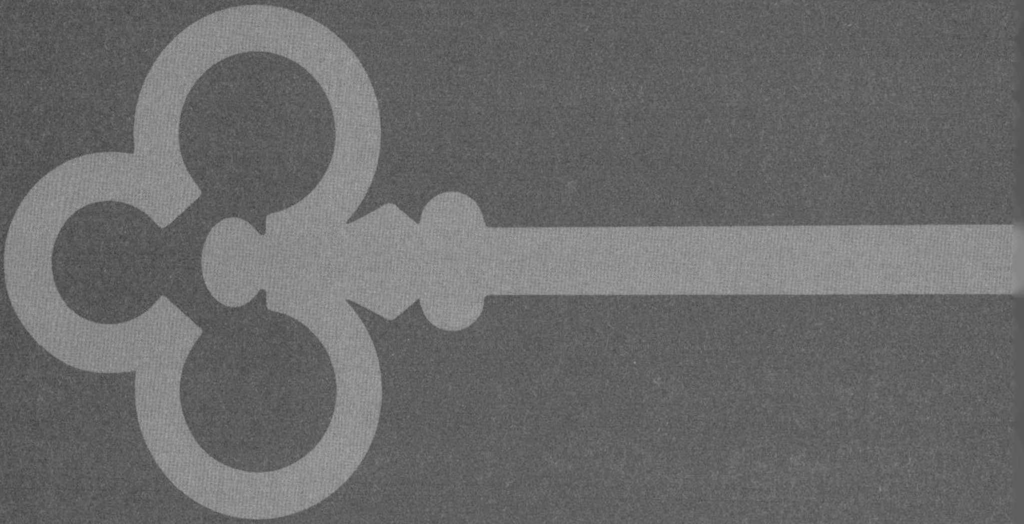

여섯 번째 창고

구원받은 사람은 어떻게
살아야 하나요? / 교회론

Q1. 교회의 기원은 어떻게 되나요?

1. 구약 시대

구약 시대에 하나님의 교회는 이스라엘 민족 중에 세워졌지만 이스라엘 민족 자체와 동일한 것은 아니었습니다. 왜냐하면 이스라엘 백성 중에는 아브라함의 육신적 후손이지만 영적인 후손이 아닌 사람들이 있었기 때문입니다. 그러므로 구약 시대의 참된 교회는 아브라함의 영적인 후손이었으며, 한편으로 이들은 하나님의 참된 언약 공동체로서 이스라엘 민족 중에 있었던 '남은 자'the remnant들이었습니다 (사 10:22, 롬 9:27). 그럼에도 구약 성경은 이스라엘 민족 전체를 하나님의 백성으로 다루는데 이는 하나님께서 세상의 모든 민족 가운데 이스라엘 민족을 택하여 '양자'로 삼으셨기 때문입니다(암 3:2). 또 하나님은 이 민족 전체와 언약을 맺으시고 다음과 같은 약속을 하셨습니다.

> "세계가 다 내게 속하였나니 너희가 내 말을 잘 듣고 내 언약을 지키면 너희는 열국 중에서 내 소유가 되겠고 너희가 내게 대하여 제사장 나라가 되며 거룩한 백성이 되리라"
> (출 19:5-6)

구약 성경에는 하나님의 백성을 가리키는 두 개의 단어가 나옵니다. 하나는 '에다'이고 다른 하나는 '카할'입니다. '에다'는 '지정하다', '모임을 준비하다'라는 뜻의 동사 '야아드'에서 파생된 명사로서 '집회' 혹은 '모임'을 가리킵니다. '카할'도 같은 뜻이지만 이는 주로 실제로 집회에 모인 '회중'을 가리킬 때 사용되었고 구약 성경의 대부분은 이 단어를 즐겨 사용했습니다. 신명기 23:1-3의 '여호와의 총회'라는 말이 대표적입니다. 70인역 LXX은 '에다'를 거의 '쉬나고게'로 번역하고 '카할'이라는 히브리어 단어는 '에클레시아조'라는 헬라어로 번역했는데 여기서 '교회'라는 '에클레시아' εκκλησια라는 용어가 탄생했습니다. 그러므로 신약 성경의 저자들이 구약 시대의 모임을 '에클레시아' 즉, 교회라고 부른 것은 하등 이상할 것이 없습니다.

교회의 발전과정을 알기 위해 우리는 이스라엘의 역사를 되돌아볼 필요가 있습니다. 이스라엘이라는 민족의 형성은 출애굽 구속사건으로 구체화되었습니다. 그들은 드디어 시내산에서 주님의 임재 앞에 모여 '총회' Assembly를 구성했습니다. 그날에 하나님은 모세를 통해 "이 백성들을 내 앞에 모아서 내가 하는 말을 듣게 하라"고 명령하셨습니다(신 4:10). 이때가 창세기 3:15에 원시적으로 계시되었던 교회의 원형이 처음으로 이스라엘 민족을 대상으로 지상에 드러난 것입니다. 다시 말해, 출애굽의 구속사건은 이스라엘을 하나의 총회로 만들어 내었으며, 이 총회는 하나님이 행하신 구속의 절정이었습니다. 이스라엘은 이 총회를 통해 하나님 앞에서 모임을 가지고 하나님을 경배했습니다. 그들은 장막 문 앞에 모였고 그곳은 그들의 '집회소'가 되었습니다. 그곳에서 그들은 하나님의 말씀을 듣고 율법을 받았습니다.

이후 이스라엘은 중요한 시기마다 민족적 회합을 가졌습니다. 여호수아가 에발산으로 회합을 소집하고, 이스라엘 온 회중에게 언약의 의무들을 다시 강조하였습니다(수 8:30-35). 여호수아는 죽기 전에 또 세겜으로 회중을 불러 모으고 하나님의 언약을 되새겨 주었습니다. 다윗은 솔로몬의 왕위 계승을 공식화하기 위해 백성을 소집했습니다. 다윗은 '온 회중 앞에서' 여호와를 송축하였습니다(대상 28:2, 8, 29:10). 솔로몬 왕은 모임을 소집한 후에 성전을 하나님께 봉헌하였습니다(대하 7:8). 여호사밧 왕은 모암과 암몬 족이 침입해 왔을 때 '유다의 회중'을 소집했습니다(대하 20:14). 소년 요아스가 왕위에 오를 때 제사장 여호야다는 온 이스라엘 족속의 모든 족장을 성전에 모이게 하고 그곳에서 왕과 언약을 세웠습니다. 여기서 족장들의 모임을 '온 회중'(대하 23:3)으로 묘사한 점이 특이합니다. 선지자들도 회중에게 하나님의 뜻을 전하였습니다. 요엘은 백성의 영적 갱신을 일으키기 위해 백성을 모으고 '거룩하라'고 소리쳤습니다(욜 2:16). 바벨론 포로에서 귀환한 이후 느헤미야는 큰 회중을 모으고 율법준수 언약식을 거행했습니다. 그러자 회중이 다 '아멘'했습니다(느 5:13).

이렇게 역사적인 민족적 회합들은 종교적인 개혁이나 언약의 갱신 그리고 모세가 명령한 세 절기(유월절, 오순절, 장막절)의 준수를 위한 것으로 정착되고 발전하였습니다. 이렇게 이스라엘 백성은 하나님과 맺은 언약에 따라 하나님의 백성됨을 드러내는 집단으로서 이 땅에 있는 구속된 '하나님 나라'를 가시적이고 외적으로 드러내는 공동체가 되었습니다.

2. 신약의 교회

구약은 희미하지만 '에클레시아'인 교회의 배경을 제시해 줍니다. 구약에서 이스라엘은 하나님의 백성이면서 언약 공동체로서 하나님 앞에 함께 모여 그분의 율법을 듣는 장면을 계속 묘사하였습니다. 이것은 신약의 사람들에게도 그대로 이어져 교회를 계승하고 있습니다. 예를 들어 스데반은 이스라엘 백성을 '광야교회'(행 7:38)라 불렀고, 히브리서 기자는 그리스도가 하늘에 있는 하나님 백성의 총회에서 하나님을 찬송하리라는 말씀을 인용했습니다(히 2:12, 시 22:22 인용). 더불어 히브리서 기자는 오늘 지상교회를 이루고 있는 그리스도인들이 아벨, 에녹, 아브라함, 사라, 기드온, 바락, 삼손, 입다, 다윗, 사무엘, 심지어 모든 선지자 등 구약 시대로부터 오늘날까지 허다한 증인에 의해 둘러싸여 있다(히 11:4-32)고 함으로써 교회의 연속성을 증언하고 있습니다. 또 히브리서 기자는 12장 후반부터 신약의 성도들이 예배를 드릴 때 우리는 하늘에 기록한 장자들의 총회에 동참한다고 했습니다. 즉, 신약 성경의 저자들이 유대인 신자들과 이방인 신자들이 교회 안에서 하나가 되었음을 강조한 것도 교회가 하나임을 천명한 것입니다. 사도 바울도 이런 교회의 일치성에 대해 "몸이 하나요 성령도 한 분이시니 이와 같이 너희가 부르심의 한 소망 안에서 부르심을 받았느니라"(엡 4:4)고 증언하면서 이 교회 안에 소속된 모든 신자를 그리스도의 몸에 붙은 지체(4:16)라고 규정하였습니다.

3. 예수님의 '에클레시아'

무엇보다 중요한 것은 예수님이 두 번에 걸쳐 직접 '에클레시아'를 언급하셨다는 점입니다. 하나는 마태복음 16:18이고 다른 하나는 마태복음 18:17입니다.

1) 마태복음 16:18

예수님은 베드로의 고백을 들으시고 베드로에게 복을 주시며 이렇게 선언하셨습니다. "너는 베드로라 이 반석 위에 내가 내 교회를 세울 것이니 음부의 권세가 이기지 못하리라." 베드로 즉, '페트로스'πετρος는 '바위'라는 뜻입니다. 로마 카톨릭은 이 구절을 근거로 예수님이 베드로가 첫 교황이 될 것을 선언하였다고 억지 주장을 하고 있습니다.

이들의 이런 생각은 성 베드로 대성당의 지붕 아래에 새겨져 있는 라틴어 글귀에 잘 나타나 있습니다.

"*Tu es Petrus, et super hanc petram aedificabo Ecclesiam meam*"
(너는 베드로다. 이 반석 위에 내 교회를 세울 것이다)

로마 카톨릭은 이런 생각을 교리로 만들어 선언하였습니다. 예를 들어 1952년에 작성한 볼티모어 요리문답에서는 "그리스도는 성 베드로에게 특별한 권세를 주셨다"고 전제하고 "주님은 이 특별한 권세를 베드로의 주교직을 계승하는 교황들에게 계속하여 물려 주었고, 이 교황은 이 세상에서 그리스도의 대리자이며 교회의 가시적인 머리"라고 선언하였습니다. 이후 로마 카톨릭교회는 이 교리를 가지고 교황은 성경이 가르치지 않는 새로운 교리를 도입할 권한이 있으며 성경의 가르침을 다르게 해석할 권한이 있다고 주장합니다.

2) 베드로와 로마 카톨릭교회의 주장

사복음서는 베드로에 대해 총 140여 회 언급합니다. 이는 분명히 다른 제자를 언급한 회수에 비해 더 많은 언급입니다. 신약 성경에서 베드로는 대부분 모든 제자보다 가장 앞서서 거론되었습니다(마 10:2, 막 3:16, 눅 6:14, 행 1:13). 그는 예수님의 가장 핵심적인 세 제자 중의 한 사람으로 예수님과 동행하고 그의 곁을 지켰습니다(마 17:1-8). 그는 제자들을 대표하여 예수님에게 질문을 하거나 말을 걸었습니다(마 15:15, 17:24-25, 19:27, 요 6:68-69). 또 오순절에 가장 먼저 대중들 앞에서 설교를 했습니다(행 2장). 하나님은 특별히 그를 선택하시어 이방인의 구원의 징표로서 고넬료의 집에 보내셨습니다(행 10장). 그리스도의 부활 이후에도 목격한 사람들의 명단이 열거될 때에 그의 이름이 맨 앞에 거론되었습니다(고전 15:5). 이를 보건대 베드로는 다른 사도들에 비해 가장 열심히 주님의 사역에 앞장선 제자였습니다.

그렇다고 하여 베드로가 교회의 반석이 되어야 한다는 주장은 과연 옳은 것일까요? 이 주장이 옳은 것이 되기 위해선 몇 가지 결정적인 하자를 방어하거나 뒷받침하는 근거가 있어야 합니다. 그렇지 않다면 로마 카톨릭교회의 주장은 허구가 됩니다.

첫째, 예수님이 '이 반석'이라 말씀하셨을 때 오직 베드로 한 사람을 가리켰다는 근거가 무엇일까요?

둘째, 베드로에게 주어진 사도적 권위가 로마 교황들에게 계승되었다면 다른 사도의 권위는 왜 다른 후계자들에는 계승되지 않았을까요?

셋째, 칼빈이 지적한 것처럼 마태복음 16:18에서 특정한 지명이 언급되지 않은 채 주어진 이 약속이 무엇 때문에 로마라는 특정한 도시에 국한되어야 할까요?

넷째, 바울은 로마에 있는 28명의 형제에게 문안하고 있는데 여기서 베드로의 이름을 언급하지 않습니다. 만약 당시 베드로가 로마교회를 대표하고 있다면 바울은 의도적으로 베드로의 이름을 삭제한 것일까요, 아니면 이때 베드로는 어디에 있었을까요?

다섯째, 베드로가 유대인에게 복음을 전하는 사명을 맡았다는 바울의 말(갈 2:7-8)은 어떻게 이해해야 하는 것인가요?

여섯째, 마가와 누가는 예수와 베드로가 가이사랴 빌립보에서 나눈 대화를 자세히 언급할 때 베드로가 다른 사도들보다 더 우월한 권위를 갖는다는 내용을 왜 기록하지 않았을까요?

일곱째, 가이사랴 빌립보에서 베드로가 신앙고백을 한 이후에 다른 사도들이 한 잘 못들보다 베드로가 범한 잘못이 신약 성경에 더 많이 기록되어 있는 것은 무엇 때문일 까요?

여덟 번째, 성경에 기록된 베드로의 많은 인간적 약점과 잘못들, 범죄들을 무시하고 그가 거룩한 그리스도의 대리자라고 주장하는 것을 어떻게 이해해야 할까요? 예를 들어, 예수님은 자신의 죽음을 예고하셨을 때 베드로는 그 의미를 생각하기 전에 강하게 말렸고 이에 예수님은 베드로의 부주의함을 크게 꾸짖었습니다(마 16:22-23). 변화산에서 베드로는 예수님을 모세와 엘리야와 비교함으로써 주님의 지위와 권위를 격하시키는 잘못을 범했습니다(마 17:4-5). 또 베드로는 예수님이 자기 발을 씻겨주는 일을 거부하면서 '절대로'라는 강한 표현을 사용했습니다(요 13:8-9). 겟세마네 동산에서 군졸들이 예수님을 체포하려고 왔을 때 그는 성급하게 칼을 꺼내어 휘둘렀습니다(마 26:51-54). 이외에도 베드로의 인간적인 실수와 미숙함과 잘못된 언행들은 계속됩니다. 그는 하나님께서 깨끗하게 하신 것을 먹기를 강하게 거부했고(행 10:10-16), 안디옥에서 이방인들과 식사하다가 유대인들이 찾아오자 두려워 자리를 피하였습니다(갈 2:11-14).

과연 평범하기 짝이 없는 이런 사람이 무오한 진리 자체와 동일시되고 이런 사람을 통해 복음의 순수성과 영속성이 전달되고 계승될 수 있을까요? 단지 한 사람의 인간에 불과한 이런 사람의 후계자로 자처하는 교황들이 이런 권위와 권세를 가질 수 있는 것일까요? 만약 베드로가 실제로 교회 안에서 아무도 반박할 수 없는 무오한 권위를 가진 수장이었다면 어떻게 다른 사도들과 형제들이 베드로가 고넬료에게 세례를 준 사건에 대해 논쟁하고 힐난할 수 있었겠습니까? 만약 베드로가 그리스도의 대리자라면 예루살렘에 모인 사도들이 감히 베드로에게 사마리아에 일어난 부흥의 실체를 조사하라고 명령할 수 있었겠습니까?(행 8:14) 왜 바울은 베드로를 단지 예루살렘에 있는 교회의 '기둥들 중 하나'로 언급했겠습니까? 그것도 야고보 다음으로 언급을 했을까요?(갈 2:9). 왜 누가의 기록인 사도행전 15장 이후로는 그에 관한 언급을 찾아볼 수 없을까요? 이 외에도 소위 저들의 '베드로의 대리권'과 '교황의 위임설'을 반박하는 근거는 수없이 많습니다. 우리는 더 이상 이 황당한 로마 카톨릭교회의 주장을 반박할 필요를 느끼지 못합니다.

3) 바른 해석

그렇다면 예수님이 "이 반석 위에 내 교회를 세우겠다"고 하신 말씀의 진정한 의미는 무엇입니까? 결국 이 '반석'페트라, πετρα을 어떻게 해석하느냐에 달려 있습니다. 초대교회 때부터 이 부분에 관한 해석들은 다양했습니다.

~ 오리겐Origenes은 문자적 의미로 '반석'은 베드로를 가리키지만 영적인 의미로는 베드로와 같은 신앙고백을 하는 모든 사람을 가리킨다고 해석했습니다.

~ 터툴리안Tertulianus은 매고 푸는 권세는 당시 그곳에 있었던 베드로 개인에게 준 권세이지 결코 로마 주교들에게 계승되지 않았다고 하였습니다.

~ 키프리안Cyprian은 예수께서 베드로에게 하신 말씀은 모든 주교에게 하신 말씀이라 하였습니다. 예수님은 모든 사도에게 '영세와 권세 면에서' 동등한 협력관계를 부여하셨다는 것입니다.

~ 크리소스톰Chrisostom은 '반석'은 베드로의 신앙고백 속에 나타난 신앙을 가리키신 것이라고 해석했습니다. 닛사의 그레고리우스, 라틴 교부 힐러리, 다마스커스의 요한 등이 이것을 따랐습니다.

~ 어거스틴Augustinus는 이 '반석'이 베드로가 아니라 그리스도 자신을 가리킨다고 말했습니다. 마르틴 루터도 이 견해를 지지했습니다.

~ 칼빈J. Calvin도 '반석'을 예수 그리스도로 보았습니다. 동시에 주님께서 베드로를 이 '반석'이라고 한 것은 베드로가 고백한 그 믿음이 교회의 기틀이 된다는 의미라고 보았습니다. 오늘날 개혁파 신학은 이 해석을 기준으로 삼고 있습니다.

이후 모든 종교개혁가는 예수 그리스도가 교회의 참된 반석이심을 믿었습니다. 예수께서는 그분을 메시아이자 하나님으로 믿는 모든 신자를 대표해서 베드로가 행한 신앙고백을 '반석'이라고 부른 것입니다. 하나님이 그에게 은혜를 베푸시어 주신 그 신앙, 즉 "주는 그리스도시오 살아계신 하나님의 아들입니다"는 그 고백 위에 주님의 교회를 세우신 것입니다. 따라서 모든 그리스도인은 하나님으로부터 믿음을 통한 구원의 은혜를 값없이 받아 하나님 나라의 백성이 되었으며 이후로 교회의 소속이 되어 영원히 하나님을 경배하고 찬송하며 하나님을 즐거워하며 살아야 합니다.

학습을 위한 질문과 토론

Q1 에클레시아의 어원과 원래의 뜻은 무엇입니까?

Q2 베드로의 신앙고백이 나의 신앙에 어떤 의미가 있는지 토론해 봅시다.

Q2. 교회의 속성은 무엇인가요?

1. 예루살렘 멸망 이후

주후 70년 예루살렘은 로마군에 의해 완전히 무너졌습니다. 교회는 스스로 생존의 길을 모색해야 했지만 언제나 하나님의 능력과 예수 그리스도와 그의 영에 의해 자양분을 얻어 보존되었습니다. 그럼에도 교회는 더 이상 이스라엘의 민족적인 테두리 안에 머물지 못하게 되었습니다. 고넬료 사건을 통해 우리는 이스라엘 안에 머물던 교회가 초 민족적이고 다인종적인 신자들의 공동체로 성장한 것을 알게 됩니다. 동시에 교회는 "모든 족속에게 복음을 전하라"는 주님의 선교 명령에 순종하고 힘닿는 대로 각 지역으로 뻗어 나가 복음을 실어 날랐습니다. 바울 사도의 선교 활동은 이러한 교회의 확장을 이룬 대표적인 사례에 해당합니다.

2. 이단의 발호와 교리의 확립

그러나 사도들의 시대가 지나자 교회는 사도들의 가르침으로부터 조금씩 벗어나게 되었습니다. 2세기 초입부터는 교회 밖에서부터 이단들의 미혹과 난잡한 주장들이 일어나 교회 안의 신자들을 어지럽게 만들었습니다. 특히 '영지주의'Gnosticism 의 발호는 초대교회에 큰 위협이 될 정도였습니다. 영지주의라는 말은 '지식'(그노시스)이라는 헬라어에서 비롯된 것으로 그들은 자신들만이 구원에 이르는 '비밀스러운 지식'을 가졌다고 주장했습니다. 그들은 헬라철학과 동양의 이교적 사상 및 페르시아 등지의 이원론적 우주론과 유대교 사상 등을 종합한 하나의 혼합주의 사상 체계를 가지고 있었습니다. 그들은 하나님이 창조한 영은 순하고 신비적인 데 반해, 저급한

조물주에 의해 만들어진 육체, 즉 물질은 악하고 타락한 것으로 보았습니다. 그래서 이 악하고 더러운 육체의 감옥에서 해방되기 위해 영적인 사람은 금욕을 실천해야 한다면서 심지어 모든 성관계를 부정한 일로 치부했습니다. 이렇게 육체를 죄악시한 결과 그들은 예수 그리스도의 성육신을 부인했고, 예수는 단지 사람처럼 보였을 뿐이라는 이른바 '가현설'docetism을 주장했습니다. 주후 1세기 중엽에 발흥해 2-3세기를 풍미하다가 4세기경에 마니교에 흡수되었습니다. 한 때 어거스틴도 마니교 신자였을 정도로 이들의 활약과 영향력이 막대하였습니다.

그리하여 교회는 자체 방어를 위해 시급하게 교리를 세워야 했습니다. 무엇보다 참된 교회를 규정할 수 있는 속성들attributes을 정의하여 기존 신자들을 유혹으로부터 보호해야 했습니다. 사도 시대가 지난 후 초대교회는 사도들의 계승자인 주교들에 의해 운영되고 있었습니다. 사람들은 주교들이 사도적 전통을 소유하고 있을 것이라고 믿었습니다. 나아가 주교들을 중심으로 하나씩 교회의 제도가 만들어지고 외형적 기관으로서 조금씩 교회의 형태를 가꾸어갔습니다. 당시 카르타고의 주교였던 키프리안Cyprian, 258년 사망의 기록에 따르면 그때 이미 '주교단'episcopate이 구성되었고, 신자들은 그들의 합의된 결론을 믿고 순종했으며, 교회는 이를 중심으로 연합하고 일치를 구했다고 하였습니다. 특히 이 시대를 대표하는 교회의 슬로건은 "교회 밖에는 구원이 없다"였습니다. 어거스틴은 그의 글에서 교회를 일러 '구원받은 모든 신자의 거룩한 총회'sancta congregatio omnium fidelium salvamdolum라고 불렀습니다. 또 390년에 채택된 루피누스의 '구 로마 신경'도 '거룩한 교회'를 언급했고, 700년에 채택된 사도신경은 '거룩한 보편적 교회'를 말하고 있습니다. 그뿐 아니라 325년의 니케아신경은 "보편적이고 사도적인 교회"를 언급하고 381년의 니케아-콘스탄티노플 신조는 "우리는 하나이며 거룩하고 보편적이며 사도적인 교회를 믿는다"며 교회의 신앙고백을 한층 강화했습니다.

이런 과정을 통해 신자들은 점점 교회의 본질과 속성에 대해 눈을 뜨게 되었습니다. 무엇보다 신자들은 교회의 공식적인 신조와 신앙고백서들을 통해 참된 교회와 거짓 교회를 분간하는 지식과 능력을 가지게 되었습니다. 오늘을 살아가는 그리스도인들에게도 교리적 지식과 신앙고백은 자신의 신앙을 지키고 보호하고 더 성숙하고 장성한 믿음의 분량에 이르게 하기 위해 반드시 필요한 것입니다.

3. 교회의 기본적 속성 루이스[30]

1) 교회의 하나됨(통일성)

교회는 그리스도와 연결되었기 때문에 근본적으로 하나입니다. 모든 신자는 한 성령에 의해 세례를 받아 한 머리와 한 몸이신 주님께 접붙여진 상태입니다. 즉 한 토대 위에 세워진 한 집이요, 한 목자를 따르는 양 떼입니다. 주님은 "아버지께서 내 안에, 내가 아버지 안에 있는 것같이 저희도 다 하나가 되어 우리 안에 있게 하사 세상으로 아버지께서 나를 보내신 것을 믿게 하옵소서"(요 17:20-23)라고 기도하셨습니다. 사도 바울은 일평생 그리스도의 교회가 하나가 될 수 있게 하기 위해 애썼습니다. 그는 계속해서 이방인 교회들이 기쁜 마음으로 유대인 교회의 필요를 도와주어야 하며, 유대인 교회는 겸손한 마음으로 이방인 후원자들의 도움을 받아들여야 한다고 강조했습니다. 바울은 "너희는 유대인이나 헬라인이나 종이나 자유자나 남자나 여자 할 것 없이 다 그리스도 예수 안에서 하나다"(갈 3:28)고 선언하였습니다.[31] 그러므로 모든 그리스도인의 하나됨, 즉 '일치'는 당연한 의무사항입니다.

문제는 이 일치가 지나치게 영적인 국면에 치우칠 때 가시적인 일치가 깨어진다는 것을 경계해야 합니다. 교회는 1차적으로 세상 앞에 가시적인 형태를 띠고 존재합니다. 네덜란드의 교의학자인 벌까우어 G. C. Berkouwer는 "교회는 숨겨지고 불가해하며 신비에 싸여 현존하는 실체가 아니다"고 전제하면서 "세상에 구원을 가져다주는 교회의 기능과 목적에 비추어 볼 때 하나님이 보시기에 충분한 유대가 우리 안에 있다는 것을 자랑할 것이 아니라 세상이 우리를 어떻게 보고 있는지를 살펴야 한다"고 말했습니다.[32]

---

30 루이스 벌콥은 '통일성', '거룩성', '보편성' 세 가지를 주장하고, 헤르만 바빙크는 4가지 속성에다 '완전성'과 '무오성' 두 가지를 추가했다.

31 교회의 하나됨에 대한 바울의 다른 언급을 알고 싶으면 롬 15:5-6, 고전 1:10-13, 12:12-13, 엡 2:14-16, 4:3-6, 빌 2:2 등을 참조하라.

32 G. C. Berkouwer, The Church, Grand Rapids, Mich, Eerdmans, 1976, 45p.

그러나 교회의 하나됨이 무조건 하나가 되어야 한다는 것을 의미하지는 않습니다. 가령, 교회 안에 침투해 온 '다른 복음'에 맞서 진리를 수호하기 위해 갈라서는 자들은 무조건 분열을 획책하는 자들로 매도해서는 안 됩니다. 올리버 버스웰J. Oliver Buswell은 그의 <조직신학, Systematic Theology> 교회론에서 "특정한 성경적 사안들에 대하여 진리가 옹호되고 설명되어야 한다는 것을 진심으로 믿는 사람들이 '교회를 분열시키는 자'로 비난을 받아야 마땅한가?"라고 묻고 "진리를 확증하기 위해 갈라서는 일은 필요하다. 진리를 지키기 위해 갈라서는 사람들은 그 분열에 대한 진정한 책임이 있는 사람들이 아니다"고 말했습니다.

2) 교회의 거룩성

교회는 '그리스도 안에' 있는 공동체라는 점에서 본질상 거룩합니다. 더불어 이 안에 거주하는 모든 그리스도인은 하나님 은혜의 선물인 믿음을 값없이 받아 의롭다 함을 받은 이후부터 내면에서 성화가 시작되고 그 성화가 점진적으로 전 생애에 걸쳐 나타나는 삶을 살게 됩니다. 어떤 교파에서는 한 사람이 거듭난 순간에 모든 성화가 다 이루어진 것처럼 주장하지만 한 사람의 그리스도인은 거룩이라는 목표를 향해 나아가는 과정에 있을 뿐입니다. 이에 대해 칼빈은 <기독교강요>에서 "교회는 매일 전진하면서도 아직 완전하지 못하다는 의미에서 거룩하다"고 말했습니다. 한편으로 그는 "교회는 세상으로부터 구별되어 그리스도께 헌신된 공동체라는 점에서 본질상 거룩하다"고 정의했습니다.

무엇보다 교회의 거룩은 진리를 소지하고 진리를 사랑하며 진리를 수호함으로 나타나는 본질이자 속성입니다. 예수님은 "내가 세상에 속하지 아니함같이 저희도 세상에 속하지 아니하였사오니 저희를 진리로 거룩하게 하옵소서"라고 기도하셨습니다(요 17:15-19). 사도 바울은 "하나님을 따라 의와 진리와 거룩함으로 지으심을 받은 새사람을 입으라"(엡 4:24)고 권면하였습니다(참조: 엡 5:25-27, 살전 5:23-24, 벧전 1:15-16, 2:9). 그러므로 모든 신자는 진리인 하나님의 말씀을 사랑해야 합니다. 그 말씀이 곧 성경이므로 성경을 사랑하고 성경을 부지런히 읽고 묵상하고 배우고 익힐 때 교회의 거룩성을 몸에 지니고 살게 됩니다.

3) 교회의 보편성

교회는 크게 눈에 보이는 '유형(有形, visible) 교회'와 눈에 보이지 않는 '무형(無形, invisible) 교회'로 나눕니다. 교회의 보편성은 유형 교회가 아니라 무형 교회로부터 나옵니다. 로마 카톨릭교회는 자신들의 교회만이 보편적이라고 우기고, 교회의 보편성을 교황을 머리로 하는 유형적 교회 조직체에 적용하였습니다. 그러나 성경에서 교회의 보편성은 가시적인 조직이 아니라 참되고 영적이며 거룩한 공동체를 추구하는 입장에서 모든 국가와 민족이 다를 바가 없다는 점을 말합니다.

나아가 이 보편성을 가진 교회만이 세상의 각 시대에 속한 모든 신자를 예외없이 포함할 수 있고, 그 결과로서 복음화된 세계의 모든 나라에 그 회원들이 있게 됩니다. 물론 유형 교회를 통해서도 우리는 교회의 보편성을 찾아야 합니다. 지상에 세워진 모든 교회는 같은 신앙의 고백과 예배의 모범 안에서 일치를 구해야 합니다. 만약 각 민족 위에 세워진 교회들이 각자의 길을 찾아 각자의 방식대로 운영된다면 교회는 만 가지 천만 가지의 모습으로 나타나 교회의 일치는 물론이고 교회의 진정한 보편성을 잃어버리게 될 것입니다.

우리는 주님의 지상명령(마 28:18-20)에 따라 땅끝까지 이르러 모든 민족을 제자로 삼아 세례를 주어야 합니다. 온 세상을 예수 그리스도의 이름 앞에 무릎 꿇리고 그리스도 안에서 화목을 이루도록 선도해야 합니다. 지상에 세워진 모든 교회가 하나이듯이 교회는 모든 국가와 민족을 하나로 만들어 가야 합니다. 그리하여 요한계시록이 나타내는 광경을 이 땅에서 이루어가야 합니다.

> "이 일 후에 내가 보니 각 나라와 족속과 백성과 방언에서 아무라도 능히 셀 수 없는 큰 무리가 흰 옷을 입고 손에 종려나무 가지를 들고 보좌 앞과 어린 양 앞에 서서"
> (계 7:9)

4) 교회의 사도성

예수님은 자신과 사도들을 일치시키고 동일하게 여겼습니다. "너희를 영접하는 자는 나를 영접하는 것이요"(마 10:40)라고 하셨고, 또 "너희 말을 듣는 자는 곧 내 말을 듣는 것이요 너희를 저버리는 자는 곧 나를 저버리는 것이요"(눅 10:16), "내가 진실로 진실로 너희에게 이르노니 나의 보낸 자를 영접하는 자는 나를 영접하는 것이요"(요 13:20)라고 말씀하셨습니다. 또 히브리서 기자는 "우리가 믿는 도리의 사도"(히 3:1)이신 주님께서 그분이 지명하신 사도들이 그분의 권위를 입고 능력을 받은 대리인이자 대변자이심을 분명히 밝히셨습니다. 이에 대해 사도 바울은 "너희는 사도들과 선지자들의 터 위에 세우심을 입은 자라 그리스도 예수께서 친히 모퉁이 돌이 되셨느니라"(엡 2:20)고 선언하였습니다.

이렇게 사도성은 사도들의 믿음과 삶과 가르침과 그 교리를 충실하게 따르는 것을 전제로 합니다. 사도들에 의해 정립된 교리들은 초자연적인 계시와 영감에 의해 사도들에게 주어졌고, 문서로 기록되었습니다. 그러므로 지상의 모든 교회는 사도들의 믿음의 자취를 뒤좇으며 그들이 가르친 교리에 순복해야 합니다. 주님은 에베소 교회를 칭찬하셨는데, 그 교회가 "자칭 사도라 하되 아닌 자들을 시험하여 그 거짓된 것을 드러내었기 때문"(계 2:2)입니다. 사도성은 참된 교회와 거짓된 교회를 가르는 시금석입니다. 교회를 맡은 어떤 자가 다른 사도들이 가르친 동일한 복음을 가르치지 않거나 동일한 그리스도를 선포하지 않는다면 그는 거짓된 교회의 앞잡이일 것입니다.

한편, 성경은 사도의 자격 기준을 몇 가지 구체적인 사례로 소개합니다. 첫째, 그리스도의 부활을 목격한 증인(행 1:22)이어야 하고 둘째, 그리스도의 가르침을 그대로 전수 받아 가르치는 제자(갈 1:8-9, 고전 15:11, 고후 11:4)이어야 하고 셋째, 예수 그리스도께서 육신으로 이 세상에 오신 것을 믿고 가르치는 자(요일 4:1-3)이어야 하며 넷째, 필요한 경우 기적과 기사와 표적들을 행하는 능력을 가진 자(고후 12:12)이어야 합니다. 이런 기준에 부합하지 않으면서 자신을 사도라 속이거나 사도성을 부인하면서 자칭 '사도교회'라고 자처하는 자들을 경계해야 합니다.

오늘날까지 로마 카톨릭교회는 이 교회의 사도성을 철저히 부정하고 자신들만의 교회를 주장하고 있습니다. 그들은 트랜트 공의회(1545-1563)를 통해 종교개혁의 모든 진리를 정죄하였습니다. 그들은 "교회의 사도적 특성은 사도들로부터 내려오는 교황들의 계속되는 승계 안에서 가장 분명하게 나타난다"고 하면서 로마 교황의 완전하고 최고의 보편적인 권세를 내세웁니다. 심지어 그들은 제1차 바티칸 공의회(1869-1870)를 통해 교황의 무오성을 진술하는 등 주 예수 그리스도와 참된 사도성을 완전히 짓밟고 있습니다.

일찍이 '종교개혁의 샛별'이라 불리는 존 위클리프John Wycliffe, 1329-1384는 로마 교황청을 '사단의 회'라고 비난했고, 로마교회의 미사에 대해선 신성모독이라고 경멸했습니다. 또 마르틴 루터Martin Luther, 1483-1546는 사도직이 베드로부터 계승되며 교회의 일반 공회는 무오하다고 하는 주장을 거부하면서 "교회는 성도의 교제이며 모든 신자는 하나님 앞에 서 있는 제사장이다"고 천명하였습니다. 우리는 이러한 로마 카톨릭교회의 범죄 행위를 미워함과 동시에 그들의 회개를 위해 기도해야 할 것입니다.

학습을 위한 질문과 토론

Q1 교회의 4가지 속성은 무엇입니까?

Q2 나는 얼마나 교회의 본질에 충실하게 임하고 있는지 토론해 봅시다.

Q3. 교회의 참된 표지는 무엇인가요?
– 참된 교회와 거짓 교회

1. 세 가지 표지[33]

우리 믿음의 선조들은 웨스트민스터 신앙고백서를 통해 참된 교회의 표지를 잘 설명하고 있습니다. 25장 4항을 보세요.

> "~ 그 보편적 교회에 속하는 개 교회들은 그들 안에서 복음의 교리를 가르치고 받드는 데에 따라, 또 성례가 시행되고, 공동예배를 순수하게 행하거나 행치 않거나에 따라 더 순수하기도 하고 덜 순수하기도 하다"

이러한 선언을 기준으로 개혁교회는 다음의 세 가지를 교회의 주요한 표지로 설정하고 있습니다. 이 표지를 통해 우리는 '참된 교회' ecclesia vera 가 무엇인지 구별할 수 있습니다.

1) 말씀 선포

교회의 가장 중요한 표지는 말씀의 선포에 있습니다. 말씀의 참된 선포는 교회를 유지하고 교회로 하여금 신자들의 어머니가 되도록 하는 위대한 방편입니다. 이것에 대한 주요한 성경의 근거는 다음과 같습니다.

---

[33] 오직 하나의 표지, 즉 순수한 복음적인 교리의 전파만을 교회의 유일한 표지라고 보는 학자로는 베자와 알스테드 등이 있고, 말씀과 성례 두 가지를 거론하는 사람으로는 칼빈과 불링거, 잔키우스, 고마루스, 아브라함 카이퍼 등이 있으며, 여기에 권징을 추가하는 학자는 히페리우스, 우르시누스, 벤델리누스 등이 있다. 개혁주의 신앙고백서들은 대부분 세 개의 표지를 말한다.

"너희가 내 말에 거하면 참 내 제자가 되고... 하나님께 속한 자는 하나님의 말씀을 듣나니... 사람이 나를 사랑하면 내 말을 지키리니..."(요 8:31, 47, 14:23)

"모든 성경은 하나님의 감동으로 된 것으로 교훈과 책망과 바르게 함과 의로 교육하기에 유익하니 이는 하나님의 사람으로 온전케 하며 모든 선한 일을 행하기에 온전케 하려 함이니라"(딤후 3:16)

"지나쳐 그리스도 교훈 안에 거하지 아니하는 자마다 하나님을 모시지 못하고 교훈 안에 거하는 이 사람이 아버지의 아들을 모시느니라 누구든지 이 교훈을 가지지 않고 너희에게 나아가거든 그를 집에 들이지도 말고 인사도 말라 그에게 인사하는 자는 그 악한 일에 참예하는 자임이니라"(요이 9-11)

교회가 하나님의 말씀인 진리를 잃어버리고 그릇되게 가르친다면 교회는 참된 성격을 잃어버리고 거짓 교회가 됩니다. 그리스도인이 믿는 모든 교리와 삶의 기준은 오직 하나님 말씀이어야 합니다.

2) 성례의 집행

성례는 말씀과 분리시킬 수 없습니다. 다만 말씀은 성례없이 존재할 수 있지만 성례는 항상 말씀과 함께 존재합니다. 왜냐하면 성례는 그 자체가 고유한 내용을 가지고 있는 것이 아니라 그 내용이 하나님 말씀에 연유하기 때문입니다. 그러므로 성례는 말씀의 합법적인 사역자들에 의해 하나님이 세우신 제도에 따라 자격을 갖춘 신자들과 그 자녀들에게만 시행됩니다. 로마 카톨릭교회는 성례를 말씀에서 분리시키고 마술적인 효력을 부여함으로써 필요한 경우 산파도 세례를 베풀 수 있도록 하는 등 바른 성례의 표지를 오염시켰습니다.

"내가 너희에게 전한 것은 주께 받은 것이니 곧 예수께서 잡히시던 밤에 떡을 가지사 축사하시고 떼어 이르시되 이것은 너희를 위하는 내 몸이니 이것을 행하여 나를 기념하라 하시고 식후에 또한 이와 같이 잔을 가지시고 이르시되 이 잔은 내 피로 세운 새

언약이니 이것을 행하여 마실 때마다 나를 기념하라 하셨으니 너희가 이 떡을 먹으며 이 잔을 마실 때마다 주의 죽으심을 오실 때까지 전하는 것이니라..."(고전 1:23-30)

3) 권징의 실시

권징은 교회의 교리를 지키고 성례의 거룩성을 수호하기 위해, 또 한 개인의 잘못된 신앙을 바로잡아 바른 신앙으로 이끌기 위해 반드시 필요한 것입니다. 교회의 타락은 이 권징을 등한시(等閑視)한 결과라고 말할 수 있습니다. 한 나무가 바르게 자라기 위해 가지치기 등의 작업이 필요하듯이 한 사람의 그리스도인을 하나님의 말씀 안에서 바르게 키우기 위해 때로 권징이라는 아픔을 감내해야 합니다. 그렇다고 권징이 채찍질하는 것으로만 오해해서는 안 됩니다. 권징은 잘못을 범한 신자에게 회개의 기회를 제공함으로써 하나님의 길에서 이탈되지 않도록 보호하는 장치이기도 합니다.

"만일 그들의 말도 듣지 않거든 교회에 말하고 교회의 말도 듣지 않거든 이방인과 세리와 같이 여기라"(마 18:17)

"그러므로 너희가 일깨어 내가 삼 년이나 밤낮 쉬지 않고 눈물로 각 사람을 훈계하던 것을 기억하라"(행 20:31)

"형제들아 내가 너희를 권하노니 너희 교훈을 거슬러 분쟁을 일으키고 거치게 하는 자들을 살피고 저희에게서 떠나라 이 같은 자들은 우리 주 그리스도를 섬기지 아니하고 다만 자기의 배만 섬기나니 공교하고 아첨하는 말로 순전한 자들의 마음을 미혹하느니라"(롬 16:17-18)

"하나님은 어지러움의 하나님이 아니시오 오직 화평의 하나님이시라... 모든 것을 적당하게 하고 질서대로 하라"(고전 14:33, 40)

"형제들아 사람이 무슨 범죄한 일이 드러나거든 신령한 너희는 온유한 심령으로 그러한 자를 바로잡고 네 자신을 돌아보아 너도 시험을 받을까 두려워하라"(갈 6:1)

"누가 이 편지에 한 우리 말을 순종치 아니하거든 그 사람을 지목하여 사귀지 말고 저로 하여금 부끄럽게 하라 그러나 원수와 같이 생각지 말고 형제같이 권하라" (살후 3:14-15)

"범죄한 자들을 모든 사람 앞에서 꾸짖어 나머지 사람으로 두려워하게 하라" (딤전 5:20)

"이단에 속한 사람을 한두 번 훈계한 후에 멀리하라"(딛 3:10)

2. 참된 표지에 대한 신앙고백서들의 증거

1) 제네바 신앙고백서(1536)

"예수 그리스도의 교회를 참되게 구별시켜 주는 정당한 표지는 그분의 거룩한 복음이 순전하고 신실하게 설교되고, 선포되며, 들려지고 지켜지는 것, 그리고 설령 어떤 불완전함과 실수가 존재한다고 할지라도 그분의 성례가 언제나 사람들 가운데서 정당하게 시행되는 것이다"(18장)

2) 프랑스 신앙고백서(1559)

"이 믿음 안에서 우리는 하나님의 말씀이 받아들여지지 않고, 그 말씀에 복종이 고백되지 않으며, 성례의 시행이 이루어지지 않는 곳에서는 어떠한 교회도 존재할 수 없다고 선언한다..."(28장)

"참교회와 관련하여 우리는 그 교회가 반드시 우리 주 예수 그리스도께서 세우신 질서에 따라 다스려져야 한다고 믿는다... 이는 참된 교리를 보존하며, 잘못을 교정하거나 막고, 가난한 자들과 교통 가운데 처한 자들의 필요를 돕기 위해서이다..."(29장)

3) 벨기에 신앙고백서(1561)

"...참교회임을 알 수 있는 몇 가지 사실은 다음과 같다. 만일 복음의 순수한 교리가 전파되고, 그리스도에 의해 세워진 성례가 순수하게 이행되며, 교회의 가르침으로 인해 죄를 징벌하는 일이 일어난다면 이는 참 교회에 속하는 것이다..."(29장)

4) 웨스트민스터 신앙고백서(1646)

"...이 보편적 교회에 속하는 개 교회들은 그들 안에서 복음의 교리를 가르치고 받드는 데 따라, 또 성례가 시행되고, 공동예배를 순수하게 행하고 안 하고에 따라 더 순수하기도 하고 덜 순수하기도 하다. 지상에서는 아무리 순수한 교회들일지라도 혼잡함과 과오를 범한다. 그리고 어떤 교회들은 극도로 타락하여 그리스도의 교회가 아니라 사단의 공회당이 되기도 한다. 그렇지만 지상에는 언제나 하나님의 뜻을 따라 하나님에게 예배드리는 교회가 있게 마련이다..."(25장)

학습을 위한 질문과 토론

Q1 교회의 3가지 표지가 무엇입니까?

Q2 자신이 속한 교회는 이 세 가지 표지를 가지고 있는지 살펴보고, 만약 가지고 있지 않다면 그 이유가 무엇인지 토론해 봅시다.

Q4. 교회의 권세는 무엇인가요?

1. 권세

1) 하나님의 권세

성경에 따르면 예수 그리스도의 교회에는 권세κρατος, authority가 있습니다. 권세는 하나님의 주권sovereignty에 속한 고유하고 본질적인 속성의 하나입니다. 하나님은 만물의 창조주이시자 만왕의 왕(멜렉)으로서 권세를 가지고 자신이 창조한 세계를 다스리고 보존하십니다.

"땅의 모든 끝이 여호와를 기억하고 돌아오며 모든 나라의 모든 족속이 주의 앞에 예배하리니, 나라는 여호와의 것이요 여호와는 모든 나라의 주재이심이로다"(시 22:27-28)

"주의 나라는 영원한 나리이니 주의 통치는 대대에 이르리로다"(시 145:13)

"영원하신 왕 곧 썩지 아니하고 보이지 아니하고 홀로 하나이신 하나님께 존귀와 영광이 영원무궁하도록 있을지어다 아멘"(딤전 1:17)

2) 예수 그리스도의 권세

예수 그리스도는 아버지 하나님이 아들이신 자신에게 우주적인 주권을 위임하셨다고 분명하게 선언하셨습니다. 그러므로 예수 그리스도는 교회의 권세에 있어서 유일한 궁극적인 근원이십니다.

"내 아버지께서 모든 것을 내게 주셨으니 아버지 외에는 아들을 아는 자가 없고 아들과 또 아들의 소원대로 계시를 받는 자 외에는 아버지를 아는 자가 없느니라"(마 11:27)

"아버지께서 아들에게 주신 모든 자에게 영생을 주게 하시려고 만민을 다스리는 권세를 아들에게 주셨음이로소이다"(요 17:2)

3) 사도들의 권세

한편, 예수 그리스도는 자신의 권세를 사도들에게 나누어 주셨다고 말씀하셨습니다.

"예수께서 그 열두 제자를 부르사 더러운 귀신을 쫓아내며 모든 병과 모든 약한 것을 고치는 권능을 주시니라"(마 10:1)

"진실로 너희에게 이르노니 무엇이든지 너희가 땅에서 매면 하늘에서도 매일 것이요 무엇이든지 풀면 하늘에서도 풀리리라"(마 18:18)

"너희가 뉘 죄든지 사하면 사하여질 것이요 뉘 죄든지 그대로 두면 그대로 있으리라 하시니라"(요 20:23)

사도 바울도 예수님으로부터 말씀을 듣고 주의 권세를 물려받았습니다.

"(바울은) 내 이름을 이방인과 임금들과 이스라엘 자손들 앞에 전하기 위하여 택한 나의 그릇이라(행 9:15, 참고. 행 22:10, 15)

"형제들아 내가 너희에게 알게 하노니 내가 전한 복음이 사람의 뜻을 따라 된 것이 아니라 이는 내가 사람에게서 받은 것도 아니요 배운 것도 아니요 오직 예수 그리스도의 계시로 말미암은 것이라"(갈 1:11-12)

4) 교회 직분자들의 권세

주님의 권세는 비단 사도들에게만 위임된 것이 아닙니다. 주님은 온 교회의 덕을 세우기 위해 교회 안에서 영원히 지속되어야 할 임무들을 주셨고 이 임무를 수행하는 자들에게 동일한 권세를 부여하셨습니다. 교회의 모든 직분자들은 이 임무를 수행하기 위해 피택된 주의 종들입니다.

> "그가 어떤 사람은 사도로, 어떤 사람은 선지자로, 어떤 사람은 복음 전하는 자로, 어떤 사람은 목사와 교사로 삼으셨으니, 이는 성도를 온전하게 하여 봉사의 일을 하게 하며 그리스도의 몸을 세우려 하심이라"(엡 4:11-12)

2. 교회의 권세와 그 특징

교회의 권세는 세상이 가진 권세와 사뭇 다릅니다. 우선 교회의 권세의 특징은 영적이고 도덕적입니다. 다시 말해서 교회의 권세는 세상처럼 계급적이거나 고압적이거나 입법적인 것이 아니라 사역적ministry이며 선포적declaration입니다. 교회는 자신의 권세를 나타내기 위해 어떠한 경찰력이나 군사력을 가지지 않습니다. 그럴 필요도 없습니다.[34]

구원받기 전에 교회 또한 본성적으로 죄와 사단의 노예였습니다. 오직 하나님의 은혜로 말미암아 구원을 받은 교회는 평생 감사와 함께 거룩한 삶을 살기 위해 분투하고 노력해야 합니다. 그 모든 분투는 오직 영적이고 도덕적이며 사랑과 관용과 인내로 무장되어야 합니다. 교회의 권세는 육적인 일에서 나오는 것이 아닙니다. 교회의 진정한 권세는 하늘에서 주어진 권세이자 주님의 사랑에 기인합니다. 주님의 사랑은 다른 이를 지배하고 명령하고 억제하는 일이 아니라 섬기는 것에서부터 증거되어야 합니다.

---

34 중세교회는 교회의 권세를 잘못 사용한 대표적인 교회였다. 교황 이노센트 4세는 교서(1252)를 통해 이단을 처벌하기 위해 그들의 재산을 압류하고 감옥에 가두며 화형까지 단행하는 등의 벌을 내렸다. 또 1479년의 스페인 종교재판은 유대인들과 회교도들과 개신교도들을 처형하는 수단으로 삼았다. 뿐만 아니라 종교개혁가인 마르틴 루터는 독일 영주들에게 재세례파들을 대항하여 무력을 사용하라고 요청했으며, 제네바의회가 세르베투스를 이단으로 정죄하고 그와의 교제의 단절이라는 교회의 법과 정신을 넘어 그를 끝내 화형시킨 것 등은 교회의 권세를 남용하고 왜곡한 대표적인 사례들이다.

"...너희 중에 누구든지 크고자 하거든 너희를 섬기는 자가 되고 너희 중에 누구든지 으뜸이 되고자 하는 자는 너희 종이 되어야 하리라 인자가 온 것은 섬김을 받으려함이 아니라 도리어 섬기려 하고 자기 목숨을 많은 사람의 대속물로 주려 함이니라"(마 20:26-28)

"우리가 육체에 있어 행하나 육체대로 싸우지 아니하노니 우리의 싸우는 병기는 육체에 속한 것이 아니요 오직 하나님 앞에서 견고한 진을 파하는 강력이라 모든 이론을 파하며 하나님 아는 것을 대적하여 높아진 것을 다 파하고 모든 생각을 사로잡아 그리스도에게 복종케 하니"(고후 10:3-5)

학습을 위한 질문과 토론

Q1 하나님은 교회에게 어떤 권세를 주셨습니까?

Q2 하나님의 권세에 대항한 경험이 있다면 서로 나누고 토론해 봅시다.

Q5. 교회의 사역(기능)은 어떤 것들이 있나요?

1. 예배

교회에서 제일 먼저 하는 일은 예배입니다. 예배를 잘 모르는 사람들은 다양한 질문을 합니다. "집안에서 전통적으로 해왔던 제사는 많이 경험해 봐서 어느 정도 아는데, 예배는 어떻게 드리는 것인가요?" "제사처럼 음식을 차려놓고 하나님을 부르며 절을 하는 것인가요? 아니면 절에서처럼 이상한 동상 아래서 주문을 외우는 것인가요?"라고 질문하기도 합니다. 교회 예배는 이런 것들과 전혀 다릅니다. 교회 예배를 2가지로 나누어 소개해 보겠습니다.

첫째, 예배의 자세는 경건하고 하나님을 사랑하는 마음으로 나아가야 합니다. 예배는 하나님을 섬기는 기독교의 중요한 의식이기 때문에 우리의 마음속에 하나님을 사랑하고 경외하는 두려움이 있어야 합니다. 하나님께 자기의 소원을 말하기 위해서 예배드리는 것이 아니라 우리를 예수님의 피로 구원해 주신 은혜에 감사드리며 하나님을 의지하기 위해서 예배드리는 것입니다. 하나님이 누구신지, 우리에게 어떤 은혜를 베풀어 주셨는지도 모르고 그저 무서워서, 아니면 소원성취하기 위해서, 아니면 누가 시키니까 억지로 하면 안 됩니다. 사랑과 경외의 마음은 예배의 중심입니다. 이런 예배의 자세를 요한복음 4장 23-24절에서는 "아버지께 참으로 예배하는 자들은 신령과 진정으로 예배할 때가 오나니 곧 이때라 아버지께서는 이렇게 자기에게 예배하는 자들을 찾으시느니라. 하나님은 영이시니 예배하는 자가 신령과 진정으로 예배할지니라"라고 말씀합니다.

둘째로 예배의 질서는 예의가 있고 덕을 나타내어야 합니다. 고린도전서 14장 26절에서는 "형제들아 어찌할까 너희가 모일 때에 각각 찬송시도 있으며 가르치는 말씀도 있으며 계시도 있으며 방언도 있으며 통역함도 있나니 모든 것을 덕을 세우기 위하여 하라"고 권면합니다. 즉 예배는 질서를 잘 세워서 덕스럽고 예의 있게 행해야 한다고 말합니다. 어떤 교회의 예배는 너무 무질서합니다. 아무나 설교하고 아무나 기도하고, 준비도 하지 않고 즉흥적으로 행합니다. 반면에 로마 카톨릭 같은 교회의 예배는 외형적인 것을 너무나 화려하게 꾸밉니다. 가장 화려한 악기와 조명, 성가대를 동원해서 예배를 드리다 보니 예배를 준비하는데 너무나 많은 시간과 비용이 필요합니다. 가난하고 어려운 사람들은 예배에 참여하기가 두려울 정도입니다. 또 어떤 교회는 너무나 시끄럽습니다. 전자악기 소리가 온 동네에 울려 퍼질 정도로 크고, 밤새도록 소리를 지르며 기도합니다. 밖에서 보면 마치 싸우는 것 같기도 하고 시장 한복판에 있는 것처럼 정신이 없습니다. 성경적인 예배는 경건하고 질서가 있고 예의가 있어야 합니다. 예배는 전능하신 하나님 앞에 나아와서 하나님을 사랑하고 경외하며 찬양하는 자리입니다. 우리는 시골에 계신 친척 할아버지를 뵐 때도 예의를 갖춥니다. 대통령을 만나기 위해서도 많은 절차와 예절과 의식이 필요합니다. 대통령 앞에서 막 소리를 지르거나 뛰어다니지 않습니다. 왜냐하면 그런 행동은 높으신 분 앞에서 아주 경망스럽고 천박하며 예의가 없는 행동이기 때문입니다. 하물며 가장 높으신 하나님 앞에서 서는데 예의와 질서가 없어서 되겠습니까? 예배는 말 그대로 예의를 갖추어 하나님 앞에 존경과 공경을 표현하는 기독교 의식입니다.

그렇다면 예배는 어떤 내용들로 이루어집니까? 웨스트민스터 신앙고백 21장 5절은 예배의 요소로서 다음과 같은 몇 가지를 소개합니다.

"경건한 마음으로 성경을 읽는 것과, 흠 없는 설교와, 하나님께 순종하여 사리분별과 믿음과 경외심을 가지고 하나님의 말씀을 정성껏 듣는 것과, 마음에 은혜로 시편을 노래하는 것과, 그리스도께서 정하신 성례를 합당하게 집행하고 값있게 받는 것은 하나님께 드리는 통상적인 종교적 예배의 모든 요소이다. 이것들 외에도, 종교적 맹세와, 서원과, 엄숙한 금식과 감사의 일이다."

다시 정리해 보면 예배의 요소로는 찬송, 기도, 교독문(성경읽기), 헌금, 설교, 세례와 성찬, 신앙고백, 주기도문, 축도 등이 있습니다.

1) 찬송: 찬송에는 찬송가, 복음성가, 시편 찬송 등이 있습니다. 시편 찬송은 시편 150편 모두를 가사로 하여 만든 교회의 노래인데 종교개혁 이후 장로교회 예배에서 채택한 찬송입니다.

2) 기도: 기도는 개인 기도와 예배 때 드리는 대표기도 혹은 목회의 기도가 있습니다. 개인 기도는 시간이 나는 대로 혼자서 기도하면 되지만, 대표기도는 교회의 장로님이나 안수집사님 등이 하고, 목회의 기도는 설교자가 설교 전에 행합니다. 모든 기도에는 "예수님의 이름으로 기도합니다. 아멘"으로 마칩니다. 기도의 모범으로는 예수님이 가르쳐 주신 "주기도문"이 있습니다. 주기도문을 바로 알고 그 기준과 모범에 따라 기도하는 습관을 길러야 합니다.

3) 신앙고백(사도신경): 모든 성도는 예배 중에 사도신경으로 자신의 신앙을 고백합니다. 사도신경의 교리와 내용이 자신의 신앙고백임을 표현하는 것입니다. 내가 알고 믿고자 하는 하나님은 사도신경 안에서 소개되는 바로 그런 하나님임을 고백합니다. 사도신경은 성부, 성자, 성령, 교회에 대한 4가지 고백을 담고 있습니다. 모든 성도는 교회 안에서 사도신경을 암송하고 고백하는 일을 멈추지 말아야 합니다.

4) 교독문(성경 읽기): 성찬 예배가 아닌 일반예배는 말씀 중심의 예배이기 때문에 성도들이 성경을 좀 더 많이 배우고 알 수 있도록 성경을 읽거나 요약본인 교독문을 낭독합니다. 교독문은 시편을 주로 요약해 놓은 것으로서 대부분 교회가 이것을 낭독하기도 하지만 일부 교회에서는 구약과 신약 중 한 부분을 선택해서 성도들과 함께 읽습니다. 반면에 개혁교회에서는 보통 십계명을 교독하거나 해설합니다.

5) 설교: 설교시간은 예배 중에 가장 중요한 시간입니다. 기도, 찬송, 헌금 등은 우리가 하나님을 예배하기 위해서 우리 자신을 드리는 시간이지만 설교는 하나님의

뜻을 듣고 배우는 시간입니다. 설교에는 한 성경을 택해서 전부 설명해 주는 강해 설교, 일부분의 본문을 선택해서 소개해 주는 본문 설교 등이 있습니다. 설교를 들을 때는 필기도구를 준비해서 기록하면서 듣는 것이 좋습니다. 왜냐하면 나중에 다시 확인해 볼 수 있고 그 내용을 잊어버리지 않기 때문입니다. 개혁교회는 거의 강해설교로 하나님의 뜻을 살피고 성령의 큰 감동과 은혜를 증거합니다.

6) 헌금: 헌금은 우리 자신을 하나님께 드린다는 중요한 신앙고백의 표시입니다. 더불어 헌금은 하나님을 사랑한다는 가장 중요한 표지입니다. 자기 자신과 자녀를 위해 쓰는 돈이 아깝지 않듯이 하나님께 헌금을 드릴 때는 아까워하지 말고 즐거운 마음으로 드릴 때 하나님께서 더욱 큰 축복으로 위로해 주실 것입니다. 무엇보다 헌금은 미리 준비해 놓는 것이 중요합니다.

7) 축도: 축도는 하나님께서 성도들을 축복해 주시는 큰 은혜와 위로의 시간입니다. 하나님께서는 목사를 세우시고 하나님의 권능과 이름으로 성도들을 축복해 주라고 명령하셨습니다. 그래서 목사는 예배 마지막에 성도들이 하나님의 놀라운 축복을 많이 받을 수 있도록 성부, 성자, 성령의 이름으로 축복합니다. 하나님께서 축복해 주시는 이 축도를 꼭 받으시기 바랍니다.

8) 감사일, 금식일: 교회에서는 하나님께서 베풀어 주신 특별한 은혜를 기념하기 위해서 시간을 정해 놓고 감사예배를 드립니다. 감사일에는 신년 감사, 부활 감사, 교회설립 감사, 성탄 감사, 추수 감사, 종교개혁감사일 등이 있습니다. 반대로 교회가 위기에 처했을 때 함께 금식하며 회개하며 기도하는 금식 예배가 있기도 합니다.

9) 세례: 먼저 유아세례는 믿는 부모님들의 자녀들에게 주는 세례입니다. 0-2세 정도 아이들이 해당됩니다. 아직 어려서 예수님을 영접하지는 못하지만 부모님의 신앙고백을 인정하여 하나님의 백성으로 받아들이는 의식으로 이는 하나님의 언약을 기초로 실시합니다. 다음으로 입교의식은 유아세례 받은 자녀들은 12-13세를 전

후로 입교식을 갖습니다. 입교식은 교회 전체 앞에서 자신의 신앙을 고백하고 교회의 정식회원으로 참여하는 의식입니다. 마지막으로 성인 세례는 교회 전체 앞에서 자신의 신앙을 고백하고 주일성수와 십일조 헌금의 책임을 다짐하며 교회의 정식회원으로 인정을 받는 의식입니다. 6개월 학습과 6개월 세례교육을 거친 후 시험에 통과하면 세례를 받습니다.

10) 성찬식: 성찬식은 예수님의 죽으심과 부활의 은혜를 기억하고 예수님과 하나 됨의 은혜와 예수님의 몸과 피가 우리의 영적 양식임을 고백하는 의식입니다. 성찬은 맹세의 시간이기도 합니다. 하나님께서 우리를 지켜주시겠다는 약속이며, 우리는 하나님을 위해서 살겠다는 결단과 약속의 의식입니다. 세례를 받은 성도만이 참석하며 1년에 2번, 또는 그 이상 행합니다. 심각한 범죄를 저지르면 참여할 수 없습니다.

<참고> 개혁교회의 예배양식[35]

역사적으로 개혁교회의 예배는 크게 말씀을 위한 준비와 말씀의 선포, 성찬 예배의식 및 축도로 구성됩니다.

(1) 말씀을 위한 준비
- 예배로의 부름(예배를 인도하는 목사가 강단에 올라가 시편의 인용 등으로 예배로의 부름을 말할 수 있다)
- 찬양과 경배의 찬송가 혹은 시편의 찬송
- 사죄의 기도와 사죄의 확신 선포
- 헌금과 중보의 기도

(2) 말씀의 선포
- 말씀을 받기 위한 준비 찬송
- 성령의 조명하심을 위한 목사의 기도
- 설교 본문의 낭독

---

35 로버트 레이몬드 <최신 조직신학> 1104~1106p.

- 설교

- 적용을 위한 기도와 찬송

- 축도

(3) 성찬예배 의식

- 찬송

- 사도신경

- 성찬 제도에 관한 말씀과 기도

- 분병(빵의 분배)

- 분잔(잔의 분배)

- 감사의 기도와 찬송

- 축도

2. 진리의 증거와 신행일치(信行一致)

예수 그리스도의 교회는 "진리의 기둥과 터"(딤전 3:15)입니다. 예수님은 "그의 이름으로 죄 사함을 얻게 하는 회개를 모든 족속에게 전파하도록"(눅 24:47, 마 28:18-19) 교회에게 권세와 책임을 위임하셨습니다. 그러므로 교회는 받은 말씀, 즉 하나님의 진리를 세상에 널리 알리는 일에 힘써야 합니다.

"내가 이를 때까지 읽는 것과 권하는 것과 가르치는 것에 착념하라"(딤전 4:13)

"너는 말씀을 전파하라 때를 얻든지 못 얻든지 항상 힘쓰라 범사에 오래 참음과 가르침으로 경책하며 경계하며 권하라"(딤후 4:2)

그러므로 교회의 구성원들은 자신들의 신앙에 대해 또 교회 밖의 사람들이 교회의 교리를 명확하게 이해할 수 있도록 깊이 숙고하고 연구하여 그들에게 복음의 씨앗을 뿌려야 합니다. 신약 성경에는 신자의 바른 신앙과 모범에 대해 "교훈의 본"(롬 6:17), "성도에게 단번에 주신 믿음의 도"(유 3), "부탁한 것"(딤전 6:20), "신실한 말

씀"(딛 3:3-8) 등으로 표현하면서 교회 밖의 사람들에게 어떻게 처신해야 하는가를
가르쳐 주십니다.

> "오직 너는 바른 교훈에 합한 것을 말하여... 교훈의 부패치 아니함과 경건함과 책망할
> 것이 없는 바른 말을 하게 하라"(딛 2:1, 7-8)

3. 복음의 전파

교회는 주님의 명령대로 "모든 족속을 제자로 삼고 세례를 주어야"(마 28:18-20)
합니다. "땅끝까지" 이르러 주님의 증인의 삶을 살아야 합니다. 단, 이러한 일을 할
때 주의해야 할 것은 구원에 있어서 하나님의 주권을 무시하거나 앞서서 행하는 방
식을 주의해야 합니다. 복음 전도자들의 메시지는 신학적으로 검토되고 잘 조절되
어야 합니다. 행위 구원을 외치지 않도록 경계해야 합니다. 교회는 언제나 하나님의
구원의 은혜가 택한 자에게 주어진다는 것과, 교회 안에서 언약적 자녀들의 믿음을
성장시키기 위해 교육해야 하는 임무를 부여받았음을 기억해야 합니다.

특히 개혁주의 신학과 교리가 진정한 교회의 성장과 성숙에 가장 적합하고 절
대적으로 필요하다고 믿으셔야 합니다. 우리는 진정한 개혁교회의 성장에 헌신하고
기여한 역사적 위인들, 즉 종교개혁가들과 위그노 및 청교도들과 언약도들, 설교에
일생을 걸었던 찰스 스펄전, 조지 휫필드 등을 비롯한 위대한 설교가들, 조나단 에
드워즈 등 대각성 운동가들, 부흥가들, 기타 모든 믿음의 선조들의 공헌을 잊지 말
아야 합니다.

안타깝게도 오늘날 이 복음 전파라는 순수한 의무는 조금씩 색이 바래지고 있
다고 학자들은 진단합니다. 복음의 핵심적 교리이자 내용인 죄와 회개, 십자가 등을
주제로 한 설교가 사라졌습니다. 현대교회는 청중들을 의식하고 그들에게 어필하
는 세속적 교회[36]로 변질되었다고 입을 모읍니다.

이에 대한 해결책은 무엇일까요? 먼저, 설교자들의 재무장이 필요합니다. 설교
자들이 사람을 의식하는 일을 멈추고 하나님에게 집중하는 예배를 드리도록 교회

---

36 이를 '사용자 우선주의' 혹은 '소비자 지향주의'라고 부른다.

의 사람들을 제대로 훈련시켜야 합니다. 특히 구원에 있어서 하나님의 주권을 강조하는 예배로 돌아가야 합니다. 현대의 설교자들이 음악이나 재미있는 예화, 선전 등을 통해 사람들의 관심을 하나님이 아니라 자기에게로 쏠리도록 하는 행위를 멈추어야 합니다. 무엇보다 성경을 통해 계시하신 모든 예배의 요소들을 잘 정리하고 조직화한 '예배모범' 등을 따라 예배하도록 해야 합니다. 현대의 교회들이 예배의 모범을 버리고 중구난방으로 각자 소견에 옳은 대로 예배하는 것은 공교회의 질서를 해치는 나쁜 행위입니다.

> "아버지께 참되게 예배하는 자들은 영과 진리로 예배할 때가 오나니 곧 이때라 아버지께서는 자기에게 이렇게 예배하는 자들을 찾으시느니라. 하나님은 영이시니 예배하는 자가 영과 진리로 예배할지니라"(요 4:23-24)

4. 성례의 시행

교회가 성례를 시행할 때에는 하나님의 말씀과 일치해야 함을 다시 강조합니다. 자세한 내용은 이미 'Q6. 교회의 사역(기능)' 중 '예배의 요소'에서 다루었으니 참조해 주세요.

5. 봉사 및 사회참여

'봉사하다'의 헬라어는 '디아코네오'입니다. 이것은 '시중들다', '돌보다', 혹은 '섬기다'입니다. 교회는 기본적으로 하나님과 이웃을 섬기는 곳입니다. 이것이 교회 봉사의 제일 된 원리입니다. 하나님을 섬기지 않고 이웃만 섬긴다면 교회는 교회가 아니라 사회단체에 불과할 것입니다. 교회는 하나님을 섬기기 위해 예배합니다. 그러므로 예배 없는 사회봉사, 사회참여 활동 등은 무의미합니다. 특히 사회악을 제거한다는 명목 아래 깃발을 치켜들고 무리를 동원하여 자신들의 주장을 소리치는 행위 등을 경계해야 합니다. 하나님은 그런 무력시위에 등을 돌리십니다. 무엇보다 예수님은 한 사람을 자신의 제자로 만드는 것을 최고의 사랑이자 섬김으로 보셨습니다.

가장 큰 봉사, 가장 위대한 섬김은 영혼 구원입니다. 나머지 모든 봉사와 사랑과 섬김은 한 사람의 영혼 구원을 위해 존재합니다. 이 일을 위해 하나님은 예수 그리스도의 이름으로 당신의 제자이자 봉사자를 세상 앞에 세우십니다. 그리고 하나님은 예수 그리스도와 그분의 제자를 통해 영광을 받으십니다.

> "각각 은사를 받은 대로 하나님의 여러 가지 은혜를 맡은 선한 청지기같이 서로 봉사하라. 만일 누가 말하려면 하나님의 말씀을 하는 것같이 하고 누가 봉사하려면 하나님이 공급하시는 힘으로 하는 것같이 하라 이는 범사에 예수 그리스도로 말미암아 하나님이 영광을 받으시게 하려 함이니 그에게 영광과 권능이 세세에 무궁토록 있느니라 아멘"(벧전 4:10-1)

6. 법치와 질서와 화목

하나님은 무질서의 하나님이 아니라 평강의 하나님이십니다(고전 14:33). 평화는 질서와 함께 이룩됩니다. 무질서한 곳에는 다툼과 불화와 분쟁이 난무합니다. 교회는 모든 질서의 모범입니다. 하나님은 모든 일이 교회 내에서 "질서있는 방식으로 이루어지기를"(고전 14:40) 원하십니다. 그리고 질서 유지를 위해 교회에게 일정한 권세를 주셨습니다. 그것이 바로 교회에게 주신 '그리스도의 법'이자 '교회의 헌법'입니다. 그러므로 교회는 교회의 목회자나 구성원이 되는 자격들에 대하여 선언하기 위하여, 그리고 직원 임명을 위한 적절한 방법을 설명하고 교회의 순결과 복지를 증진시키기 위해 '헌법'을 제정할 권리와 의무를 갖습니다. 모든 개혁교회의 목회자는 그 헌법에 명한 대로 사역하고 목회를 하겠다고 선서합니다.

7. 구제

하나님은 특별히 가난한 자들을 구제하는 일에 특별한 관심과 애정과 보호하심을 나타내십니다. 하나님은 약자와 고아와 가난한 자와 억압받는 자의 권리를 유지하며 궁핍한 자를 구원하여 악한 자들의 손으로부터 건져내십니다.

"가난한 자와 고아를 위하여 판단하며 곤란한 자와 빈궁한 자에게 공의를 베풀지며, 가난한 자와 궁핍한 자를 구원하여 악인들의 손에서 건질지니라 하시는도다"(시 82:3-4)

또 하나님은 불의한 법령을 발포하여 불의한 말을 기록하며 궁핍한 자를 불공평하게 판결하여 내 백성의 가련한 자의 권리를 박탈하는 입법자들을 향하여 심판을 선포하셨습니다.

"불의한 법령을 만들며 불의한 말을 기록하며, 가난한 자를 불공평하게 판결하여 가난한 내 백성의 권리를 박탈하며 과부에게 토색하고 고아의 것을 약탈하는 자는 화 있을진저"(사 10:1-2)

의인들의 특징 중 하나는 가난한 자들을 위한 공의에 관심을 갖는 것입니다. 반면에 유다와 사마리아의 한 가지 죄는 "그들이 가난하고 궁핍한 자를 도와주지 않았다"는 것입니다.

"의인은 가난한 자의 사정을 알아주나 악인은 알아줄 지식이 없느니라"(잠 29:7)

"이 땅 백성은 포악하고 강탈을 일삼고 가난하고 궁핍한 자를 압제하고 나그네를 부당하게 학대하였으므로... 내가 내 분노를 그들 위에 쏟으며 내 진노의 불로 멸하여 그들 행위대로 그들 머리에 보응하였느니라 주 여호와의 말씀이니라"(겔 22:29, 31)

주 예수 그리스도는 "가난한 자들은 항상 너희와 함께 있으니 아무 때라도 원하는 대로 도울 수 있다"(막 14:7)고 교회에게 상기시키셨습니다. 이후 사도들은 교회의 사역을 보다 세밀하고 체계적으로 행하기 위해 가난한 자들을 돌보는 일을 전담하는 집사들을 임명하였습니다(행 6:1-6, 딤전 3:8-12). 그러므로 교회가 가난한 자들과 약자들을 돌보는 일을 게을리해서는 안 됩니다.

학습을 위한 질문과 토론

Q1 교회의 7가지 사역이 무엇입니까?

Q2 나는 교회의 사역 중 어떤 일에 부족한지 토론해 봅시다.

Q6. 교회의 정치제도는 어떻게 되나요?

1. 서론

교회의 왕이시자 머리이신 예수 그리스도께서는 자신의 백성들이 이 세상에서 교회를 이루어 아름답고 질서 있는 신앙생활을 하기를 원하셨습니다. 그리하여 성경을 통해 가장 합리적이고 규범적인 하나의 정치체계를 만들어 주셨습니다. 가장 중요한 원리는 그리스도의 몸 된 교회는 오직 그리스도의 명령에 따라 운영되어야 한다는 것입니다. 스코틀랜드 출신으로 웨스트민스터 신학교의 조직신학 교수를 역임했던 존 머레이 John Murray, 1898-1975의 언급을 통해 보다 명확하게 이 사실을 직시할 필요가 있습니다.

> "교회는 하나님의 교회이며 그리스도의 교회이다. 그리고 그 목적과 기능들은 교회의 머리에 의해 명령되며 그분에 의해 구성되고 그 직원이 계획되며 지명된다. 신약성경에서는 교회가 그리스도께서 자기 피로 사신 그리스도의 몸이라는 가르침보다 존엄성을 부여하는 가르침은 없다. 장로들 또는 감독들이 치리하는 그것은 그리스도께서 피로 사신 그의 소유이며 저주받은 나무 위에서의 피의 대가를 치른 것이다. ...그리스도의 몸 된 교회는 인간의 지혜와 편의에 따라 치리되어서는 안 되며 지혜와 지식의 모든 보화가 감추어져 있는 그분의 명령에 따라 치리되어야 한다."[37]

물론 성경은 단 하나의 정치제도를 계시하지 않았다고 주장하는 사람들이 있습니다. 또 어떤 사람들은 교회의 정치 형태는 시대와 민족과 현지 사정에 따라 실용적인 근거와 상황에 따라 결정될 수 있다고 말합니다. 그래서 다양한 정치제도가

---

37 John Murray, 'Government in the church of Christ" Edinburgh: Banner of Truth, 1976, 1:265. //재인용. 로버트 레이몬드 <최신 조직신학> 1129p.

만들어졌습니다. 예를 들어, 로마 카톨릭교회의 교황정치, 감리교 등의 감독정치, 성공회 등의 국가교회정치, 침례교 등의 회중 정치 등이 있습니다. 그러나 제일 중요한 것은 어떤 정치제도가 가장 성경적인 것인가 하는 것입니다. 대다수 개혁주의 신학자들은 하나님이 유일하게 원하시는 교회 정치제도는 '장로정치'뿐임을 지지합니다.

2. 장로정치

1) 장로

'장로'의 어원은 히브리어로 '자켄'이고, 헬러어로는 (프레스뷔테로스, πρεσβύτερος)이며, 영어로는 'presbyterian'으로 번역되었습니다. '자켄'은 '자칸'(턱수염)에서 유래했는데 이후, 이 단어는 성경에 다음의 것들로 발전했습니다.

① 집안의 아버지(창 43:27)

② 나이가 많은 사람, 늙은 이(눅 15:25, 행 2:17, 딤전 5:1-2/늙은 여자, 벧전 5:5)

③ 조상, 어른(신 32:7, 사 37:2, 렘 19:1, 마 15:2, 막 7:3, 5, 요 9:9),

④ 백성들의 대표, 산헤드린 공회원(출 3:16, 삼상 4:3, 겔 7:26, 마 16:29, 막 8:31, 행 6:12)

⑤ 선진, 선각자(히 11:2)

2) 장로정치의 성경적 배경

(1) 구약적 배경

① 인간사회를 다스려 온 최초의 통치 형태는 족장제도였습니다(창 12:4, 욥 1:5).

② 장로제도의 기원은 모세 이전으로 올라갑니다. 하나님이 미디안 광야에서 모세에게 "너는 가서 이스라엘 장로들을 모으라"(출3:16)고 명하신 말씀에서 모세 이전에 이미 언약의 백성인 이스라엘을 대표하는 장로들이 있었고 그들에 의해 이스라엘이 다스려 온 것임을 알 수 있습니다.

③ 인구의 증가와 사회적 변화와 함께 장로정치로 발전하였습니다. 모세시대 이

후부터 이스라엘 지도자들은 가돌gadol 혹은 자켄zaqen이라는 용어가 붙여졌습니다(장로라는 명칭은 모세오경에 42회를 포함하여 구약에서 총 121회 사용). 이 족장제도가 장로제도로 변화하면서 이른바 '대의정치'가 시행되었습니다.

④ 이스라엘 백성들은 이집트에 머물 때 장로라는 명칭에 익숙했습니다. 그 후 장로제도는 이스라엘이 시내 산에서 하나님과 언약을 맺고 선민이 되면서 그들을 다스리는 치리 제도가 되었고 이때부터 장로의 숫자는 모세에 의해 70인으로 제한되었습니다.

⑤ 이스라엘 사회에서 장로는 백성을 대표하여 공적인 업무를 담당하는 자 즉, 공인으로 인정을 받았습니다. 모세는 여호와의 명령을 받아 그 모든 말씀을 백성의 대표인 장로들에게 진술했고(출 19:7), 장로들은 이스라엘 백성이 속죄제를 드릴 때 여호와 앞에서 그 제물에 안수함으로 제사 업무에 참여하였습니다(레 4:15). 장로들은 모세와 대제사장 아론과 제사장들과 함께 직무를 수행하면서 백성을 치리했고(레 9:1), 고라 일당이 반역을 꾀했을 때 치리에 동참했습니다(민 16:25). 또한 장로들은 회중을 대표하는 자들이었습니다(민 11:24-25). 모세는 죽음을 앞두고 백성을 대표하는 장로들을 불러 모으고 가나안 땅을 점령하라고 명령했고(신 29:10), 여호수아도 장로들 앞에서 고별사를 했습니다(수 23:1-24:25). 사무엘 시대의 장로들은 백성을 대신하여 사무엘에게 찾아가 왕을 세워달라고 간구했고(삼상 8:4-5), 헤브론에서 백성을 대표하여 다윗을 왕으로 세웠는데 백성들은 아무도 이의를 제기하지 않았습니다(삼하 5:3). 포로시대에 에스라는 장로들과 함께 백성을 다스렸습니다(스 10:14). 이와 같이 구약교회는 장로들에 의해 다스려졌습니다. 그러므로 구약교회가 군주나 감독이나 주교나 교황에 의해 다스려졌다고 하는 것은 성경의 가르침을 왜곡한 것입니다.

⑥ 한편 구약교회는 교황주의자나 감독주의자들이 주장하는 것처럼 그 권위가 위에서 아래로 내려오는 것이 아니라 백성에 의해 선발되는 상향식 구조였습니다. 모세는 장막교회(광야교회)를 세우면서 "이스라엘 중에 재덕이 겸비한 자"를 선발하게 함으로써 상향식 제도를 정착시켰습니다(출 18:24-26). 포로시대 이후 이스라엘의 중심통치기관인 산헤드린 공회의 의원들도 백성들에 의해 선출된 사람들로 이스라엘의 장로들이었습니다.

(2) 신약적 배경

① 안디옥교회의 사도들은 장로들을 통하여 예루살렘교회에 부조금을 보냈습니다(행 11:30). 바울은 소아시아와 고린도에 장로들을 세웠고 교회마다 장로들을 택하여 세웠습니다(행 14:23). 바울은 디도를 그레데Crete [38]에 남겨두었는데 그 목적은 "그릇된 일을 바로잡고 장로를 세우기 위해서"였습니다(딛 1:5).

② 신약 성경은 인간이나 교회회의(교회법)가 교회를 다스리는 것이 아니라 예수 그리스도께서 다스린다고 가르칩니다. 교회의 머리는 예수 그리스도이며 그분은 말씀과 성령으로 교회를 다스리십니다. 그러므로 말씀과 성령이 임하는 곳에 교회가 세워집니다.

③ 하나님은 말씀을 통하여 교회의 직분자를 세우시고(딤전 3장, 딛 1장), 성령을 통해 각 사람을 부르시고 신자로 만드실 뿐 아니라 각종 은사를 분여하시어 직분자로 세우시고 그들이 직분을 감당할 수 있는 능력을 주십니다(엡 4:14).

④ 그리스도는 신약교회를 위해 감독과 장로와 집사의 세 직분을 정하셨습니다. 감독주의자나 교황주의자들은 교회가 감독을 중심으로 운영되어야 한다고 가르치며 직분을 계급 구조화했습니다. 그들은 감독만이 성직자이며 나머지는 감독을 돕거나 교인을 다스리는 직분으로 봅니다. 그러나 성경에 등장하는 감독과 장로라는 용어는 동일한 직분에 대한 다른 설명입니다. 장로가 권위, 즉 백성의 대표로서 어른의 역할을 강조하는 것이라면 감독은 직분상 주어진 의무를 담당하는 용어로 사용되었습니다. 성경은 장로에 대해 다음과 같이 기술합니다. 히브리서는 "너희를 인도하는 자"(히13:7)라 하였고, 바울은 "수고하고 주 안에서 너희를 다스리며 권하는 자"(살전 5:12-13)라 하였습니다. 반면에 목사직에 대해선 장로, 목사, 목자, 교사, 감독 등 다양한 이름으로 표현했습니다. 목사가 회중을 감독하는 일을 할 때엔 '감독'(행 20:28)으로, 양 떼를 먹이는 일을 할 때엔 '목자'로(벧전 5:2-4), 교훈으로 권면하고 거역하는 자를 책망하여 각성하게 하는 일에는 '교사'로(딛 1:9, 딤전 2:7, 딤후 1:11)로, 왕이신 그리스도께서 맡기신 일을 행하는 것과 관련해서는 교회의 '사자'(계 2:1)로 지칭했습니다.

---

38 그리스 반도 남동쪽 약 100여 km 지점에 위치한 섬으로 동서 길이가 260km, 남북 길이가 약 60km에 달한다. 구약시대에는 '갑돌'로 불려졌으며(신 2:23), 원주민은 '그렛 사람'으로 불려졌다(삼상 30:14, 겔 25:16). 로마 감옥에서 1차로 석방된 바울은 디도와 함께 이곳에서 복음 사역을 했다. 디도는 그레데에 계속 남아 이곳에서 목회를 했다(딛 1:5-14).

⑤ 이러한 성경의 가르침에 비추어볼 때 초대교회의 직분은 감독 밑에 장로와 집사가 존재한 것이 아니라 장로와 집사 두 직분이 있었음을 알 수 있습니다(딤전 3:1-2, 12). 예루살렘교회는 자신들을 스스로 장로라고 칭한 '사도들'(행 6:2, 4)과 '일곱 집사'(행 6:2-3)만 존재했습니다. 다만 장로 직분은 '다스리는 장로'와 '말씀과 가르침에 수고하는 장로'로 나누어집니다. 전자를 '일반 장로'라 하고 후자를 '목사'라 부릅니다. 누가는 바울과 바나바는 목사요 장로라 부르며 동시에 교사라 하였으며(행 13:1) 바울도 동일하게 지칭했습니다. 그렇다고 가르치는 장로(강도 장로)와 다스리는 장로(치리 장로) 간의 서열이 있는 것은 아닙니다. 다만 교회 사역에 있어서 기능상의 차이가 있다고 하면서 장로들을 존중하라고 가르쳤습니다. 데살로니가전서 5:12에선 치리 장로를 귀히 여기라고 했고, 히브리서 13:7에서는 말씀을 가르치는 장로를 생각하고 그들을 본받으라고 하였으며 특히 가르치는 장로를 배나 존경하라고 가르쳤습니다(딤전 5:17).

3) 장로교회의 특징

① 교인들이 선출한 장로가 치리하는 정치 형태를 가진 교회입니다.
② 목사와 장로가 교회를 다스리고 대의정치에 따라 당회와 노회, 대회, 총회로 이어지는 상향식 교회 질서를 가집니다.
③ 칼빈의 신학과 신앙고백을 중심으로 형성된 장로교회는 신학적으로 개혁주의를 따르며, 성경을 정확 무오한 하나님의 말씀으로 믿고, 모든 신앙과 삶의 유일한 법칙으로 인정하며, 장로정치가 성경이 제시하는 유일한 교회 정치체제임을 믿습니다.

4) 장로의 자격

① 책망할 것이 없는 삶과 좋은 평판(딤전 3:2, 7, 딛 1:6)

② 한 아내의 남편(딤전 3:2, 딛 1:6, 8)[39]

③ 절제, 근신, 존경심, 나그네 대접, 온유, 의로움, 거룩, 선함과 사랑, 훈련된 사람(딤전 3:2, 딛 1:8)

④ 술을 즐기지 않고, 폭력적이지 않고, 급히 분 내지 않고, 다툼을 좋아하지 않고, 더러운 이를 탐하지 않고, 돈을 사랑하지 않는 자(딤전 3:3, 딛 1:7)

⑤ 자기 집을 잘 다스리고, '방탕하다' 하는 비방이나 불순종하는 일이 없는 믿는 자녀를 둔 자(딤전 3:4, 딛 1:6)

⑥ 하나님의 교회를 돌보고 감독할 수 있는 자(딤전 3:5, 딛 1:7)

⑦ 새로 입교한 사람이 아닌 자(딤전 3:6)

⑧ 배운 바를 굳게 지키는 자(딛 1:9)

⑨ 잘 가르치는 자(딤전 3:2, 딛 1:9)

⑩ 교회의 가르침을 반대하는 자들을 책망할 수 있는 자(딤전 3:2, 딛 1:9)

5) 장로의 직무

① 장로는 자신들의 양 떼가 길을 잃지 않도록 지켜야 합니다. 이는 바른 가르침을 행해야 한다는 의미로서 장로는 자신이 돌보고 있는 자들을 가르칠 수 있어야 하고 그럴 준비를 해야 한다는 뜻입니다.

② 장로는 자신의 양 떼가 길을 잃었을 때 그들을 따라가야 합니다. 그들이 잘못을 범하여 잘못된 길을 걸어갈 때 공개적인 비난이나 무거운 징계를 내리기 전에 그들의 잘못을 교정하기 위해 개인적으로 권면하고 가르치도록 해야 합니다. 장로는 언제나 양 떼와 함께 해야 합니다.

③ 장로는 무엇보다 교회 안에 침투한 거짓된 교리를 분별하고 미혹하는 악한 이리들로부터 교인인 양 떼를 보호해야 합니다.

④ 장로는 양 떼의 상처를 끌어안고 치유해야 하며, 그들의 목마름을 해소하는

---

39 결혼의 여부는 누구나 자유로이 결정할 수 있다. 그러나 교회의 장로는 반드시 한 아내의 남편이자 자녀들을 믿음으로 세운 자로 한정한다. 최근에 '비혼주의'를 선언하는 사역자들이 간혹 나타난다. 그들이 하나님으로부터 받은 독특한 소명을 무시하거나 부정해서도 안 되지만, 다만 그들이 장로로 피택되는 일도 허용해서는 안 된다. 그들은 교회 밖에서 나름대로 복음을 전파하고, 이웃을 섬기는 사역자로 한정해야 한다.

깨끗한 물을 제공해 주어야 합니다. 즉 장로들은 아픈 자를 방문하고 상한 갈대를 싸매 주며, 낙심한 손을 일으켜 주고 약한 무릎을 강하게 하며 찢어진 마음을 감쌀 준비를 하고 있어야 합니다. 한 마디로 장로는 양 떼에게 부모와 같은 심정을 가져야 합니다.

⑤ 장로는 거짓된 교회의 구성원을 받아들이지 않도록 영들을 분별하는 은사를 통해 주의 깊은 입회조건을 적용할 줄 알아야 합니다.

6) 집사의 직분

디모데전서 3:8-12에는 집사의 자격조건을 나열합니다. 사람들로부터 존경받는 자, 신실한 자, 술에 탐닉하지 않는 자, 더러운 이를 추구하지 않는 자, 한 아내의 남편이며 자녀들과 가정을 잘 다스리는 자, 깨끗한 양심과 믿음의 비밀을 가진 자 등으로 거론합니다.

<참고> 앤드류 멜빌의 제2치리서(1578)

1) 예수 그리스도만이 교회의 머리이다.

존 낙스의 제1치리서(1560) 이후 여전히 교회 정치문제가 매듭지어지지 않던 때에 낙스의 제자인 앤드류 멜빌Andrew Melville, 1545-1622이 스코틀랜드에 잔재한 카톨릭적 요소들을 청산하기 위해 완성한 문서로 장로교회의 정치와 헌법의 모태가 되었다. 그는 교회의 권위와 능력이 '하나님과 중보자 예수 그리스도로부터 흘러나오는 것'으로 보고 그것은 영적이기 때문에 '교회의 유일한 영적 왕이시고 통치자이신 예수 그리스도 외에는 다른 그 어떤 세속적 수장(교황)을 이 땅 위에 갖지 않는다'고 주장했다.

2) 직제론

① 목사: 말씀의 교역과 성례전 집례권은 목사에게만 있고, 양 무리를 먹이고 섬기는 사역자라 하여 'paster, episcope, bishop, minister'라 부르고, 특별히 영적 통치를 행사할 때엔 'presbyter, senior'라고 호칭한다. 목사는 무엇보다 말씀을 강론하고, 성례를 집례하고, 결혼식을 주례하며, 성도들의 영적 건강을 돌아보며, 병든 자를 돌아보아야 한다. 또 목사는 회중들이 직접 선출한다.

② 장로: 장로는 회중의 대표로서 1년에 한 번씩 회중이 선출했고, 교구민들을 돌아보는 영적인 일에 목사를 보좌하며, 성도들의 윤리적이고 도덕적인 행위들을 감독하도록 했다. 장로들은 회중 사이에서 말씀의 씨앗이 얼마나 열매를 맺는지 검토해야 한다. 나아가 교회의 질서와 치리를 확립하기 위해 목사들 및 교사들로 더불어 회의를 개최하는 것이다.

③ 집사: 당회의 판단과 회중의 동의로 선출하고 교회의 항존직으로 명시하며, 구제와 재무관리를 담당하도록 규정한다.

④ 교사: 교회에서 성경과 신학을 가르치는 교사 이외에 종합대학들과 단과대학에서 성경의 의미를 해석해 주고 기타 학교를 책임지고 기독교에 대하여 가르치는 자로 교회의 파송을 받고 사역한다.

3) 치리회 구성: 당회, 노회, 대회, 총회로 구성한다.

학습을 위한 질문과 토론

Q1 장로교회의 세 가지 직분과 그 직무가 무엇입니까?

Q2 한국교회의 장로와 집사 직분의 오남용의 사례를 발표하고 토론해 봅시다.

Q7. 교회회원이 되기 위해서는 무엇을 준비해야 하나요?

예수님을 영접하고 교회에 나가 예배드리며 상식으로 교회의 회원이 되기 위해서는 몇 가지 준비가 필요합니다. 교회는 정식회원, 즉 정회원(正會員)이 되지 않고도 단지 예배만 드리러 살짝 갔다 올 수 있습니다. 그러나 정회원이 되어야 교회조직과 운영과 사역에 참여할 수 있으며, 또한 하나님께서도 정회원으로 인정된 자에게 하나님의 백성으로 누릴 수 있는 특권과 보호하심과 인도하심을 확실하게 보장해 주시겠다고 약속하고 있습니다. 그렇다면 정회원이 되기 위해서는 무엇을 준비해야 하나요?

1. 성경공부

정회원이 되기 위해서는 반드시 '세례'라고 하는 기독교 의식을 통과해야 합니다. 이 '세례'를 받기 위해서는 교회에서 정해 놓은 일정한 시간과 규칙을 따라서 성경공부에 참여하고 시험을 치러야 합니다. 교회 헌법에는 6개월 동안 새신자가 교리공부와 성경공부를 하는 이른바 '새신자 학습반'에 참여하도록 지시합니다. 이곳을 마치면 다시 6개월 동안 세례 준비를 위해서 '세례학습반'에 참석하도록 지시합니다. 모든 신자는 이 두 과정을 통과하고 시험을 치른 후 세례를 받게 됩니다.

한편, 교리공부와 성경공부는 새신자뿐만 아니라 교회의 직분자가 되기 위해서도 반드시 치러야 하는 과정입니다. 특히 안수집사, 장로는 교회 헌법, 신앙고백서(사도신경, 웨스트민스터 소요리문답, 신앙고백서), 신구약 공부 등을 학습해야 합니다.

2. 예배

교회의 모든 성도는 예배에 참여할 의무가 있습니다. 왜냐하면 예수님을 영접한다는 것은 우리를 죄에서 구원해 주신 은혜에 감사하여 이제부터는 하나님을 경외하며 예배하겠다는 다짐이기 때문에 믿는 자는 반드시 교회 예배에 나와서 하나님을 섬기는 의식을 가져야 합니다.

예배에는 여러 종류가 있습니다. 그중에 십계명에서 소개한 것처럼 가장 중요한 예배는 주일예배입니다. 주일예배는 우리 마음대로 취사선택(取捨選擇)할 수 있는 것이 아니고 하나님의 날로 구분되어 예배드리도록 명령된 날입니다. 주일예배에는 오전, 오후 예배, 각 부서별 성경공부, 봉사들이 포함됩니다. 이 외에도 개인의 형편에 따라서 참여할 수 있는 새벽예배, 수요예배, 금요예배, 주일학교, 학생회, 청년부 예배 등이 있습니다.[40]

3. 세례

'세례'baptism 의식은 교회의 정식회원으로 인정받는 중요한 기독교 예식입니다. 1년에 걸쳐서 성경공부와 교리공부를 마치고 진심으로 예수님을 영접하기로 결단한 사람들은 자신의 신앙고백을 전체 성도들 앞에 고백하고 세례를 받습니다. 세례란 예수님의 피로 우리의 모든 죄가 깨끗하게 용서되었다고 하는 선언을 의식으로 보여주는 것입니다. 그래서 세례의 도구는 예수님의 피를 상징하는 물을 사용합니다. 교회에 따라서 물에 담그는 것(침수), 붓는 것(관수), 뿌리는 것(적수) 중에서 하나를 선택합니다. 장로교에서는 주로 뿌리는 세례의식을 행합니다. 세례는 예수님을 영접한다는 고백의 표시이기 때문에 평생 단 한 번만 받습니다.

---

40 원래 고유한 '예배'의 의미에서는 주일 공예배를 제외한 모임을 '예배'라고 부르지 않는다.

4. 성찬

성찬식에는 세례를 받은 성도들만 참여합니다. 세례를 통해서 정식회원이 된 사람들에게는 성찬이라는 예식을 통해서 기독교인로서의 자부심과 용기를 더 얻게 됩니다. 성찬(성만찬)은 예수님의 피와 몸으로 우리를 구원하시고 우리에게 생명의 힘을 공급하시는 주님의 은혜를 가르칩니다. 예수님은 우리의 영혼의 양식이 되어 날마다 우리를 강하게 만들어 주십니다. 이와 같은 영적인 은혜를 느낄 수 있도록 예수님의 몸과 피를 상징하는 떡과 포도주를 사용하여 성도들에게 줍니다. 비록 일반적인 떡과 포도주이지만 믿음을 가지고 성찬 예식에 참여하게 되면 성령 하나님이 함께 하시어 예수님과 하나가 되는 은혜의 충만함을 주십니다. 성찬은 매주 실시하는 것을 원칙으로 하지만 교회의 사정에 따라 월 1회 또는 분기별로 개최하는 것도 무방합니다.

5. 헌금

헌금은 세례를 받은 성도가 꼭 참여해야 하는 의무이면서 동시에 사랑과 감사로 드리는 신앙고백입니다. 성도들은 우리를 구원해 주신 예수님의 은혜에 감사하고 보답하는 마음으로 우리의 삶 전체를 드리고 싶어 합니다. 이처럼 우리 삶을 바치겠다는 신앙고백의 표시로 생활에 있어서 가장 중요한 돈을 헌금합니다. 또한 교회의 정식회원으로서 교회를 유지하고 보호하기 위해서도 헌금을 합니다. 왜냐하면 교회의 직분자들은 세상의 모든 직업을 포기하고 오직 주의 사역에 매진하는 분들이기 때문에 교회가 그들의 생계를 보장하고 또 교회의 운영에 필요한 모든 경비 등을 부담하는 것이 당연한 의무입니다.

헌금의 종류에는 매주 주일날 드리는 '주일헌금'과 매월 수입 중 1/10(십분의 일)을 드리는 '십일조' 헌금이 있습니다. 그리고 특별한 감사의 일이 발생되면 감사를 기념하기 위해서 '감사헌금'을 드리기도 합니다. 이외 가난한 이웃이나 선교사님을 돕기 위해서 '구제헌금', '선교헌금'을 합니다. 또한 교회 건물의 유지와 보수, 장소 구입을 위해서 '특별헌금', '건축헌금' 등이 있습니다.

모든 그리스도인은 어릴 때부터, 혹은 초신자 때부터 헌금 생활을 습관화해야 합니다. 헌금하는 일은 자신의 수입을 드리는 힘든 일이지만 하나님께서는 교회를 위해서 이웃을 위해서 헌금하는 손길을 축복하시고 물질적으로 부족하지 않게 도와주시겠다고 약속하고 계십니다.

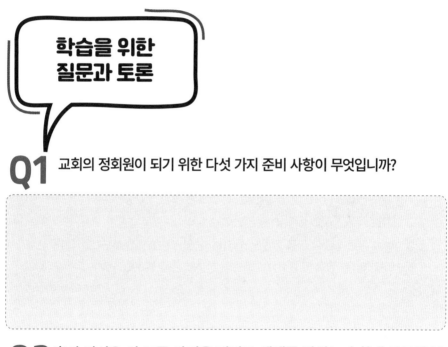

학습을 위한 질문과 토론

Q1 교회의 정회원이 되기 위한 다섯 가지 준비 사항이 무엇입니까?

Q2 혹시 당신은 이 모든 과정을 지키고 세례를 받았는지 함께 토론해 봅시다.

일곱 번째 창고

최후심판이 정말 오나요? / 종말론

Q1. 죽는 것이 무섭다고요?

1. 서론

죽음은 살아있는 사람들에게 무서운 일입니다. 말기 암 환자를 돌봐주는 호스피스 병원의 한 의사 선생님은 많은 사람의 죽음을 지켜보면서 죽음은 마치 "진공청소기 앞에 있는 먼지 같다"라고 말합니다. 왜냐하면 도저히 거부할 수 없는데도 빨려 들어가지 않으려고 안간힘을 쓰는 모습이 비슷하기 때문이랍니다. 죽음을 향하여 강력하게 인간의 생명을 끌어들이는 그 엄청난 힘 앞에 두려움을 느낀다고 합니다. 또한 죽음의 고통도 아기를 낳는 아픔보다 더한 상상할 수 없는 괴로움을 동반한다고 합니다. 그래서 몰핀(진통제)을 조금씩 늘려가며 고통을 감소시켜준다고 합니다. 죽음은 이렇게 무서운 것입니다.

젊은 청소년들은 죽음이라는 말을 아주 낯설게 느낍니다. 아직은 죽음이 저 멀리 있는 것처럼 피부에 와닿지 않기 때문입니다. 그러나 교통사고 1위, 자살률 1위, 각종 암, 질병, 사고로 인한 사망률도 높은 나라에서 청소년이라고 해서 결코 죽음이 저 멀리 있는 것이 아닙니다. 우리 주변에 얼마나 많은 전염병과 바이러스가 돌아다니고 있습니까? 2019년 코로나로 인해 얼마나 많은 사람이 목숨을 잃었습니까? 이처럼 죽음은 항상 가까이 있음을 깨달아야 합니다.

성경에서는 죽음이 인간이 늙고 병들면 찾아오는 자연스러운 것이 아니라 "저희가 마음에 하나님 두기를 싫어하매... 저희가 이 같은 일을 행하는 자는 사형에 해당한다고 하나님의 정하심을 알고도"(롬 1:28, 32)라고 말하듯이, 죽음은 하나님을 거부한 인간의 죄에 대한 무서운 심판이요 형벌이라고 증언합니다. 그리고 이 죽음은 죽는 것으로 끝나는 것이 아니라 하나님을 믿지 않는 것에 대한 지옥의 심판이 준비되어 있음을 히브리서 9장 27절에서 "한 번 죽는 것은 사람에게 정하신 것이요 그 후에는 심판이 있으리니"라고 경고합니다.

　많은 종교에서 죽음 이후에 대해서 여러 가지 이야기를 하지만 기독교처럼 분명하게 말하지는 않습니다. 아예 죽음에 대해서는 잘 모르겠다고 회피하는 종교도 많습니다. 우리나라 문화에서는 죽은 귀신이 구천을 떠돌면서 자신의 소원을 이룬다고 생각합니다. 여름철만 되면 온갖 귀신 이야기들이 나옵니다. 하지만 성경은 인간이 죽으면 죽는 즉시 천국(낙원)과 지옥(음부)으로 간다고 가르칩니다. 그리고 죽은 이후에는 두 번의 기회가 찾아오지 않는다고 경고합니다. 이제 성경에서 가르치는 종말에 대해서 좀 더 자세히 알아봅시다.

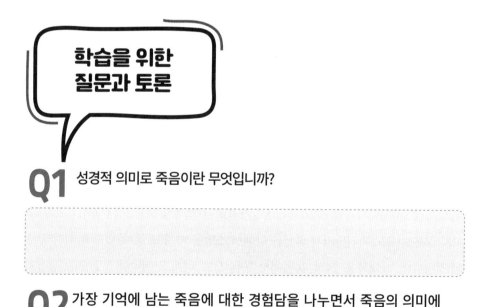

학습을 위한
질문과 토론

Q1 성경적 의미로 죽음이란 무엇입니까?

Q2 가장 기억에 남는 죽음에 대한 경험담을 나누면서 죽음의 의미에 대해 토론해 봅시다.

Q2. 최후 심판이란 무엇인가요?

사이비 이단인 다미선교회는 1992년 10월 28일 밤 12시에 예수님이 오신다고 전국에 발표를 하여 사람들을 놀라게 했습니다. 하지만 그날에 아무 일도 일어나지 않았습니다. 이처럼 날짜를 정해서 "예수님이 오신다", "최후 심판 날이다"라고 말하는 자들을 '극단적인 시한부 종말론자들'이라 부릅니다.

그렇다면 최후심판의 날은 언제인가요? 많은 사람은 이날을 궁금해 합니다. 하지만 성경은 "그날과 그때는 아무도 모르나니 하늘의 천사들도, 아들도 모르고 오직 아버지만 아시느니라"(마 24:36) 라고 언급하듯이 정확한 시간을 제시하지 않습니다. 정확한 시간을 가르쳐 줬다면 이 세상은 가짜 신앙의 모습을 가진 위선자들과 무서운 혼란과 무질서가 넘쳐날 것입니다. 왜냐하면 하나님을 사랑하지 않으면서 단지 심판이 무서워서 하나님께 나오는 자들이 넘칠 것이며, 또한 아무 일도 하지 않고, 노력도 하지 않고 그냥 심판 날만 기다리는 혼돈이 가득찰 것이기 때문입니다.

예를 들면 우리가 만약 언제 죽을지 알고 있다면 행복할까요? 죽을 시간을 알고 있다면 매우 불안할 것입니다. 그 시간을 향해서 하루하루 다가서고 있다는 공포는 우리의 삶 전체를 파괴할 것입니다. 마찬가지로 종말의 날짜를 하나님이 가르쳐 주시지 않은 이유도 마지막까지 최선을 다해서 소망을 가지고 살 수 있도록 배려해 주신 것입니다. 마태복음 24장 44절에서 "이러므로 너희도 예비하고 있으라 생각지 않은 때에 인자가 오리라"라고 지적해 준 것처럼 예수님께서 우리가 생각지 못한 때 오실 수 있다는 마음을 가지고 신앙생활을 더 열심히 해야 할 것입니다. 비록 성경이 종말의 날짜를 구체적으로 언급하지는 않지만 요한계시록 20장 10-15절은 최후 심판이 반드시 온다고 경고합니다.

"저희를 미혹하는 마귀가 불과 유황못에 던져지리니 거기는 그 짐승과 거짓 선지자도 있어 세세토록 밤낮 괴로움을 받으리라. 내가 크고 흰 보좌와 그 위에 앉으신 자를 보니 땅과 하늘이 그 앞에서 피하여 간데 없더라. 또 내가 보니 죽은 자들이 무론 대소하고 그 보좌 앞에 섰는데 책들이 펴있고 또 다른 책이 펴졌으니 곧 생명책이라 죽은 자들이 자기 행위를 따라 책들에 기록된 대로 심판을 받으니, 바닷가 그 가운데서 죽은 자들을 내어주고 또 사망과 음부도 그 가운데서 죽은 자들을 내어주매 각 사람이 자기의 행위 대로 심판을 받고, 사망과 음부도 불못(지옥)에 던지우니 이것은 둘째 사망 곧 불못(지옥)이라. 누구든지 생명책에 기록되지 못한 자는 불못(지옥)에 던지우더라."

이처럼 요한계시록에서 가르치는 최후 심판의 모습은 아주 무섭고 두려운 것임을 알 수 있습니다. 예수님을 무시하고, 하나님이 없다고 했던 많은 사람은 구원받은 자들의 신분을 확인하는 생명책에 기록되지 않았기 때문에 모두 지옥의 형벌을 받습니다. 또한 사람들로 하여금 예수님을 믿지 못하도록 교회에 가지 못하게 방해했던 사탄과 악한 영들과 거짓 목사들 모두 영원한 지옥에 던져진다고 경고합니다. 그러나 예수님을 믿고 신앙생활 잘했던 성도들은 이 심판 날이 무서운 날이 아니라 오히려 성도들이 예수님의 환영을 받고, 천국의 축복을 받는 잔칫날입니다. 예수님이 오실 때 성도들은 육체의 부활을 통하여 영혼과 몸이 완전한 생명을 얻는다고 합니다.

Q1 성경은 왜 정확한 종말의 날짜를 가르쳐 주지 않습니까?

Q2 주변에서 종말의 시간을 제시하며 미혹하는 사례들에 대해 서로 토론해 봅시다.

Q3. 언제 어떻게 예수님이 다시 오시나요?

1. 재림(再臨)[41]의 징조들

예수님의 재림의 정확한 때는 아무도 모르지만 그 징조를 보임으로써 신자들로 하여금 재림을 준비하도록 하십니다. 성경은 그 징조들을 대략 6가지로 소개합니다.

1) 온 세상에 복음 전파

"이 천국 복음이 모든 민족에게 증거되기 위하여 온 세상에 전파되리니 그제야 끝이 오리라"(마 24:14)[42]

2) 이스라엘 전체의 회심

단, 이스라엘이 누구를 가리키는가에 대해, 문자적인 의미에서 이스라엘로 보는 입장(찰스 핫지, 게할더스 보스, 존 머레이, 김홍전 등)과 영적 이스라엘로 보는 입장(갈 6:16, 루터, 칼빈 등)이 있습니다.

"온 이스라엘이 구원을 받으리라"(롬 11:26)

---

41 '재림'은 부활, 승천하신 예수께서 다시 이 땅에 오심을 뜻한다(행 1:11). 이에 해당하는 헬라어 '파루시아'는 '이르다, '왔다'는 뜻의 '파레이미'에서 파생된 말로 '출현', '강림', '나타남', '도래' 등의 의미를 가진다. 신약 성경은 약 300회 이상 재림을 이야기한다. 특히 교회는 재림과 함께 완전해질 것이다(롬 8:19-23, 고전 15:23-28, 엡 1:14).
42 교회사적으로 1792년 이후 선교운동이 크게 확장되었다.

3) 대 배교(살후 2:3)

전무후무한 배교로서 예수님은 노아의 때와 롯의 때와 같을 것이라 하셨습니다 (눅 17:26). 한 마디로 교회의 배교는 적그리스도를 받아들이는 준비를 하는 것입니다. 유럽과 미국의 쟁쟁한 개혁교회들이 18세기의 합리주의와 19세기의 자유주의 영향으로 거의 초토화되었는데 세속화된 교회의 결말이 어떤 것인가를 보여준 생생한 사례입니다.

4) 대 환난(마 24:29)

세대주의 Dispensationalism는 대 환난을 재림의 징조로 보지 않고 환난 전에 성도들이 휴거携擧, Rapture된다고 가르칩니다. 이들은 두 번의 재림을 주장합니다. 그러나 요한계시록 7:14의 큰 환난은 주님이 오시기 직전에 있을 '특별한 환난'으로 특정한 사람들이 당하는 것이 아니라 이 땅에 있는 모든 인류가 당할 전 지구적인 대 환난을 가리킵니다(계 7:9). 그런데 성도들은 그 시험의 때를 면한다고 주님은 말씀하셨습니다(마 24:22, 계 3:10).

5) 자연계의 대격변

별들이 하늘에서 떨어지고 해가 어두워지고(마 24:29~30), 하늘의 권능이 흔들립니다(눅 21:25~28). 그러나 하나님은 인류를 다 멸하지 않고 주님 오실 때 살아서 맞이할 자들이 있을 것이라 말씀하십니다(살전 4:17).

6) 적그리스도의 나타남(살후 2:3~11)

'적그리스도' AntiChrist의 Anti는 '~대신에' 혹은 '대적하여'라는 뜻으로 '적그리스도'는 그리스도를 자처하는 개인적 존재입니다. 개혁주의 신학자인 보스 G. Vos나 후크마 A. Hoekema는 적그리스도가 지금 나타나지 못하는 가장 큰 이유는 법과 질서가 그의 출현을 막고 있기 때문이라고 했습니다. 그러므로 사탄은 계속 기회를 엿보다가 교회의 타락이 극심해지고 진리와 공의에 입각한 법질서가 무너지면 그때 나타날 것이라고 합니다. 교회가 진리를 바르게 선포하고 말씀대로 살지 않으면 세상은 더욱 깊은 어둠 속으로 들어가는 것입니다.

2. 재림의 방법

1) 갑자기

예수님은 재림에 대해 말씀하시면서 "이러므로 너희도 예비하고 있으라 생각지 않은 때에 인자가 오리라"(마 24:44)고 말씀하셨습니다. 베드로는 "주의 날이 도적같이 오리니"(벧후 3:10)고 말했습니다.

2) 개인적으로

주님은 "내가 다시 와서 너희를 내게로 영접하여 나 있는 곳에 너희도 있게 하리라"(요 14:3)고 말씀하셨습니다.

3) 육체적으로

예수님이 승천하신 직후에 두 천사가 제자들에게 말하기를 "너희 가운데 하늘로 올리우신 이 예수는 하늘로 가심을 본 그대로 오시리라"(행 1:11)고 말했습니다. 사도 요한은 "그가 나타내심이 되면... 그의 계신 그대로 볼 것"(요일 3:2)이라고 말했습니다.

4) 가시적으로

바울은 "주께서 호령과 천사장의 나팔소리와 하나님의 나팔로 친히 하늘로 좇아 강림하시리니"(살전 4:16)라고 가르쳤습니다.

한 마디로 주님의 재림은 믿지 않은 자들에겐 무서운 심판과 형벌의 때로 공포의 시간이 될 것이지만, 믿는 자들에겐 축제의 시간입니다. 나아가 주님의 재림은 모든 사망과 인생의 고통과 슬픔을 삭제하고 신자들에게 영생 복락의 선물을 주시는 가장 복된 날이기도 합니다. 그러므로 그리스도인은 언제 어디서든 "아멘 주 예수여 오시옵소서(마라나타)"라고 기도하며 살아야 합니다. 바울은 "우리의 시민권은 하늘에 있다"(빌 3:20)고 말하며 이 땅에서의 삶은 주 예수 그리스도를 기다리는 것이라 표현하였습니다. 우리의 소망은 이 땅에 있는 것이 아니라 영원한 하나님의 나라에 있음을 믿어야 합니다.

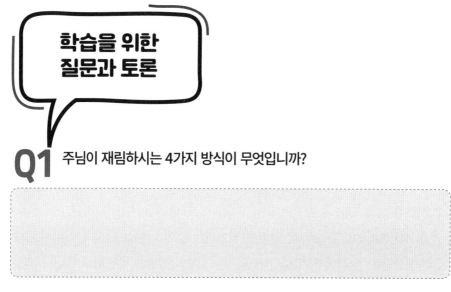

학습을 위한 질문과 토론

Q1 주님이 재림하시는 4가지 방식이 무엇입니까?

Q2 만약 내일 주님께서 재림하신다면 지금 무엇을 준비해야 하는지 토론해 봅시다.

Q4. 사람이 죽은 후에 다시 살아날 수 있나요?

1. 죽음은 끝이 아닙니다

많은 사람은 사람이 죽으면 그것이 끝이라고 생각합니다. 먼지처럼, 바람처럼, 연기처럼 싹 사라진다고 합니다. 어떤 사람들은 영원히 잠자는 것처럼 된다고 합니다. 불교에서는 "전생" 이야기를 하면서 사람이 죽으면 사람이나 동물이나 나무나 풀 등 온갖 것으로 다시 태어난다고 합니다. 하지만 사람이 아닌 다른 것으로 태어나면 내가 누구였는지도 모르고, 내가 알던 모든 것들도 사라지고 말 것입니다. 이런 식으로 말하면 이제 여러분은 더 이상 아무 곳에도 존재하지 않고 영원히 사라져 없어집니다.

내가 영원히 기억되지 않고 사라져서 완전히 없어진다면 여러분은 어떤 마음이 드나요? 행복할까요? 아쉬울까요? 두려울까요? 그러나 성경은 "죽은 자의 부활도 이와 같으니 썩을 것으로 심고 썩지 아니할 것으로 다시 살며, 욕된 것으로 심고 영광스러운 것으로 다시 살며 약한 것으로 심고 강한 것으로 다시 살며"(고전 15:42)라고 말합니다.

즉, 사람이 죽은 후 완전히 사라져 없어지는 것이 아니라 다시 살아나서 예수님 믿는 사람은 천국에, 믿지 않던 사람들은 지옥의 형벌을 받는다고 합니다. 믿는 자나 믿지 않는 자 모두 몸과 영혼이 부활하여 다시 산다고 말합니다. 하지만 믿는 자는 천국의 축복된 삶을 영원히 살지만, 믿지 않는 사람들은 다시 태어난 몸과 영혼이 지옥의 무서운 심판과 형벌을 영원히 받으며 고통을 당할 것이라고 경고합니다.

2. 부활의 상태

그러면 성도의 부활의 몸과 영혼은 어떤 모습일까요? 고린도전서 15장 44절은 "육의 몸으로 심고 신령한 몸으로 다시 사나니 육의 몸이 있은즉 또 신령한 몸이 있느니라"라고 가르쳐 줍니다. 조금 어려운 내용이죠? 이해를 돕기 위해서 쉽게 설명해 보겠습니다.

"신령한 몸"이란 두 가지 의미를 담고 있습니다. 첫째는 지금 우리가 가지고 있는 그대로의 몸과 영혼을 다시 받게 된다는 것입니다. 사람이 부활하면 짐승이나, 나무나 풀로 변하는 것이 아니라 사람의 모습을 그대로 다시 얻습니다. 둘째는 지금과 다른 새로운 몸을 갖게 된다는 의미를 갖습니다. 단, 지금처럼 배고픔과 질병과 여러 가지 연약함을 가진 육체가 아니라 이 모든 것들로부터 해방되는 그런 신비한 몸을 갖게 된다는 것입니다. 아프지도 않고 배고프지도 않고 스트레스를 받지도 않는 신비롭고 건강한 몸, 완전함 몸, 영적으로 충만한 몸, 신령한 몸이라고 하는 것입니다. 이 부활의 마지막 순간을 성경은 고린도전서 15: 51-54에서 이렇게 설명해 줍니다.

> "보라 내가 너희에게 비밀을 말하노니 우리가 다 잠잘 것이 아니요 마지막 나팔에 순식간에 홀연히 다 변화하리니, 나팔소리가 나매 죽은 자들이 썩지 아니할 것으로 다시 살고 우리도 변화하리라. 이 썩을 것이 불가불 썩지 아니할 것을 입겠고 이 죽을 것이 죽지 아니함을 입으리로다. 이 썩을 것이 썩지 아니함을 입고 이 죽을 것이 죽지 아니함을 입을 때에는 사망이 이김의 삼킨 바 되리라고 기록된 말씀이 응하리라."

예수님이 다시 오실 때(재림) 우리 모두는 영광스러운 부활의 몸을 순식간에 얻게 될 것이며, 믿지 않는 악인들은 지옥의 고통을 몸으로 더 심각하게 맛보기 위해서 부활의 몸을 얻게 될 것입니다.

학습을 위한
질문과 토론

Q1 부활 후 우리 몸, 즉 '신령한 몸'의 상태는 어떤 것입니까?

Q2 당신 주변에 부활을 믿지 못하는 분에게 어떤 말을 전해야 하는지
토론해 봅시다.

Q5. 천국과 지옥은 어떤 모습인가요?

1. 천국과 지옥은 상상의 세계가 아닙니다.

최후심판이 두려운 이유는 영원히 형벌 받아야 하는 지옥이 있기 때문입니다. 지옥은 어떻게 생겼을까요? 영화에서 보는 것처럼 어둡고 온통 불바다이며 무서운 괴물이 넘치는 모습일까요? 천국은 어떤 모습일까요? 가끔 자신이 지옥에 갔다 왔다고 하면서 많은 사람을 놀라게 하는 사람이 나타납니다. 그는 실제로 지옥에 가서 자살한 유명 배우들을 보았다고 합니다. 그 유명 배우 중 한 사람이 자신에게 울부짖으며 세상에 가거든 자신처럼 지옥에 오지 말 것을 사람들에게 전해 주라고 하였다는 것입니다. 그는 정말 지옥에 갔다 온 것처럼 자신이 보았던 지옥의 모습을 여러 가지로 설명하여 사람들을 두렵게 했습니다.

하지만 예전에도 이렇게 자신이 환상 중에 천국과 지옥에 갔다 왔다고 하면서 사람들을 놀라게 한 많은 사람이 있었습니다. 대표적으로 1990년 전후로 퍼시 콜레와 이장림(다미선교회) 등이 유명합니다. 이들은 자신이 직접 천국과 지옥을 체험했다고 말했지만 그들이 본 천국과 지옥은 서로 달랐고 나중에는 모두 거짓말로 드러났습니다. 지금도 사이비 이단들은 천국과 지옥 경험을 사람들에게 전하면서 공포스러운 분위기를 만들어 냅니다. 이런 사람들 때문에 많은 사람은 천국과 지옥에 대해서 점점 관심을 잃어가고 있습니다. 따라서 올바른 천국과 지옥에 대한 가르침이 정말 필요한 때입니다.

2. 천국

먼저 성경은 천국에 대해 요한계시록 21장 11-12절에서 이렇게 말합니다.

"하나님의 영광이 있으매 그 성의 빛이 지극히 귀한 보석 같고 벽옥과 수정같이 맑더라. 크고 높은 성곽이 있고 열두 문이 있는데 문에 열두 천사가 있고 그 문들 위에 이름을 썼으니 이스라엘 자손 열두 지파의 이름들이라"

비록 요한계시록이 상징적이고 비유적인 표현을 사용하고 있을지라도 천국의 실제적인 영광스러움과 화려함은 어느 정도 이해할 수 있습니다. 천국은 하나님의 은혜로 현재의 우주의 상태와 조건에서 벗어나 성도들이 살아가기에 가장 좋은 환경으로 완전히 변화된 형태라고 말합니다.

"내가 새 하늘과 새 땅을 보니 처음 하늘과 처음 땅이 없어졌고 바다도 다시 있지 않더라. 또 내가 보매 거룩한 성 새 예루살렘이 하나님께로부터 하늘에서 내려오니 그 예비한 것이 신부가 남편을 위하여 단장한 것 같더라"(계 21:1)

이 말씀처럼 강, 산, 바다, 물, 나무, 흙 모든 것이 변화되어서 성도들이 가장 행복한 삶을 누릴 수 있는 장소가 될 것이라고 소개합니다.

3. 지옥

다음으로 지옥은 아주 무섭고 두려운 곳이라고 성경은 말합니다. 비록 성경에서는 지옥의 구체적인 모습을 소개하지는 않지만 대략적인 형태는 알 수 있습니다. 예를 들면 마가복음 9장 47-48절에서 "만일 네 눈이 너를 범죄케 하거든 빼어버리라 한 눈으로 하나님의 나라에 들어가는 것이 두 눈을 가지고 지옥에 던지우는 것보다 나으니라. 거기는 구더기도 죽지 않고 불도 꺼지지 아니 하느니라"라고 말합니다. 지옥은 영원히 꺼지지 않는 불과 괴물들이 득실거리며 사람들을 해치는 곳이라고 설명합니다.

또한 누가복음 16장 22-24절에서는 "그 거지가 죽어 천사들에게 받들려 아브라함의 품(천국)에 들어가고 부자도 죽어 장사 되매, 저가 음부(지옥)에서 고통 중에 눈을 들어 멀리 아브라함과 그의 품에 있는 나사로를 보고, 불러 가로되 아버지 아브라함이여 나를 긍휼히 여기사 나사로를 보내어 그 손가락 끝에 물을 찍어 내 혀를 서늘하게 하소서 내가 이 불꽃 가운데서 고민하나이다"라고 말합니다. 이렇게 지옥은 굶주림과 목마름과 병듦의 고통이 어마어마한 곳이라는 것입니다.

그러나 지옥에 대해서 자세히 설명하는 데는 한계가 있습니다. 왜냐하면 우리 중 그 누구도 지옥을 경험해 보지 못했기 때문입니다. 그래서 성경에서는 무서운 전쟁 모습이나 전염병으로 사람이 죽어 나가는 끔찍한 장면이 마치 지옥 같다고 설명합니다. 그러나 실제로 지옥은 그보다 더 무서운 곳이라고 성경은 경고합니다. 불신자는 몸과 영혼의 부활을 얻어 이 지옥 속에서 영원히 탈출하지 못하고 고통받을 것입니다. 몸이 있기 때문에 배고픔, 목마름, 질병, 뜨거움, 추움, 따가움 등등의 육체가 느낄 수 있는 모든 고통을 받게 될 것입니다.

하지만 우리 성도들은 "예수께서 가라사대 나는 부활이요 생명이니 나를 믿는 자는 죽어도 살겠고, 무릇 살아서 나를 믿는 자는 영원히 죽지 아니하리니 이것을 네가 믿느냐"(요 11:25-26)라는 예수님의 위로가 있습니다. 예수님을 믿는 사람은 죽지 않고 영원히 천국에서 사는 행복한 삶이 준비되어 있습니다. 지옥의 형벌을 받는 최후심판이 다가오기 전에 속히 회개하고 예수님을 믿어야 합니다.

학습을 위한 질문과 토론

Q1 천국과 지옥은 실제로 어디에 있습니까?

Q2 당신이 지옥에 가지 않는다는 확실한 증거가 무엇인지 토론해 봅시다.

Q6. 종말론의 발전과정은 어떻게 되나요?

1. 철학에서의 종말론

플라톤은 영혼의 불멸성을 가르쳤지만 스피노자^{Spinoza, 1632-1677}의 범신론적 철학과 라이프니츠 ^{Gottfried Leibniz, 1646-1716} 등은 이를 부정했습니다. 칸트 ^{Immanuel Kant, 1724-1804}는 이러한 논증들을 성립할 수 없는 것들로 규정하면서 영혼불멸설에 대해선 여지를 남기기도 했습니다. 그러나 19세기의 모든 관념론 철학은 영혼불멸설을 배제했습니다. 스토아철학은 연속적인 세계의 순환을 주장했습니다.

2. 타종교에서의 종말론

불교는 '열반(涅槃)', 이슬람은 '감각적 낙원', 인디언들은 '행복한 사냥터'를 꿈꿉니다. 보편적으로 이들의 종말론은 죽은 자가 계속 떠돌고 있다는 것과 조상 숭배, 죽은 자와의 영교(靈絞) 시도, 죽은 자들이 사는 지하세계에 대한 믿음, 영혼 윤회사상 등 체계도 없고 교리화도 안 된 것들입니다.

3. 교회사 속의 종말론

1) 사도시대 ~ 5세기 초

육체의 죽음이 영원한 죽음이 아니라는 것, 죽은 뒤에도 영혼이 계속 살아있다는 것, 그리스도께서 재림하신다는 것, 부활과 대 심판, 천년왕국 등등 장래 일에 대한 관심이 높았습니다.

2) 5세기 초 ~ 종교개혁

오리겐과 어거스틴 등의 영향으로 미래의 천년왕국적 관점이 아니라 현세적 천년왕국으로 발전했습니다. 특히 중간 상태인 연옥에 대한 관심이 증폭되었습니다. 이에 따라 교회의 중보가 강조되어 미사에 관한 교리, 죽은 자를 위한 기도, 면죄부 등에 관한 교리 등이 나타났습니다.

3) 종교개혁 이후 ~ 현재

초기에는 종말론을 단지 구원론에 부속된 교리로만 취급했습니다. 종교개혁가들은 그리스도의 재림, 부활, 최후의 심판, 영생 등 초대교회의 가르침을 따랐지만 재세례파Anabaptism의 천년왕국설은 거부했습니다. 그러나 경건주의자들이 천년왕국설을 부활시켰고, 18세기 합리주의는 종말론이 무미건조한 영혼 불멸, 즉 죽은 뒤 영혼만 쓸쓸히 살아남게 했을 뿐이라고 비판했습니다. 자유주의 신학은 예수님의 종말론적 가르침을 완전히 무시하고 예수님의 윤리적 가르침만을 중요시했습니다. 이들은 모든 내세적인 것들을 현세적이고 가시적인 것들로 바꾸어 버렸습니다.

학습을 위한
질문과 토론

Q1 기독교의 종말론과 타종교의 종말론이 다른 점이 무엇입니까?

Q2 종말의 시대를 살고 있는 우리가 느낄 수 있는 종말의 징후가 무엇인지 토론해 봅시다.

Q7. 개인적 종말과 역사적 종말이 무엇인가요?

1. 개인적 종말

1) 육체의 죽음

혼과는 구별되는 몸의 죽음(마 10:28, 눅 12:4)을 말합니다. 여기서 육체는 살아있는 유기체를 말하고, 혼(프쉬케)은 사람의 영(프뉴마), 즉 자연적인 생명의 원리라고 할 수 있는 영적 요소를 말합니다. 그러나 육체의 죽음은 결코 소멸이 아닙니다. 죽음이 무엇인지 정확히 말하는 것은 불가능하지만 죽음은 새로운 삶의 출발점이라는 것이 성경의 증언입니다.

2) 영혼의 불멸성

가장 절대적인 의미에서 불멸성은 오직 하나님께만 해당이 됩니다. 바울은 디모데전서 6:15~16에서 "오직 그(하나님)에게만 죽지 아니함이 있고" 하였습니다. 그러나 하나님의 형상으로 지음을 받은 인간도 타락 이전에 불멸성을 가진 존재였다고 봅니다. 예수 그리스도의 구속함을 받은 성도는 복되고 영원한 삶이라는 의미에서 불멸합니다. 바울은 "사망을 폐하시고 복음으로써 생명과 썩지 아니할 것을 드러내신"(딤후 1:10)이라고 했습니다.

3) 중간 상태

바울은 "몸을 떠나 주와 함께 거하기를 원한다"(고후 5:8)고 했고, 또 "만일 땅에 있는 우리 장막집이 무너지면... 하늘에 있는 영원한 집이 우리에게 있는 줄 아나니"(고후 5:1) 했고, 예수님은 회개한 강도에게 "오늘 네가 나와 함께 낙원에 있으리라"(눅 23:43)고 위로했습니다.

따라서 개혁교회의 모든 신앙고백서는 신자들의 영혼은 죽음 직후 하늘의 영광으로 들어간다고 증언합니다. 웨스트민스터 소요리문답은 "악인들의 영혼은 죽으면 지옥에 던져져 고통과 완전한 어둠 아래서 대심판의 날까지 머문다"고 말하면서 "몸과 분리된 영혼들은 이 두 장소(천국과 지옥) 외에는 성경이 아는 바가 없다"고 했습니다.

한편, 누가복음 16장의 부자와 나사로의 비유에 있는 '하데스'는 영원한 고통의 장소인 지옥을 의미합니다.

<참고> 영혼수면[43]설

아라비아의 작은 종파에서 시작되었다고 하는 것으로 죽으면 영혼은 영적인 개체의 존재로 살아 있게 되지만 무의식적인 휴식의 상태로 존재한다는 것이다. 중세시대엔 이 이론이 대세였지만 칼빈은 논문을 통해 이것을 반박했다. 19세기에는 영국의 어빙파 사람들이 다시 주장했고 현재엔 여호와의 증인들이 옹호하는 교리가 되었다. 이들에 의하면, 몸과 영혼이 무덤에 내려가는데 영혼은 잠든 상태로 사실상 비존재의 상태가 된다고 한다. 부활은 실제로 재창조이고 천년왕국 동안 악인들은 두 번째 기회를 갖게 되는데 이 처음 100년 동안 개선한 증거를 보여주지 못하면 영원히 멸망당하고 만다고 한다.

2. 역사적 종말(일반적 종말)

1) 그리스도의 재림

성경에는 '재림'이란 구체적인 단어는 없습니다. 그러나 '임하심', '강림', '(다시)옴'으로 번역되는 '파루시아(παρουσια, 마 24:3, 살전 2:19, 5:23, 약 5:7-8, 요일 2:28)', '나타

---

43 '잠'에 대한 성경의 가르침(마 9:24, 행 7:60, 고전 15:51, 살전 4:13)

남'이란 뜻인 '에피파네이아(εψιπανεια, 살후 2:8, 딤전 6:14, 딤후 4:1, 8, 딛 2:13)' 등이 재림과 관련된 용어들입니다..

"...우리에게 이르소서 어느 때에 이런 일이 있겠사오며 또 주의 임하심과 세상 끝에는 무슨 징조가 있사오리까?"(마 24:3)

"우리의 소망이나 기쁨이나 자랑의 면류관이 무엇이냐 그가 강림하실 때 우리 주 예수 앞에 너희가 아니냐?"(살전 2:19, 5:23)

"그러므로 형제들아 주가 강림하시기까지 길이 참으라... 주의 강림이 가까우니라"(약 5:7~8)

"자녀들아 그의 안에 거하라 이는 주께서 나타나신 바 되면 그가 강림하실 때에 우리로 담대함을 얻어 그 앞에서 부끄럽지 않게 하려 함이라"(요일 2:28)

"그때에 불법한 자가 나타나리니 주 예수께서 그 입의 기운으로 그를 죽이시고 강림하여 나타나심으로 폐하시리라"(살후 2:8)

"우리 주 예수 그리스도께서 나타나실 때까지 흠도 없고 책망받을 것도 없이 이 명령을 지키라"(살후 6:14)

"이제 후로는 나를 위하여 의의 면류관이 예비되었으므로 주 곧 의로우신 재판장이 그 날에 내게 주실 것이며 내게만 아니라 주의 나타나심을 사모하는 모든 자에게도니라"(딤후 4:8)

2) 천년왕국

"어떤 자들은 그리스도로 더불어 천 년 동안 왕 노릇하리니 그 나머지 죽은 자들은 천 년이 차기까지 살지 못하더라"(계 20:4-5)

(1) 무천년설 Amillennialism - 초림부터 영원한 그리스도의 왕국

① 개념

'천년왕국'은 어느 특정한 기간이 아니라 주님의 초림에서부터 시작되어 영원히 지속되는 것으로 전 교회시대를 포괄하는 개념(천년이란 개념은 문자적인 것이 아니라 하나님의 목적이 완전히 성취될 기간을 나타내는 상징적인 용어이다)이라는 입장입니다. 즉, 예수 그리스도의 왕국은 영원한 것이지 잠정적인 것이 아니라는 것입니다(사 9:7, 단 7:14, 눅 1:33, 히 1:8, 12:28, 벧후 1:11, 계 11:15).

② 특징

이 시대는 복음이 온 세상에 전파되게 하기 위해 열국들을 향한 사단의 영향력이 크게 감소된 상태이며(사단은 결박된 상태), 그리스도와 함께 천 년 동안 왕 노릇할 자들은 이미 죽어 그리스도와 함께 하늘에서 왕 노릇을 하고 있다고 합니다. 이후 그리스도가 재림하실 때, 신자와 불신자가 모두 부활하고 신자들은 영혼과 다시 결합하여 천국의 즐거움에 참여하고, 불신자들은 최후의 심판과 영원한 저주를 받게 된다는 것입니다. 이 견해는 가장 널리 받아들여진 견해였고, 교회의 역사적 고백 속에 표현되었고 개혁주의 신학을 지배해 왔습니다.

(2) 전천년설 Pre-millennialism - 재림후 천년왕국

① 개념

그리스도께서 천년왕국 전에 재림하신다는 입장입니다. 즉, 재림 이후부터 진짜 천년왕국이 세워지고 그때부터 성도들은 그리스도와 함께 왕 노릇을 한다는 주장입니다. 환난을 기준으로 역사적 전천년설과 세대주의적 천년설이 있습니다.

② 특징

'역사적 전천년설'은 현재 교회 시대는 마지막 때의 대 환난과 고난의 때까지만 계속되고. 대 환난 후에 그리스도께서 재림하시어 천년왕국을 건설한다는 입장입니다. 재림의 때에 죽었던 자들이 다시 일어나 그들의 육신은 영혼과 재결합하고 그리스도와 함께 천 년 동안 왕 노릇을 한다는 것입니다. 이 기간에 그리스도는 부활

하신 몸을 가지고 실제로 지상에 거하시면서 왕으로서 온 세상을 통치할 것이며, 재림의 때에 살아있는 신자들은 몸이 죽지 않은 상태에서 영화롭게 변화되어 영원히 그리스도와 함께 살게 됩니다. 참 다행스러운 일은 이때 지상에 남은 불신자들 중 일부가 그리스도에게로 돌아온다는 것입니다. 사단은 결박되어 천년왕국 동안에는 아무런 영향력을 발휘하지 못하다가 천년이 지난 후에 잠시 무저갱에서 놓인 바 되어 그리스도를 대적하다가 참패를 당합니다.

'환난 이전 전천년설(세대주의)'은 19~20세기에 영미에서 크게 성행한 이론으로, 그리스도는 천년왕국 이전뿐 아니라 대 환난 이전에 재림하신다는 주장입니다. 이는 역사적 전천년설과 흡사하지만 다만 천년왕국의 통치를 위한 재림 이전에 죽은 자의 부활을 위한 재림이 한 번 더 있다는 점에서 차이가 있습니다(살전 4:16~17). 즉, 그리스도는 신자들을 데려가기 위해 불시에 재림하신다는 것입니다. 교회 시대는 바로 그리스도가 불시에 재림하실 때까지 지속되며, 재림의 때에 신자들은 이 땅에서 들림을 받아 하늘로 올라가며 후에는 7년 동안 대 환난이 시작된다는 것입니다. 이 기간에 진짜 있을 주님의 재림을 위한 많은 표적이 나타나고 이스라엘의 회심이 있으며 온 땅에 복음이 편만하게 된 다음에 그리스도는 두 번째 다시 재림하여 천년왕국을 세우고 통치합니다. 이후 천년이 지나면 다시 배도가 일어나고 그때 사단과 그의 세력은 마지막으로 대적했다가 참패를 당하고 마침내 불신자들의 부활과 마지막 심판이 있은 다음에야 비로소 영원한 나라가 시작된다는 것입니다.

현재에는 세대주의와 전천년설을 결합한 '새로운 형태의 전천년설'이 소개되고 있습니다. 이 견해는 스코필드 주석 성경을 통해 널리 보급되었으며, 불링거, 그랜트, 블랙스톤, 그레이, 실버, 할데만 브룩스 등이 대표적입니다. 그러나 이 주장에는 이스라엘이 구속사를 주도하고, 교회는 단지 삽입곡에 지나지 않습니다. 또 두 번의 재림, 두 번 혹은 세 번의 부활, 세 번의 심판이 기다린다고 하는 것은 성경의 지지를 받지 못합니다.

(3) 후천년설 Post-millennialism - 재림전 천년왕국

① 개념

그리스도는 천년왕국 이후에 재림하신다는 주장입니다. 이 이론에 따르면 복음의 확장과 교회의 성장은 점점 증가할 것이며, 갈수록 많은 사람이 그리스도인이 될 것이라고 내다봅니다. 그리하여 점점 평화와 의의 천년왕국 시대가 이 땅에 도래하고, 이 왕국은 오래 갈 것이며 이 시대의 끝에 그리스도께서 재림하시고 신자와 불신자가 부활하며, 마지막 심판이 일어나며 마침내 새 하늘과 새 땅이 임하고 영원한 나라가 시작된다는 입장입니다.

② 특징

후천년설의 특징은 이 세상에서 사람들의 삶을 변화시키고 유익을 가져다주는 복음의 능력으로 세상은 점점 지상 낙원이 된다고 보는 것입니다. 그러나 지나친 낙관주의적 낭만에 불과하다는 비판을 받습니다. 그리스도의 재림과 최후 심판 이후에 신자들은 하나님 앞에서 영원토록 충만한 기쁨을 누리며 살 것입니다. 예수님은 "내 아버지께 복 받을 자들이여 나아와 창세로부터 너희를 위하여 예비된 나라를 상속하라"고 말씀하셨습니다(마 25:34). 앞으로 우리는 "다시는 저주가 없으며 하나님과 그 어린 양의 보좌가 그 가운데 있으리니 그의 종들이 그를 섬길"(계 22:3) 천국으로 들어갈 것입니다.

또 하나님은 이사야를 통해 "보라 내가 새 하늘과 새 땅을 창조하나니 이전 것은 기억되거나 마음에 생각나지 아니할 것이라"(사 65:17)고 말씀하셨고, 베드로를 통해 "우리는 그의 약속대로 의의 거하는 바 새 하늘과 새 땅을 바라보도다"(벧후 3:13)고 하셨고 요한을 통해서도 "내가 새 하늘과 새 땅을 보니 처음 하늘과 처음 땅이 없어졌고 바다도 다시 있지 아니하더라"(계 21:1)고 증언하였습니다.

오늘날 리처드 도킨슨 같은 무신론자들이 "하나님도 없고 천국 같은 것도 없다"면서 죽음 이후의 삶을 부정하고 있지만 천국은 실제로 존재하는 영원한 장소이자 하나님과 함께 대면하며 영생의 복을 누리는 믿는 자들의 보금자리임이 틀림없습니다. 할렐루야! 우리를 위해 천국을 마련해 두신 하나님을 찬양합니다. 아멘.

학습을 위한 질문과 토론

Q1 세 가지 천년왕국설은 무엇입니까?

Q2 오늘날 부지기수로 늘어나는 무신론자들의 주장들이 어떤 것인지 발표해 봅시다.

나가는 글

기독교는 철저히 성경에 의존합니다. 성경이 하나님의 무오한 말씀이자 영원한 진리임을 믿고 따릅니다. 이것을 알고 믿는 자보다 더 복된 존재는 없습니다. 그러므로 그리스도인은 무엇보다 성경을 배우고 익혀야 합니다. 성경에 담긴 내용이 무엇인지 알아야 합니다. 성경을 통해 하나님이 원하시는 것이 무엇인가를 평생토록 탐구하고 진리를 습득해야 합니다.

다행히 우리 믿음의 선진은 열심히 성경을 연구하고 그 내용을 체계적으로 정리하여 우리로 하여금 성경을 더욱 효율적으로 학습할 수 있도록 만들어 주었습니다. 그들은 성경의 내용을 크게 7가지 분야로 나누어 성경을 공부하도록 하였습니다. 이것을 우리는 '7대 교리' 혹은 '조직신학'이라 부릅니다. 이 책은 이러한 선조들의 연구를 바탕으로 새 신자와 다음 세대 교회학교 학생들이 성경의 내용을 쉽게 익히도록 각 분야를 다시 7개씩으로 나누어 더 자세한 설명을 하였습니다. 이른바 '7×7'교리입니다.

부디 이 책을 통해 새 신자 혹은 젊은 학생들이 성경에 담긴 보물들을 하나도 놓치지 말고 다 습득하여 하나님의 복을 누리기를 바랍니다. 특별히 오늘날 교회에서 사라져 버린 교리교육을 되살리는 일에 이 책이 작은 기여라도 한다면 더 바랄 것이 없겠습니다. 감사합니다.

주의 작은 종 최더함 씀.

교회학교 조직신학

2024년 11월 30일 초판 발행

저　자　최더함
발행인　최더함
출판사　리폼드북스
주　소　서울 은평구 대서문길 5-11, 3층

디자인　추하늘
인쇄소　진흥인쇄

Copyright ⓒ 리폼드북스, 2024, Printed in Korea
ISBN 979-11-93525-03-6
정　가　20,000원